高等职业教育"十三五"创新型规划教材

财务会计实训

主　编　盛　强　黄春蓉
副主编　青海勇　方金芳　何　涛
主　审　徐　勇

U0403096

北京理工大学出版社
BEIJING INSTITUTE OF TECHNOLOGY PRESS

版权专有　侵权必究

图书在版编目（CIP）数据

财务会计实训 / 盛强，黄春蓉主编. —北京：北京理工大学出版社，2017.1（2018.1 重印）
ISBN 978-7-5682-3104-6

Ⅰ. ①财… Ⅱ. ①盛… ②黄… Ⅲ. ①财务会计-高等学校-教材 Ⅳ. ①F234.4

中国版本图书馆 CIP 数据核字（2016）第 216998 号

出版发行 / 北京理工大学出版社有限责任公司	
社　　址 / 北京市海淀区中关村南大街 5 号	
邮　　编 / 100081	
电　　话 /（010）68914775（总编室）	
（010）82562903（教材售后服务热线）	
（010）68948351（其他图书服务热线）	
网　　址 / http：// www.bitpress.com.cn	
经　　销 / 全国各地新华书店	
印　　刷 / 三河市天利华印刷装订有限公司	
开　　本 / 787 毫米×1092 毫米　1/16	
印　　张 / 15.25	责任编辑 / 申玉琴
字　　数 / 373 千字	文案编辑 / 申玉琴
版　　次 / 2017 年 1 月第 1 版　2018 年 1 月第 2 次印刷	责任校对 / 周瑞红
定　　价 / 35.00 元	责任印制 / 李志强

图书出现印装质量问题，请拨打售后服务热线，本社负责调换

前　言

　　财务会计是一项实践性很强的工作，仅有扎实的理论知识是远远不够的，不仅要强调学生会计理念和会计职业思维的培养，还要注重学生会计工作岗位操作能力的提高，为此，作为《财务会计》教材的配套要求，编写了本实训教材。

　　本书根据新会计准则、法规等不断变化的需要，做到"理论够用、突出实践、强调应用"，较好地解决会计教育中学以致用的问题。本书具有以下特色：

　　1. 以工学结合为目标，以"课岗证融通、教学做一体"为导向。通过"做中学、学中做"，让学习者拥有必备的会计初始能力（当前应用能力）和长远能力（潜在能力）。

　　2. 及时反映最新会计准则和法规动态。将最新修订的企业会计准则、公司法，以及与企业所得税、增值税等相关的法规、政策的最新变化反映在本书中。

　　3. 还原教材本质：教师好教，学生好学。书中举例更具实践针对性和应用综合性，以实例分析为手段，尽量通过实例说明复杂原理，使学生能举一反三。

　　4. 编写团队强大。编写成员以教授、副教授和注册会计师队伍为主，他们会计理论与实务都非常扎实。

　　5. 配套资源丰富。本书以现代信息技术为工具，以二维码方式链接相关学习资源。

　　6. 兼顾学生会计职称考试所需，做到岗证课融通。

　　本书由盛强、黄春蓉任主编，徐勇教授任主审，青海勇、方金芳、何涛任副主编。盛强设计了本书的编写大纲，并负责全书的统稿和最后定稿工作。全书共19个工作项目，具体分工如下：项目1、7、12、15、16、19由盛强编写；项目2、3、4由黄春蓉编写；项目5、6由何涛编写；项目8、9、10由青海勇编写；项目11、13、14由方金芳编写；项目17、18由徐勇编写。

　　本教材适用于高等院校会计电算化等经济管理类相关专业的教学，也可作为会计人员自学和会计职称考试参考用书。

　　因作者水平有限，书中难免存在疏漏，请您提出宝贵意见，以便再版时修订。关于教材的意见、建议或索取教学相关资源，请发邮件至ncsheng@126.com。谢谢！

编　者

目　录

上篇　基础训练 1

模块一　财务会计基础 3
项目 1　认知财务会计 3

模块二　会计要素的核算 8
项目 2　货币资金的核算 8
项目 3　应收及预付款项的核算 12
项目 4　交易性金融资产的核算 15
项目 5　存货的核算 18
项目 6　持有至到期投资的核算 25
项目 7　长期股权投资的核算 27
项目 8　可供出售金融资产的核算 31
项目 9　固定资产的核算 33
项目 10　投资性房地产的核算 38
项目 11　无形资产及其他资产的核算 44
项目 12　负债的核算 46
项目 13　所有者权益的核算 58
项目 14　收入的核算 68
项目 15　费用的核算 78
项目 16　利润的核算 87

模块三　其他事项的会计处理 96
项目 17　借款费用的核算 96
项目 18　会计调整的核算 99

模块四　财务会计报告 105
项目 19　财务会计报告 105

下篇　模拟检测 119

模拟检测试题一 121
模拟检测试题二 128
模拟检测试题三 136
模拟检测试题四 143

模拟检测试题五 …………………………………………………………… 152
附录 1　2014 年会计专业技术资格考试《初级会计实务》真题 …………… 161
附录 2　项目训练参考答案 …………………………………………………… 170
附录 3　模拟检测参考答案及解析 …………………………………………… 216

上篇

基础训练

财务会计基础

项目1 认知财务会计

技能目标

能界定财务会计的特征和假设；能正确确认企业资产、负债、所有者权益、收入、费用和利润；掌握企业会计信息的质量要求，能正确判断企业会计信息的质量。

基础训练

一、单项选择题

1. 界定会计主体的作用在于（　　）。
   A. 明确责任人　　　　　　　　　B. 确定法人
   C. 确定法律主体　　　　　　　　D. 明确会计所服务的对象
2. 确定会计核算空间范围的基本前提是（　　）。
   A. 会计分期　　B. 会计主体　　C. 货币计量　　D. 持续经营
3. 企业会计确认、计量和报告应当遵循的会计基础是（　　）。
   A. 权责发生制　　B. 收付实现制　　C. 持续经营　　D. 货币计量
4. 企业采用的会计处理方法不能随意变更，是依据（　　）。
   A. 可比性　　B. 一贯性　　C. 可靠性　　D. 重要性
5. 企业按规定计提资产减值准备，符合（　　）。
   A. 重要性　　B. 历史成本　　C. 可比性　　D. 谨慎性
6. 企业对于已经发生的交易或者事项，应当及时进行会计确认、计量和报告，不得提前或者延后。这体现的是（　　）。
   A. 及时性　　B. 相关性　　C. 谨慎性　　D. 重要性
7. 反映企业经营成果的会计要素是（　　）。
   A. 资产　　B. 负债　　C. 所有者权益　　D. 费用
8. 根据资产定义，下列各项中不属于资产特征的是（　　）。

A. 资产能够可靠地计量　　　　　　B. 资产预期会给企业带来未来经济利益
C. 资产是由企业过去交易或事项形成的　　D. 资产是企业拥有或控制的经济资源

9. 下列项目中，能引起负债和所有者权益同时变动的是（　　）。
A. 盈余公积转增资本　　　　　　B. 计提短期借款的利息
C. 董事会通过分派现金股利　　　D. 计提盈余公积

10. 关于收入，下列说法中错误的是（　　）。
A. 收入是指企业日常活动中形成的、会导致所有者权益增加的、与所有者投入资本无关的经济利益的总流入
B. 收入只有在经济利益很可能流入从而导致企业资产增加或者负债减少、且经济利益的流入额能够可靠计量时才能予以确认
C. 符合收入定义和收入确认条件的项目，应当列入利润表
D. 收入是指企业日常活动中形成的、会导致所有者权益或负债增加的、与所有者投入资本无关的经济利益的总流出

11. 下列事项中体现了可比性要求的是（　　）。
A. 发出存货的计价方法一经确定，不得随意改变，确有需要改变的在财务报告中说明
B. 对赊销的商品，出于对方财务状况恶化的原因，没有确认收入
C. 对资产发生的减值的，相应计提减值准备
D. 对有的资产采用公允价值计量

12. 关于费用，下列说法中错误的是（　　）。
A. 费用是指企业在日常活动中发生的、会导致所有者权益减少的、与向所有者分配利润无关的经济利益的总流出
B. 费用只有在经济利益很可能流出从而导致企业资产减少或者负债增加，且经济利益的流出额能够可靠计量时才能予以确认
C. 企业发生的交易或者事项导致其承担了一项负债而又不确认为一项资产的，应当在发生时确认为费用，计入当期损益
D. 符合费用定义和费用确认条件的项目，应当列入资产负债表

二、多项选择题

1. 下列组织可以作为一个会计主体进行核算的有（　　）。
A. 分公司　　　　　　　　　　　B. 销售部门
C. 某一独立核算的生产车间　　　D. 母公司及其子公司组成的企业集团

2. 可靠性要求（　　）。
A. 企业应当以实际发生的交易或事项为依据进行会计确认、计量和报告
B. 如实反映符合确认和计量要求的各项会计要素和其他相关信息
C. 保证会计信息真实可靠、内容完整
D. 企业提供的会计信息应当清晰明了，便于财务会计报告使用者理解和使用

3. 下列各项中，符合谨慎性会计信息质量要求的有（　　）。
A. 融资租入固定资产作为自有固定资产核算
B. 存货期末计价采用成本与可变现净值孰低法
C. 在物价持续上涨情况下，存货发出计价采用先进先出法

D. 固定资产采用加速折旧法
E. 对可供出售金融资产计提减值准备

4. 下列各项会计处理方法中,体现了谨慎性会计信息质量要求的是( )。
A. 固定资产采用加速折旧法计提折旧
B. 低值易耗品采用分期摊销的方法
C. 存货期末采用成本与可变现净值孰低计价
D. 购买固定资产时支付的增值税计入固定资产成本

5. 对不确定因素做出合理判断时,下列事项符合谨慎性会计信息质量要求的是( )。
A. 设置秘密准备,以防备在利润计划完成不佳的年度转回
B. 不要高估资产和预计收益
C. 合理估计可能发生的损失和费用
D. 尽可能低估负债和费用

6. 下列各项中,体现实质重于形式会计信息质量要求的有( )。
A. 将预计弃置费用折现计入固定资产入账价值
B. 售后回购业务在会计核算上不确认收入
C. 商业承兑汇票贴现时不冲减应收票据的账面价值
D. 出售固定资产产生的净损益计入营业外收支
E. 出租无形资产取得的收入计入其他业务收入

7. 反映财务状况的会计要素有( )。
A. 收入   B. 资产   C. 所有者权益   D. 费用
E. 负债

8. 资产具有以下几个方面的基本特征( )。
A. 资产是由过去的交易或事项所引起
B. 资产必须是投资者投入或向债权人借入
C. 资产是企业拥有或者控制的
D. 资产预期能够给企业带来经济利益

9. 下列各项中,能够引起资产与负债同时变动的是( )。
A. 计提固定资产折旧   B. 用银行存款支付前欠的货款
C. 发放现金股利   D. 用银行存款预付购货款

10. 将一项资源确认为资产时,应当符合以下几点( )。
A. 预期会给企业带来经济利益   B. 应是由过去的交易或经济事项引起的
C. 相关的经济利益可能流入企业   D. 该资源的成本能可靠计量

11. 下列属于负债的特征的有( )。
A. 负债是企业承担的现时义务
B. 负债的清偿预期会导致经济利益流出企业
C. 负债是由企业过去或现时的交易或事项形成的
D. 未来流出的经济利益的金额能够可靠地计量

12. 下列属于所有者权益的来源的有( )。
A. 所有者投入的资本   B. 利得和损失

C. 留存收益 D. 向银行融资借入款项

13. 下列可以确认为收入的有（　　）。
   A. 咨询公司提供咨询服务 B. 保险公司签发保单
   C. 商业银行对外贷款 D. 工业企业出售使用过的固定资产

14. 下列说法正确的有（　　）。
   A. 企业用银行存款偿还了一笔借款，因该行为导致经济利益流出，故应确认为一项费用
   B. 费用会导致经济利益流出企业，其流出额要能够可靠计量确认为费用
   C. 费用应当是在日常活动中发生的
   D. 日常活动中产生的费用包括销售成本、生产成本、折旧费、投资损失等

15. 下列属于利润总额来源构成的是（　　）。
   A. 直接计入当期利润的利得和损失 B. 收入减去费用后的净额
   C. 直接计入所有者权益的利得和损失 D. 所得税费用

三、判断题（正确的在括号内打"√"，错误的打"×"）

1. 明确会计主体可确定会计核算的空间范围。（　　）
2. 法律主体必定是会计主体，会计主体也必定是法律主体。（　　）
3. 企业对其所使用的机器设备、厂房等固定资产，只有在持续经营的前提下才可以在机器设备的使用年限内，按照其价值和使用情况，确定采用某一方法计提折旧。（　　）
4. 会计信息质量要求的可比性要求同一会计主体在不同时期尽可能采用相同的会计程序和会计处理方法，以便于不同会计期间会计信息的纵向比较。（　　）
5. 会计信息质量要求的谨慎性，一般是指对可能发生的损失和费用应当合理预计，对可能实现的收益不预计，但对很可能实现的收益应当预计。（　　）
6. 某一会计事项是否具有重要性，在很大程度上取决于会计人员的职业判断。对于同一会计事项，在某一企业具有重要性，在另一企业则不一定具有重要性。（　　）
7. 企业一定期间发生亏损，则其所有者权益必定减少。（　　）
8. 企业在一定期间发生亏损，则企业在这一会计期间的所有者权益一定减少。（　　）
9. 收入不包括为第三方或客户代收的款项，也不包括处置固定资产净收益和出售无形资产净收益。（　　）
10. 符合资产定义和资产确认条件的项目，应当列入资产负债表；符合资产定义、但不符合资产确认条件的项目，不应当列入资产负债表。（　　）

综合技能训练

案例分析

失信的代价

2011年5月4日，紫金矿业集团股份有限公司的公告显示，其紫金山金铜矿近日被福建省龙岩市中级人民法院二审判决犯重大环境污染事故罪，判处罚金人民币3 000万元。5名被告分别被判处3年至3年6个月的有期徒刑（其中部分被告被判缓刑），并处罚金。去年7月

3日,紫金山金铜矿污水外泄导致福建汀江流域大量鱼类中毒死亡。

紫金矿业还得继续为这次事故埋单。由于被取消"高新技术企业"资格,企业所得税税率上调10个百分点,据此,紫金矿业将补缴税金超亿元。目前包括公司在内的7名被告被索赔7 505万元,公司因法律诉讼遭遇的索赔和罚款超过了2亿元。

人们还记得,数年前紫金矿业在公司发展情况汇报会上信誓旦旦:"紫金山金矿开发,过去没有,现在不会,将来也不可能对汀江水质产生危害。因为我们的企业是一个负责任的企业。"

一边承诺负责任,一边环境违法劣迹斑斑,多少银子打造的社会形象毁于一旦。一个失信企业的代价,不知能否触痛其神经?如果人们对伤痛永远有记忆,我相信代价还远不止此。

墨西哥湾泄漏事故之后,英国BP公司花费200亿美元建立墨西哥湾石油泄漏事件赔偿基金。同样,在著名的"特富龙"案中,杜邦公司同意对西弗吉尼亚和俄亥俄两个发生特富龙有害物质污染饮用水的州,提出最高3.43亿美元的赔偿。而发生在上世纪的日本TISSO工厂污染导致的水俣病,至1993年年底,TISSO累计支付的赔偿金额为908亿日元,并且其后每年仍需支付30多亿日元。

因"瘦肉精"深陷舆论和信任危机的双汇,最近一直在努力修补形象,通过视频直播生产过程,从生猪收购、生猪屠宰生产线,到冷鲜肉分割生产线、高温肉制品生产线、低温肉制品生产线,再到技术中心、冷藏物流配送中心等,并力邀网民免费实地参观。可惜形象一旦蒙污,怎样做都难以挽回人心。其股价从"3·15"节目结束后开始跳水跌停直至停牌,市值一夜间蒸发15亿元。各地双汇零售店无人光顾,连在漯河的店面也门庭冷落。之前有销售经理下店品尝却招致顾客嗤之以鼻的新闻,近日不少消费者又在微博上抨击其转战农贸市场,买一赠一,将积压的货源向农贸市场倾泻。其发布的2010年社会责任报告也被大"起底",被指除了具体事件和数字有所变化外,其他表述全部套用照搬2008年以来的年度报告,均未做任何调整,对添加瘦肉精的事情只字不提。

人们不禁要问,一个对自身责任避而不谈、讳疾忌医的企业何以重拾消费者的信心?

越来越不让人放心的餐桌,让普通百姓切实感受到中国企业诚信缺失的严峻现实。据商务部统计,我国企业每年因信用缺失导致的直接和间接经济损失高达6 000亿元,这是中国2010年税收总收入的近1/12。巨额的信用成本成为市场经济的致命伤。

这种致命伤正在吞噬中国企业的整体形象。5月4日,就在中国互联网社交网站人人网成功登陆纽交所的同时,美国股市中国互联网概念股却普遍下挫。其中,三大门户网站暴跌:新浪跌9.5%;搜狐跌8.5%;网易跌8.5%。

在美国上市的中国概念股从来没有像今天一样受到这么强烈的关注。伴随着近期互联网企业蜂拥去美国IPO的同时,美国证券交易委员会对中国反向收购(RTO)上市企业的一次大面积停牌,再次将中国概念的诚信问题推上了风口浪尖。近两个月以来,美国市场上共有16只被质疑财务造假的中国RTO股票在被大幅做空后而停牌。有媒体甚至勾勒出了一条专门做空美国中国概念股的利益链。

当诚信问题成为赢利的工具在资本市场上翻云覆雨时,其后果不能不令人担忧。对于那些真正优质的企业,这也是极大的不公平。

(资料来源:《浙江日报》2011.5.16 吴妙丽)

请思考:

"失信的代价"给财务人员带来哪些启示?

模块二

会计要素的核算

项目2 货币资金的核算

技能目标

掌握库存现金、银行存款、其他货币资金的账务处理；熟练进行银行存款的对账并编制银行存款余额调节表。

基础训练

一、单项选择题

1. 作为企业的辅助结算账户，用于借款转存、借款归还和其他结算资金收付办理的账户是（　　）。
   A. 本存款账户　　　　　　　　　　B. 临时账户
   C. 专用存款账户　　　　　　　　　D. 一般存款账户

2. 根据《支付结算办法》的规定，临时存款账户应根据有关开户证明文件确定的期限或存款人的需要确定其有效期限，最长不得超过（　　）。
   A. 1年　　　　B. 3年　　　　C. 2年　　　　D. 5年

3. 下列各项，会导致银行存款日记账余额低于对应日期银行对账单余额的是（　　）。
   A. 企业已收款入账，银行尚未收款入账
   B. 企业已付款入账，银行尚未付款入账
   C. 银行已付款入账，企业尚未付款入账
   D. 企业误将存款5 290元记录为5 920元，但银行未错

4. 企业因去外地采购货物而开立的银行结算账户是（　　）。
   A. 基本存款账户　　　　　　　　　B. 一般存款账户
   C. 专用存款账户　　　　　　　　　D. 临时存款账户

5. 根据《支付结算办法》规定，支票的提示付款期限为（　　）。

A. 自出票日起 10 日　　　　　　　B. 自出票日起 1 个月
C. 自出票日起 2 个月　　　　　　　D. 自出票日起 6 个月

6. 下列各项，通过"其他货币资金"科目核算的是（　　）。
A. 银行本票存款　　　　　　　　　B. 银行支票存款
C. 出差人员的差旅费　　　　　　　D. 备用金

7. 下列违反现金管理制度的选项是（　　）。
A. 未经批准，企业从现金收入中直接支付现金支出
B. 核定后的库存现金限额，开户单位应当严格遵守，超出部分应于当日终了前存入银行
C. 企业以现金支付各种劳保支出和福利费
D. 出纳人员根据收付款凭证登记现金日记账

8. 企业现金清查中，发现库存现金较账面余额短缺 200 元，在未查明原因前，应借记的会计科目是（　　）。
A. 营业外支出　　　　　　　　　　B. 管理费用
C. 待处理财产损溢　　　　　　　　D. 其他应收款

9. 企业现金清查中，对于现金短缺，如果经查明应由相关责任人赔偿的，经批准后应计入（　　）。
A. 财务费用　　　B. 管理费用　　　C. 其他应收款　　　D. 营业外支出

10. 乙企业 2016 年 10 月 10 日售出商品，当日收到面值 100 000 元，年利率 5%，期限 6 个月的商业承兑汇票一张。企业取得该票据时的入账价值为（　　）元。
A. 100 000　　　B. 101 250　　　C. 105 000　　　D. 115 000

二、多项选择题

1. 下列项目中应通过"其他应收款"核算的有（　　）。
A. 拨付给企业各内部单位的备用金　　　B. 应收的各种罚款
C. 收取的出租包装物押金　　　　　　　D. 应向职工收取的各种垫付款项

2. 企业销售商品，发生的应收账款的入账价值应该包括（　　）。
A. 销售商品的价款　　　　　　　　　　B. 给予购货方的商业折扣
C. 代购货方垫付的包装费　　　　　　　D. 给予购货方的现金折扣

3. 根据承兑人不同，商业汇票可以分为（　　）。
A. 商业承兑汇票　　B. 带息票据　　C. 银行承兑汇票　　D. 不带息票据

4. 银行存款的结算方式主要有（　　）。
A. 汇兑　　　　　B. 托收承付　　　C. 委托收款　　　D. 信用证结算

5. 下列说法正确的是（　　）。
A. 银行存款账户分为 3 种　　　　　　　B. 一个企业只能开立一个基本存款账户
C. 一般存款账户不得办理现金支取　　　D. 开立一般存款账户实行开户许可证制度

6. 下列属于未达账项的是（　　）。
A. 企业已收款，银行尚未收款入账　　　B. 企业已付款入账，银行尚未付款入账
C. 银行已收款入账，企业尚未收款入账　　D. 银行已付款入账，企业尚未付款入账

7. 企业计提坏账准备时，按应减记的金额，借记（　　）科目，贷记（　　）科目。
A 资产减值准备　　B. 管理费用　　　C. 坏账准备　　　D. 应收账款

8. 其他货币资金核算的内容包括（　　）。
   A. 银行汇票存款　　B. 银行本票存款　　C. 信用卡存款　　D. 外埠存款
9. 企业可用现金支付的款项有（　　）。
   A. 职工工资、津贴　　　　　　　　B. 个人劳务报酬
   C. 购买固定资产的支出　　　　　　D. 向个人收购农副产品的价款
10. 货币资金包括（　　）。
    A. 库存现金　　B. 银行存款　　C. 其他货币资金　　D. 其他应收款

三、判断题（正确的在括号内打"√"，错误的打"×"）

1. 现金溢余如果无法查明原因的应该冲减管理费用金额。　　　　　　　　（　　）
2. 在备抵法下，企业将不能收回的应收账款确认坏账损失时，应计入资产减值损失，并冲销相应的应收账款。　　　　　　　　　　　　　　　　　　　　　　　　（　　）
3. 现金折扣和销售折让，均应在实际发生时计入当期财务费用。　　　　　（　　）
4. 企业应当定期或者至少于每年年度终了，对其他应收款进行检查，预计其可能发生的坏账损失，并计提坏账准备。　　　　　　　　　　　　　　　　　　　　（　　）
5. 开户单位支付现金可以从本单位的现金收入中直接支付。　　　　　　　（　　）
6. 银行存款日记账应定期与银行对账单核对，至少每周核对一次。　　　　（　　）
7. 银行存款余额调节表可以作为调整银行存款账面余额的记账依据。　　　（　　）
8. 预付账款业务不多的企业，可以不设置预付账款科目，而直接通过应付账款核算。
   　　　　　　　　　　　　　　　　　　　　　　　　　　　　　　　　（　　）
9. 我国企业会计准则规定采用备抵法确定应收账款的减值。　　　　　　　（　　）
10. 商业汇票的付款期限最长不得超过一年。　　　　　　　　　　　　　（　　）

综合技能训练

一、业务处理

1. 大江公司2016年5月1日向丁公司销售商品一批，货款50 000元，增值税额为8 500元。大江公司为了尽快收回货款而在合同中规定现金折扣的条件为：2/10、1/20、N/30，假设丁公司分别于5月9日、5月17日和5月30日付清货款（在计算折扣时不考虑增值税因素）。
   要求：根据上述资料，编制大江公司在不同时间收回货款时的会计分录。（"应交税费"科目要求写出明细科目）

2. 明发公司为增值税一般纳税人，适用的增值税率为17%。销售单价除标明为含税价格外，均为不含增值税价格。明发公司2010年6月发生如下业务：
   （1）6月3日，向甲企业赊销A产品50件，单价为10 000元，单位销售成本为50 000元。
   （2）6月15日，向乙企业销售材料一批，价款为50 000元，该材料发出成本为30 000

元。收到票面金额为 58 500 元商业汇票一张。

（3）6月17日，丙企业要求退回本年3月10日购买的30件A产品，该产品销售单价为200元，单位销售成本为100元，其销售收入60 000元已确认入账，价款尚未收到。经查明退货原因系发货错误，同意丙企业退货，并办理退货手续和开具红字增值税专用发票。

（4）6月18日，收到外单位租用本公司办公用房下一年度租金300 000元，款项已收存银行。

（5）6月25日，甲企业提出12月3日购买的A产品质量不完全合格。经协商同意按销售价款10%给予折让，并办理退款手续和开具红字增值税专用发票。

要求：根据上述业务编制相关的会计分录。（答案中的金额以元为单位；"应交税费"科目须写出二级和三级明细科目，其他科目可不写出明细科目）

二、案例分析

张军从学校毕业后，应聘到一家企业担任了出纳员。到单位后财务经理告诉张军出纳工作负责办理现金和银行存款的收付，必须认真、仔细，整天与钱打交道，不能"见钱眼开"。为了使小张防患于未然，他将自己工作中搜集的一些有关企业现金和银行存款管理方面的案例资料给张军看：

1. 白条抵库。据某银行对在本行开户的部分企业进行检查，发现60%以上的企业有白条抵库现象。这些被查企业的现金账面余额为3 684 568元，实际清点现金只有2 185 630元，相关人员打的白条金额计1 429 110元，还有39 828元被出纳员私用。白条抵库及出纳员私用金额占结存现金的40%之多。

2. 私设小金库。某企业因遭受意外灾害，受到损失资产计186 750元，保险公司按规定赔付了128 360元，但该企业仍按186 750元作为非常损失，列作营业外支出，而收到的赔款并未入账。原来，该企业领导授意将理赔款以出纳员个人的名义存入了银行。不仅如此，该企业还将出售废料的收入、对外附带提供运输劳务的收入等共计625 371元，都以出纳员个人的名义存入了银行，单独保管，作为企业的小金库，用于企业超标准往来招待、送礼及领导和财务人员私用。

3. 收入的现金不及时送存银行，库存现金超过核定的限额。据某银行对在本行开户的部分企业进行检查，发现80%以上的企业存在收入现金不送存银行、库存现金超限额的问题。按照核定的限额，这些被查企业应存现金1 260 000元，而这些被查企业的现金账面余额为3 684 568元，超过限额2 424 568元。超限额留存的目的是"坐支"现金，逃避金融监管。

4. 出租出借银行账户，收取好处费。某企业的"银行存款日记账"中，6月7日有一笔存款记录，摘要为"暂存款"，收入金额为80 000元。时隔3天，6月10日，又有一笔付出存款记录，摘要为"提现"，金额为80 000元。但检查现金日记账，6月10日并无提取现金80 000元的记录。原来，这是企业会计、出纳利用工作之便，将本企业银行账户租给某人使用，并借机收取了300元的好处费。

5. 公款私存，贪污利息。有的出纳员利用自己经营现金的机会，多留库存现金，从库存现金中拿出一部分以自己的名义存入银行，或截留收入的现金，直接存入个人储蓄账户，从而贪污利息。例如，某企业现金收付流量较大，出纳员张某利用自己掌握的现金数额进行个人储蓄，每月末报账时，再将储蓄存款取出，存入企业存款账户。几年下来，贪污利息近万元。

此外，现金与银行存款管理各使用中常见的错弊还有：收、付款记账凭证与所附原始凭证不符，收款记账凭证上的金额小于所附原始凭证的金额，付款记账凭证上的金额大于所附原始凭证的金额，出纳员将差额据为己有；现金和银行存款账目年末向下年结转时少转余额，再将差额据为己有或私分；多头开户，以逃避金融监督，等等。

张军看完后，心里感慨万千。真没想到现金和银行存款管理中存在这么多问题。自己在今后的工作中一定要认真负责，争取把出纳工作干好，不辜负领导的信任。

请思考：
1. 简述上述案例中五点的规范做法应该是如何的。
2. 针对上述案例的具体情况做出相应的案例分析评价。

项目 3　应收及预付款项的核算

技能目标

掌握应收账款、应收票据、预付账款、其他应收款的核算；确认应收款项的减值，计提坏账准备。

基础训练

一、单项选择题

1. 某公司采用应收账款余额百分比法、按 5‰ 的比例计提坏账准备。该公司年末应收账款余额为 120 000 元，"坏账准备"科目贷方余额为 200 元，本年应计提的坏账准备为（　　）。
   A. 600 元　　　　　B. 800 元　　　　　C. 400 元　　　　　D. 200 元
2. 下列应在应收账款中核算的是（　　）。
   A. 买价　　　　　　　　　　　　　　B. 收到赔偿款
   C. 收到的职工罚款　　　　　　　　　D. 收到的包装物押金
3. "2/10，1/20，$N/30$"属于（　　）。
   A. 商业折扣　　　B. 商业折让　　　C. 现金折扣　　　D. 折扣销售
4. 我国企业会计准则规定现金折扣采用（　　）核算。
   A. 净价法　　　　B. 备抵法　　　　C. 总价法　　　　D. 直接转销法
5. 某公司销售产品一批，货款 20 000 元，增值税 3 400 元，为对方代垫运费 1 000 元，则应收账款入账金额为（　　）元。
   A. 23 400　　　　B. 20 000　　　　C. 201 000　　　　D. 24 400
6. 应收票据贴现，贴现利息应计入（　　）。
   A. 管理费用　　　B. 财务费用　　　C. 销售费用　　　D. 营业外支出
7. 企业销售产品一批，货款 10 000 元，增值税 1 700 元，收到对方带息商业汇票一张，金额 11 700 元，年利率 3%，三个月，则应收票据的入账金额为（　　）元。

A. 10 000　　　　B. 11 700　　　　C. 12 556　　　　D. 12 753

8. 企业预付货款时，应借记（　　）科目。

A. 应付账款　　　B. 应收账款　　　C. 预付账款　　　D. 预收账款

9. 属于其他应收款核算的内容是（　　）。

A. 货款　　　　　　　　　　　　　B. 增值税

C. 运费　　　　　　　　　　　　　D. 应收的各种赔款、罚款

10. "坏账准备"账户属于资产的备抵账户，期末余额一般在（　　）。

A. 借方　　　　　B. 贷方　　　　　C. 无余额　　　　D. 借和贷都有

二、多项选择题

1. 应收账款包括的主要内容有（　　）。

A. 买价　　　　　　　　　　　　　B. 增值税款

C. 代垫运费　　　　　　　　　　　D. 应收职工的各种款项

2. 估计坏账损失的方法有（　　）。

A. 应收账款余额百分比法　　　　　B. 账龄分析法

C. 销货百分比法　　　　　　　　　D. 备抵法

3. 应收票据按是否计息分为（　　）。

A. 商业承兑汇票和银行承兑汇票　　B. 带息商业汇票和不带息商业汇票

C. 本票和支票　　　　　　　　　　D. 银行汇票和银行本票

4. 其他应收款是除（　　）以外的其他应收或暂付的款项。

A. 应收账款　　　B. 应收票据　　　C. 预付账款　　　D. 其他应付款

5. 其他应收款主要包括有（　　）。

A. 预付给企业内部的备用金　　　　B. 应收的各种赔款、罚款

C. 存出的保证金、备用金　　　　　D. 应向职工收取的各种垫付款

6. 确定应收款项减值的两种方法是（　　）。

A. 直接转销法　　B. 总价法　　　　C. 备抵法　　　　D. 净价法

7. 企业使用预付款项进行材料采购，当预付账款大于购货所需支付款项时，应收回多余款项。编制会计分录为（　　）。

A. 借：预收账款　　　　　　　　　B. 贷：银行存款

C. 借：银行存款　　　　　　　　　D. 贷：预付账款

8. 甲公司产品一批，货款 50 000 元，增值税 8 500 元。为了鼓励客户提前付款，给出了"3/5，2/15，1/30，N/60"的现金折扣（假定现金折扣不考虑增值税）。甲公司应收账款的入账金额为（　　）元，如果对方在 15 天内付款，则计入财务费用的金额为（　　）元。

A. 50 000　　　　B. 58 500　　　　C. 1 000　　　　D. 1 170

9. 下列各项中，会引起应收账款账面价值发生变化的有（　　）。

A. 计提坏账准备　　　　　　　　　B. 收回应收账款

C. 转销坏账准备　　　　　　　　　D. 收回已转销的坏账

10. 下列各项，构成应收账款入账价值的有（　　）。

A. 赊销商品的价款　　　　　　　　B. 代购货方垫付的保险费

C. 代购货方垫付的运杂费　　　　　　D. 销售货物发生的商业折扣

三、判断题（正确的在括号内打"√"，错误的打"×"）

1. 现金折扣和销售折让，均应在实际发生时计入当期财务费用。（　　）
2. 在备抵法下，企业将不能收回的应收账款确认为坏账损失时，应计入管理费用，并冲销相应的应收账款。（　　）
3. 采用定额制核算备用金的企业，备用金使用部门日常凭单据报销差旅费时，会计部门应按报销金额冲减"其他应收款"科目。（　　）
4. 根据我国《企业会计准则——收入》规定，销售折让应在实际发生时，计入当期财务费用。（　　）
5. 预付账款是负债类账户。（　　）
6. 其他应付款是除应收账款、应收票据、预付账款及其他应收或暂付的款项。（　　）
7. 坏账准备是资产的备抵账户，期末余额一般在借方。（　　）
8. 商业折扣和现金折扣会计处理方法是一样的。（　　）
9. 应收票据不论是否带息，均以其面值入账。（　　）
10. 应收票据贴现，贴现利息应计入财务费用。（　　）

综合技能训练

一、业务处理

1. 甲企业采用备抵法核算坏账损失，并按应收账款年末余额的3%计提坏账准备。2016年1月1日，甲企业应收账款余额为200 000元，坏账准备余额为10 000元。2016年度，甲企业发生了以下相关业务：

（1）销售商品一批，增值税专用发票上注明的价款为400 000元，增值税额为68 000元，货款尚未收到。
（2）因某客户破产，该客户所欠货款20 000元不能收回，确认为坏账损失。
（3）收回上年度已转销为坏账损失的应收账款5 000元并存入银行。
（4）收到某客户以前所欠的货款468 000元并存入银行。

要求：
（1）编制2016年度确认坏账损失的会计分录。
（2）编制收到上年度已转销为坏账损失的应收账款的会计分录。
（3）计算2016年年末"坏账准备"科目余额。
（4）编制2016年年末计提坏账准备的会计分录。
（答案中的金额单位用元表示）

2. 2016年6月10日甲企业销售给丙公司产品一批，货款10 000元，增值税1 700元。

为了鼓励客户提前付款，甲企业给出了"2/10，1/20，N/30"现金折扣。

（1）如果丙公司 2016 年 6 月 15 日付款；
（2）如果丙公司 2016 年 6 月 25 日付款；
（3）如果丙公司 2016 年 8 月 10 日付款。
要求：甲企业针对性上述三种情况作出相应的账务处理。

二、案例分析

明宇公司应收款项的审计案例

注册会计师张山审计明宇公司会计报表时，发现该公司应收款项有下列情况：

1. 应收账款——A 公司账面余额为 10 万元，已提取坏账准备 1 万元，年底明宇公司得知，A 公司由于意外火灾导致资产严重损失，导致企业停产，短期内无法偿还该债权。明宇公司根据 A 公司目前状况，做出了如下会计处理：

借：坏账准备　　　　　　　　　　　　　　　　　　　　　100 000
　　贷：应收账款　　　　　　　　　　　　　　　　　　　　　100 000
并且补提坏账准备：
借：管理费用　　　　　　　　　　　　　　　　　　　　　　90 000
　　贷：坏账准备　　　　　　　　　　　　　　　　　　　　　90 000

2. 应收账款——B 公司账面余额 100 万元，属于 2001 年当年度新发生的账款，明宇公司对此项应收账款计提 30%的坏账准备。

3. 应收账款——C 公司账面余额 30 万元，账龄不到 2 年，已提 1 000 元的坏账准备，2010 年年末明宇公司认定该债权难于收回，全额计提坏账准备，并补提坏账准备 299 000 元。

4. 应收账款——D 公司账面余额 50 万元，已提坏账准备 5 000 元，审计人员了解 D 公司是明宇公司的子公司，2010 年年末明宇公司全额计提坏账准备，并补提坏账准备 495 000 元。

5. 其他应收款——E 公司账面余额为 15 万元，该公司已经严重资不抵债。

6. 预付账款——F 公司账面余额 3 万元，因经营管理不善已宣告破产。

7. 应收票据——G 公司账面余额 5 万元，该票据虽然未逾期，但 G 公司因发生严重的经营亏损；偿还债务的可能性不大。

要求：如果你是注册会计师张山，在审计过程中发现以上问题，分析明宇公司对应收款项的账务处理是否正确。如不正确，请做出正确的调整。

项目 4　交易性金融资产的核算

技能目标

掌握交易性金融资产的取得、现金股利和利息、期末计量及交易性金融资产处置的核算。

基础训练

一、单项选择题

1. B 公司于 2016 年 3 月 20 日，购买甲公司股票 100 万股，成交价格每股 9 元，作为交易性金融资产；购买该股票另支付手续费等 22.5 万元。5 月 20 日，收到甲公司按每 10 股派 3.75 元的现金股利。该股票公允价值每股 10 元。2010 年 6 月 30 日交易性金融资产期末账面余额为（　　）万元。
   A. 1 372.5   B. 1 000   C. 546.25   D. 1 316.25

2. 某企业 2016 年 6 月以 20 100 元将本年 3 月购入的股票予以出售，该股票投资购入时的入账价值为 20 000 元，作为交易性金融资产核算，5 月份收到被投资方分配的现金股利 500 元。则出售该项交易性金融资产时该企业记入"投资收益"科目的金额应为（　　）元。
   A. 100   B. 400   C. 500   D. 600

3. 企业发生的下列事项中，影响"投资收益"的是（　　）。
   A. 交易性金融资产持有期间被投资方宣告分配的现金股利
   B. 期末交易性金融资产的公允价值大于账面余额
   C. 期末交易性金融资产的公允价值小于账面余额
   D. 交易性金融资产持有期间收到包含在买价中的现金股利

4. 企业购入交易性金融资产，支付的价款为 100 万元，其中包含已到期尚未领取的利息 5 万元，另支付交易费用 3 万元。该项交易性金融资产的入账价值为（　　）万元。
   A. 92   B. 95   C. 100   D. 105

二、多项选择题

1. 下列项目中，不应计入交易性金融资产取得成本的是（　　）。
   A. 支付的购买价格   B. 支付的相关税金
   C. 支付的手续费   D. 支付价款中包含的应收利息

2. 下列各项中，会引起交易性金融资产账面价值发生变化的有（　　）。
   A. 交易性金融资产账面价值与公允价值的差额
   B. 出售部分交易性金融资产
   C. 确认分期付息债券利息
   D. 被投资单位宣告现金股利

3. 交易性金融资产期末根据公允价值与账面余额之间的差额应该做的会计处理有（　　）。
   A. 借记交易性金融资产——公允价值变动，贷记公允价值变动损益
   B. 借记公允价值变动损益，贷记交易性金融资产——公允价值变动
   C. 借记投资收益，贷记交易性金融资产——公允价值变动
   D. 借记交易性金融资产——公允价值变动，贷记投资收益

4. 下列各项中，在购入交易性金融资产时不应计入其入账价值的有（　　）。
   A. 买入价   B. 支付的手续费
   C. 支付的印花税   D. 已宣告但尚未发放的现金股利

5. 企业核算交易性金融资产的现金股利时，可能涉及的会计科目有（　　）。

A. 交易性金融资产　　　　　　　　B. 投资收益
C. 应收股利　　　　　　　　　　　D. 银行存款

6. 企业在持有期内，宣告分配交易性金融资产的现金股利或计提利息时，可能涉及的会计科目有（　　）。

A. 投资收益　　　　　　　　　　　B. 应收股利
C. 交易性金融资产　　　　　　　　D. 应收利息

7. 以公允价值计量且其变动计入当期损益的金融资产，正确的会计处理方法有（　　）。

A. 企业划分为以公允价值计量且其变动计入当期损益金融资产的股票、债券，应当按照取得时的公允价值和相关的交易费用作为初始确认金额

B. 支付的价款中包含已宣告发放的现金股利或债券利息，应当单独确认为应收项目

C. 企业在持有期间取得的利息或现金股利，应当确认为投资收益

D. 资产负债表日，公允价值变动计入当期损益

三、判断题（正确的在括号内打"√"，错误的打"×"）

1. 交易性金融资产在期末应按公允价值与账面余额之间的差额计入当期利得。（　　）
2. 出售交易性金融资产时，应将出售时的公允价值与其账面余额之间的差额确认为当期投资收益。（　　）
3. 取得交易性金融资产所支付价款中包含了已宣告但尚未发放的债券利息记入"交易性金融资产"的成本。（　　）
4. 企业持有交易性金融资产期间对于被投资单位发放的现金股利于收到股利时确认为投资收益。（　　）
5. 期末交易性金融资产公允价值变动的金额计入投资收益账户。（　　）

综合技能训练

1. 甲股份有限公司2016年有关交易性金融资产的资料如下：

（1）10月1日，购入A公司股票50 000股，并准备随时变现，每股买价8元，其中包含已宣告但尚未发放的现金股利50 000元，另支付相关税费4 000元，均以银行存款支付。

（2）10月5日，收到A公司发放的现金股利50 000元。

（3）11月20日，A公司宣告发放现金股利每股0.4元，甲公司在11月25日收到并存入银行。

（4）11月30日，A公司股票市价为每股8.4元。

（5）12月18日，甲公司出售了该公司所持有的A公司的股票，售价为450 000元，支付了相关费用2 500元。

要求：根据上述资料（1）～（5），编制甲股份有限公司有关的会计分录。（"交易性金融资产"科目要求写出明细科目，答案中的金额单位用元表示）

2. 甲公司 2015 年至 2016 年度发生如下与股票投资有关的业务：

（1）2015 年 4 月 1 日，用银行存款购入 A 上市公司（以下简称 A 公司）的股票 4 000 股作为交易性金融资产，每股买入价为 20 元，其中 0.5 元为宣告但尚未分派的现金股利。另支付相关税费 360 元。

（2）2015 年 4 月 18 日，收到 A 公司分派的现金股利 2 000 元。

（3）2015 年 4 月 30 日，股票的公允价值为每股 20 元。

（4）2015 年 5 月 30 日，股票的公允价值为每股 21 元。

（5）2016 年 2 月 3 日，出售持有的 A 公司股票 3 000 股，实得价款 65 000 元。

（6）2016 年 4 月 15 日，A 公司宣告分派现金股利，每股派发 0.1 元。

（7）2016 年 4 月 30 日，收到派发的现金股利。

要求：编制甲公司上述业务的会计分录。

项目 5　存货的核算

技能目标

掌握存货收入、发出、结存以及盘盈、盘亏的会计处理；掌握原材料、周转材料、委托加工物资和库存商品的账务处理；掌握存货期末计量的核算。

基础训练

一、单项选择题

1. 某商业企业采用售价金额核算法计算期末存货成本。2016 年 10 月初存货成本为 900 万元，售价总额为 1 350 万元；本月购入存货成本为 4 500 万元，相应的售价总额为 5 400 万元；本月销售收入为 4 500 万元。该企业本月销售成本为（　　）万元。

　A. 3 600　　　　B. 9 000　　　　C. 2 175　　　　D. 450

2. 下列各项中，经批准应计入营业外支出的是（　　）。

　A. 收发、计量差错造成的存货盘亏　　B. 管理不善造成的存货盘亏
　C. 固定资产盘亏净损失　　　　　　　D. 无法查明原因的现金盘亏

3. 甲股份有限公司对期末存货采用成本与可变现净值孰低法计价。2015 年 12 月 31 日库存用于生产 A 产品的原材料的实际成本为 40 万元，预计进一步加工所需费用为 16 万元。预计 A 产品的销售费用及税金为 8 万元。该原材料加工完成后的 A 产品预计销售价格为 60 万元。假定该公司以前年度未计提存货跌价准备。2015 年 12 月 31 日该项材料应计提的跌价准备为（　　）万元。

　A. 0　　　　　　B. 4　　　　　　C. 16　　　　　　D. 20

4. 某企业为小规模纳税人。该企业购入甲材料 600 千克,每千克含税单价为 50 元,发生运杂费 2 000 元,运输途中发生合理损耗 10 千克,入库前发生挑选整理费用 450 元。该批甲材料的单位实际成本为(   )元。
   A. 50   B. 54   C. 55   D. 56
5. 下列与原材料相关的损失项目中,应计入营业外支出的是(   )。
   A. 计量差错引起的原材料盘亏净损失   B. 人为责任造成的原材料净损失
   C. 自然灾害造成的原材料净损失   D. 原材料运输途中发生的合理损耗
6. 委托加工应税消费品(非金银首饰)收回后直接销售的,其由受托方代收代交的消费税,应记入的会计科目是(   )。
   A. 管理费用   B. 应交税费——应交消费税
   C. 税金及附加   D. 委托加工物资
7. 企业对随同商品出售且单独计价的包装物进行会计处理时,该包装物的实际成本应结转到的会计科目是(   )。
   A. 制造费用   B. 管理费用   C. 销售费用   D. 其他业务成本
8. 某企业原材料按实际成本进行日常核算。2016 年 3 月 1 日结存甲材料 150 千克,每千克实际成本为 20 元;3 月 15 日购入甲材料 140 千克,每千克实际成本为 25 元;3 月 31 日发出甲材料 200 千克。如按先进先出法计算 3 月份发出甲材料的实际成本,则其金额应为(   )元。
   A. 4 000   B. 5 000   C. 4 250   D. 4 500
9. 某企业存货采用月末一次加权平均法核算,月初库存材料 30 件,每件为 2 000 元,月中又购进两批,一次 100 件,每件 1 900 元,另一次 50 件,每件 2 092 元,则月末该材料的加权平均单价为(   )元。
   A. 1 960   B. 1 970   C. 1 980   D. 1 182
10. 企业在材料收入的核算中,需在月末暂估入账并于下月初红字冲回的是(   )。
    A. 月末购货发票账单未到,但已入库的材料
    B. 月末购货发票账单已到,货款已付但未入库的材料
    C. 月末购货发票账单已到,货款已付且已入库的材料
    D. 月末购货发票账单已到,货款未付但已入库的材料
11. A 公司为一般纳税企业,采用实际成本法进行存货的日常核算。2016 年 8 月 8 日购入一批原材料,取得的增值税专用发票上记载的货款是 200 万元,增值税额为 34 万元,全部款项已用银行存款支付,材料已验收入库。下列有关购入材料的会计分录正确的是(   )。
    A. 借记在途物资 234 万元,贷记银行存款 234 万元
    B. 借记原材料 200 万元,应交税费——应交增值税(进项税额)34 万元,贷记银行存款 234 万元
    C. 借记材料采购 200 万元,应交税费——应交增值税(进项税额)34 万元,贷记银行存款 234 万元
    D. 借记在途物资 200 万元,应交税费——应交增值税(进项税额)34 万元,贷记银行存款 234 万元
12. 某工业企业为增值税一般纳税人,适用的增值税税率为 17%,2016 年 10 月 9 日

购入材料一批，取得的增值税专用发票上注明的价款为 21 200 元，增值税额为 3 604 元。材料入库前的挑选整理费为 200 元，材料已验收入库。则该企业取得的材料的入账价值应为（　　）元。

  A. 20 200   B. 21 400   C. 23 804   D. 25 004

13. 企业对于已记入"待处理财产损溢"科目的存货盘亏及毁损事项进行会计处理时，应计入管理费用的是（　　）。

  A. 收发计量差错造成的存货净损失 B. 自然灾害造成的存货净损失
  C. 应由保险公司赔偿的存货损失 D. 应由过失人赔偿的存货损失

14. 某商场采用毛利率法对商品的发出和结存进行日常核算。2016 年 10 月，甲类商品期初库存余额为 200 万元。该类商品本月购进为 600 万元，本月销售收入为 920 万元，本月销售折让为 20 万元；上月该类商品按扣除销售折让后计算的毛利率为 30%。假定不考虑相关税费，2016 年 10 月该类商品月末库存成本为（　　）万元。

  A. 156   B. 170   C. 524   D. 530

二、多项选择题

1. "材料成本差异"账户贷方可以用来登记（　　）。

  A. 购进材料实际成本小于计划成本的差额
  B. 发出材料应负担的节约差异
  C. 发出材料应负担的超支差异
  D. 购进材料实际成本大于计划成本的差额

2. 一般纳税企业委托其他单位加工材料收回后用于继续加工应税消费品的，其发生的下列支出中，应计入委托加工物资成本的有（　　）。

  A. 加工费   B. 增值税
  C. 发出材料的实际成本 D. 受托方代收代交的消费税

3. 下列各项中，增值税一般纳税企业应计入收回委托加工物资成本的有（　　）。

  A. 支付的加工费
  B. 随同加工费支付的增值税
  C. 支付的收回后继续加工应税消费品的委托加工物资的消费税
  D. 支付的收回后直接销售的委托加工物资的消费税

4. 小规模纳税企业委托其他单位加工材料收回后用于直接对外出售的，其发生的下列支出中，应计入委托加工物资成本的有（　　）。

  A. 加工费   B. 增值税
  C. 发出材料的实际成本 D. 受托方代收代交的消费税

5. 下列各项中，属于存货采购成本的有（　　）。

  A. 采购价款   B. 入库前的挑选整理费
  C. 运输途中的合理损耗 D. 存货入库后发生的仓储费用

6. 下列各项，构成一般纳税企业外购存货入账价值的有（　　）。

  A. 买价   B. 运杂费
  C. 运输途中的合理损耗 D. 支付的增值税

7. 期末存货计价过高，可能会引起（　　）。

A. 当期收益增加　　　　　　　　　B. 当期负债减少
C. 所有者权益增加　　　　　　　　D. 销售成本减少

8. 下列各项中，应记入"其他业务成本"科目的有（　　）。
   A. 出借包装物成本的摊销
   B. 出租包装物成本的摊销
   C. 随同产品出售单独计价的包装物成本
   D. 随同产品出售不单独计价的包装物成本

9. 企业进行材料清查时，对于盘亏的材料，应先记入"待处理财产损溢"账户，待期末或报经批准后，根据不同的原因可分别转入（　　）。
   A. 其他应付款　　B. 管理费用　　C. 营业外支出　　D. 其他应收款

10. 一般纳税企业委托其他单位加工材料收回后直接对外销售的，其发生的下列支出中，应计入委托加工物资成本的有（　　）。
    A. 加工费　　　　　　　　　　　B. 支付的增值税税额
    C. 发出材料的实际成本　　　　　D. 受托方代收代交的消费税

三、判断题（正确的在括号内打"√"，错误的打"×"）

1. 企业领用的低值易耗品，在领用时均应记入到"制造费用"科目。（　　）
2. 企业核算的低值易耗品的增减变化以及结存情况时，应当设置"周转材料——低值易耗品"科目进行核算，期末在企业的存货项目进行反映。（　　）
3. 成本与可变现净值孰低法中的"成本"是指存货的实际成本。（　　）
4. 委托加工物资收回后用于连续生产应税消费品的，委托方应将缴纳的消费税计入委托加工物资的成本。（　　）
5. 企业对随同商品出售而单独计价的包装物进行会计处理时，该包装物的实际成本应结转到销售费用科目。（　　）
6. 企业收回的委托加工物资，如果是用于连续生产应税消费品的，受托方代收代交的消费税应计入委托加工物资成本；支付的收回后直接用于销售的委托加工应税消费品的消费税，应记入"应交税费——应交消费税"科目借方。（　　）
7. 商品流通企业采购商品过程中发生的采购费用应计入当期损益，不计入存货成本。（　　）
8. 企业计提存货跌价准备，会影响资产负债表中存货项目的金额。（　　）
9. 对于委托外单位加工的物资，即使采用计划成本核算，也不涉及材料成本差异的问题。（　　）
10. 购入材料在运输途中发生的合理损耗应从材料成本中扣除。（　　）

综合技能训练

一、业务处理

1. A企业按先进先出法计算材料的发出成本。2016年10月1日结存甲材料200千克，每千克实际成本100元。本月发生如下有关业务：

（1）4日，购入甲材料100千克，每千克实际成本105元，材料已验收入库。

(2) 6 日，发出甲材料 160 千克。
(3) 8 日，购入甲材料 140 千克，每千克实际成本 98 元，材料已验收入库。
(4) 13 日，发出甲材料 260 千克。
(5) 21 日，购入甲材料 160 千克，每千克实际成本 110 元，材料已验收入库。
(6) 26 日，发出甲材料 60 千克。
要求：根据上述资料，计算甲材料下列成本：
(1) 6 日发出的成本。
(2) 13 日发出的成本。
(3) 26 日发出的成本。
(4) 期末结存的成本。
（答案中的金额单位用元表示）

2. 甲企业属于商品流通企业，为增值税一般纳税人，适用的增值税税率为 17%，售价中不含增值税。该企业只经营甲类商品并采用毛利率法对发出商品计价，季度内各月份的毛利率根据上季度实际毛利率确定。该企业 2016 年第一季度、第二季度甲类商品有关的资料如下：
（1）2016 年第一季度累计销售收入为 1 600 万元，销售成本为 1 420 万元，3 月末结存的库存商品实际成本为 800 万元。
（2）2016 年第二季度购进甲类商品成本 1 760 万元。
（3）2016 年 4 月份实现商品销售收入 600 万元。
（4）2016 年 5 月份实现商品销售收入 1 000 万元。
（5）假定 2016 年 6 月末按一定方法计算出结存的库存商品实际成本 840 万元。
要求：根据上述资料计算下列指标：
（1）计算甲企业甲类商品 2016 年第一季度的实际毛利率。
（2）分别计算甲企业甲类商品 2016 年 4 月、5 月、6 月的商品销售成本。
（答案中的金额单位用万元表示）

3. 某企业 2016 年 7 月初结存原材料的计划成本为 50 000 元；本月购入材料的计划成本为 100 000 元，本月发出材料的计划成本为 80 000 元，其中生产车间直接耗用 50 000 元，管理部门耗用 30 000 元。材料成本差异的月初数为 1 000 元（超支），本月收入材料成本差异为 2 000 元（超支）。要求：
（1）计算材料成本差异率。

(2)计算发出材料应负担的成本差异。
(3)计算发出材料的实际成本。
(4)计算结存材料的实际成本。
(5)编制材料领用的会计分录,以及期末分摊材料成本差异的会计处理。

4. 某企业为增值税一般纳税企业,材料按计划成本核算、甲材料计划单位成本为每千克10元,该企业2013年4月份有关资料如下:
(1)"原材料"账户月初余额80 000元,"材料成本差异"账户月初借方余额1 000元,"材料采购"账户月初借方余额21 000元。
(2)4月5日,企业上月已付款的甲材料2 000千克如数收到,已验收入库。
(3)4月10日,从外地A公司购入甲材料6 000千克,增值税专用发票注明的材料价款为58 900元,增值税额10 013元,企业已用银行存款支付上述款项,材料尚未到达。
(4)4月20日,从A公司购入的甲材料到达,验收入库时发现短缺100千克,经查明为途中定额内自然损耗,按实收数量验收入库。
(5)4月30日,汇总本月发料凭证,本月共发出甲材料6 000千克,全部用于产品生产。
要求:
(1)根据上述业务编制相关的会计分录。
(2)计算本月材料成本差异率,本月发出材料应负担的成本差异及月末库存材料的实际成本。

5. 甲企业发出A材料,委托乙企业加工成B商品直接用于销售。A材料计划成本100万元,材料成本差异率为-2%。甲企业发生往返运费2万元,向乙企业支付加工费10万元。甲企业和乙企业均为一般纳税企业,B商品适用的增值税税率为17%。乙企业代收代交的消费税为4万元。所有款项均以银行存款结算完毕。
要求:
(1)编制甲企业发出A材料的分录。
(2)编制甲企业支付运费、加工费及税金等款项的分录。
(3)计算甲企业B商品成本并编制验收入库的分录。
(答案中的金额单位用万元表示)

6. 甲工业企业为增值税一般纳税企业，采用实际成本进行材料日常核算，假定运费不考虑增值税。2016年8月1日有关账户的期初余额如下：

在途物资	4 000元
预付账款——D企业	8 000元
委托加工物资——B企业	2 000元
周转材料——包装物	5 000元
原材料	800 000元

（注："原材料"账户期初余额中包括上月月末材料已到但发票账单未到而暂估入账的6 000元）

2016年8月份发生如下经济业务事项：

（1）1日，对上月月末暂估入账的原材料进行会计处理。

（2）3日，在途物资全部收到，验收入库。

（3）8日，从A企业购入材料一批，增值税专用发票上注明的货款为50 000元，增值税额为8 500元，另外A企业还代垫运费500元。全部货款已用转账支票付讫，材料验收入库。

（4）10日，收到上月委托B企业加工的包装物，并验收入库，入库成本为2 000元。

（5）13日，持银行汇票200 000元从C企业购入材料一批，增值税专用发票上注明的货款为150 000元，增值税额为25 500元，另支付运费500元，材料已验收入库。甲工业企业收回剩余票款并存入银行。

（6）18日，收到上月月末估价入账的材料发票账单，增值税专用发票上注明的货款为5 000元，增值税额为850元，开出银行承兑汇票承付。

（7）22日，收到D企业运来的材料，并验收入库。增值税专用发票上注明的货款为8 000元，增值税额为1 360元，对方代垫运费640元。为购买该批材料上月曾预付货款8 000元，收到材料后用银行存款补付余款。

（8）31日，根据"发料凭证汇总表"，8月份基本生产车间领用材料360 000元，辅助生产车间领用材料200 000元，车间管理部门领用材料30 000元，企业行政管理部门领用材料10 000元。

（9）31日，结转本月随同产品出售不单独计价的包装物的成本6 000元。

要求：编制甲工业企业上述经济业务的会计分录。（"应交税费"科目要求写出明细科目）

二、案例分析

嘉陵集团系增值税一般纳税人，该市税务局稽查人员对其进行全面检查时发现该企业会计人员对涉及增值税的业务处理与税收法规相违背。该企业对部分业务的账务处理如下：

（1）用本企业A产品换取云天公司甲材料价值30 000元。该企业账务处理如下：

借：原材料——甲材料　　　　　　　　　　　　　　　　30 000
　　贷：库存商品——A产品　　　　　　　　　　　　　　　　30 000

（2）该企业收购农业产品，实际支付的价款为 15 000 元，收购的这批产品已验收入库。

账务处理：进项税额=15 000×17%=2 550

借：原材料　　　　　　　　　　　　　　　　　　　　　　　12 450
　　应交税费——应交增值税（进项税额）　　　　　　　　　 2 550
　　　贷：银行存款　　　　　　　　　　　　　　　　　　　　　　15 000

（3）将本企业产品 50 000 元直接用于职工福利的发放。

借：应付职工薪酬——职工福利　　　　　　　　　　　　　　50 000
　　　贷：库存商品　　　　　　　　　　　　　　　　　　　　　　50 000

要求：请你指出该企业业务处理不当之处并予以更正。

项目 6　持有至到期投资的核算

技能目标

掌握持有至到期投资的取得、持有、减值及出售的核算。

基础训练

一、单项选择题

1. 在已确认减值损失的金融资产价值恢复时，下列金融资产的减值损失不得通过损益转回的是（　　）。

A. 持有至到期投资的减值损失　　B. 可供出售债务工具的减值损失
C. 可供出售权益工具的减值损失　　D. 贷款及应收款项的减值损失

2. 某股份有限公司 2016 年 1 月 1 日将其持有至到期投资转让，转让价款 1 560 万元已收存银行。该债券系 2014 年 1 月 1 日购进，面值为 1 500 万元，票面年利率 5%，到期一次还本付息，期限 3 年。转让该项债券时，应计利息明细科目的余额为 150 万元，尚未摊销的利息调整贷方余额为 24 万元；该项债券已计提的减值准备余额为 30 万元。该公司转让该项债券投资实现的投资收益为（　　）万元。

A. −36　　　　B. −66　　　　C. −90　　　　D. 114

3. 某企业于 2016 年 1 月 1 日购进当日发行的面值为 2 400 万元的公司债券。债券的买价为 2 700 万元，另支付相关税费 20 万元。该公司债券票面年利率为 8%，期限为 5 年，一次还本付息。企业将其划分为持有至到期投资，则购入该公司债券时企业记入"持有至到期投资"科目的金额为（　　）万元。

A. 2 720　　　B. 2 400　　　C. 2 700　　　D. 2 680

4. A 公司 2016 年 1 月 1 日支付价款 2 000 万元购入 B 公司 30%的股份，准备长期持有，另支付相关税费 20 万元。购入时 B 公司可辨认净资产公允价值为 12 000 万元。A 公司取得投资后对 B 公司具有重大影响。2016 年度，B 公司实现净利润 100 万元，假定不考虑其他因素，则 A 公司 2011 年度因该项投资而影响利润的金额为（　　）万元。

A. 10　　　　B. 30　　　　C. 1 610　　　D. 1 630

5. 2016 年 1 月 1 日，甲公司将其持有的持有至到期投资转让，价款 240 万元已收存银行。该债券是 2014 年 1 月 1 日以 200 万元购入的，面值为 250 万元，票面年利率为 5%，实际利率为 10%。到期一次还本付息，期限为 3 年。转让该项债券时，应计利息明细科目的余额为 25 万元，利息调整明细科目余额为贷方的 33 万元。甲公司转让该项债券投资应确认的投资收益为（　　）万元。

A. 2　　　　　　　B. -2　　　　　　　C. 23　　　　　　　D. 25.75

6. 对于已计提减值准备的持有至到期投资，在随后的会计期间公允价值上升使得持有至到期投资价值得以恢复的，应在原计提的减值准备金额范围内予以恢复，记入（　　）科目。

A. 资产减值损失　　　　B. 投资收益
C. 资本公积　　　　　　D. 营业外收入

二、多项选择题

1. 下列有关持有至到期投资的处理中，正确的有（　　）。

A. 企业从二级市场上购入的固定利率国债、浮动利率公司债券等，符合持有至到期投资条件的，可以划分为持有至到期投资

B. 持有至到期投资应当按取得时的公允价值作为初始确认金额，相关交易费用计入当期损益，支付的价款中包含已到付息期但尚未领取的债券利息，应单独作为应收项目确认

C. 持有至到期投资通常是具有长期性质，但期限较短（1 年以内）的债券投资，符合持有至到期投资条件的，也可将其划分为持有至到期投资

D. 购入的股权投资也可能划分为持有至到期投资

2. 下列说法正确的是（　　）。

A. 持有至到期投资包括企业持有的、在活跃市场上有公开报价的国债、企业债券等

B. 购入的股权投资可以划分为持有至到期投资

C. 持有至到期投资通常是具有长期性质，但期限较短（1 年以内）的债券投资，符合持有至到期投资条件的，也可将其划分为持有至到期投资

D. 持有至到期投资应当按取得时的公允价值作为初始确认金额，相关交易费用计入当期损益

3. 下列各项中，处置持有至到期投资可能涉及的科目有（　　）。

A. 持有至到期投资——利息调整　　　B. 持有至到期投资——减值准备
C. 投资收益　　　　　　　　　　　　D. 持有至到期投资——成本

三、判断题（正确的在括号内打"√"，错误的打"×"）

1. 企业拥有的可以在市场上出售、但企业准备持有至到期的长期债券投资，应该作为可供出售金融资产进行管理和核算。　　　　　　　　　　　　　　　　　　　　（　　）

2. 购入的股权投资因其没有固定的到期日，不符合持有至到期投资的条件，不能划分为持有至到期投资。　　　　　　　　　　　　　　　　　　　　　　　　　（　　）

3. 企业在持有持有至到期投资的会计期间，应当按照公允价值对持有至到期投资进行计量。　　　　　　　　　　　　　　　　　　　　　　　　　　　　　　　（　　）

4. 处置持有至到期投资时，应将取得的价款与账面价值之间的差额计入资本公积。
　　　　　　　　　　　　　　　　　　　　　　　　　　　　　　　　　　（　　）

综合技能训练

嘉陵股份有限公司2015年3月10日以银行存款450万元取得E公司30%的股权。E公司中期报告显示,该公司1—6月份实现净利润300万元,宣告发放现金股利100万元。嘉陵股份有限公司的李会计师在2015年6月30日确认的投资收益为55万元[300×30%×(20+30+30+30)/180]、应收股利30万元(100×30%)。但注册会计师钱女士认为,李会计师的计算有误,其投资收益应为90万元(300×30%)。李会计师深感委屈,认为他的计算正确。

请问:你认为李会计师确认的投资收益是否有误?为什么?

项目7 长期股权投资的核算

技能目标

掌握长期股权投资初始投资成本的确定;掌握长期股权投资后续计量的成本法与权益法;掌握长期股权投资处置的会计处理。

基础训练

一、单项选择题

1. 采用成本法核算时,企业对于持有期间被投资企业宣告分配的股利,应（　　）。
   A. 作为投资收益或长期投资减少处理
   B. 作为长期投资减少处理
   C. 作为投资收益处理
   D. 作为营业外收入处理

2. 甲公司与乙公司共同出资设立丙公司,经甲、乙双方协议,丙公司的董事长由乙公司委派,甲方的出资比例为55%,股东按出资比例行使表决权。在这种情况下（　　）。
   A. 甲公司采用权益法核算该长期股权投资,乙公司采用成本法核算该长期股权投资
   B. 甲公司采用成本法核算该长期股权投资,乙公司采用权益法核算该长期股权投资
   C. 甲公司和乙公司均采用成本法核算该长期股权投资
   D. 甲公司和乙公司均采用权益法核算该长期股权投资

3. A公司以1 500万元取得B公司30%的股权,取得投资时被投资单位可辨认净资产的公允价值为6 000万元。如A公司能够对B公司施加重大影响,则A公司长期股权投资的入账价值是（　　）万元。
   A. 2 000　　　B. 1 800　　　C. 6 000　　　D. 4 000

4. 2016年3月5日,甲公司以银行存款1 000万元(含已经宣告但尚未发放的现金股利20万元)取得对乙公司的长期股权投资,所持有的股份占乙公司有表决权股份的2%,另支付相关税费3万元。甲公司对乙公司不具有共同控制或重大影响,且该长期股权投资在活跃市场中没有报价、公允价值不能可靠计量。甲公司采用成本法核算该长期股权投资。2016年

3月10日,甲公司收到宣告发放的现金股利。2017年1月5日甲公司出售该长期股权投资,实际收到价款1 300万元,相关税费4万元。假设不考虑其他因素,甲公司2017年1月5日出售该项长期股权投资的损益为(　　)万元。

　　A. 313　　　　　　B. 317　　　　　　C. 300　　　　　　D. 305

5. 在长期股权投资采用权益法核算时,下列各项中,应当确认为投资收益的是(　　)。

　　A. 收到被投资企业分配的现金股利　　B. 被投资企业提取盈余公积
　　C. 被投资企业实现净利润　　　　　　D. 收到被投资企业分配的股票股利

6. 以下不属于长期股权投资的是(　　)。

　　A. 对子公司的投资　　　　　　　　　B. 对联营企业的投资
　　C. 对合营企业的投资　　　　　　　　D. 从证券市场购入的准备长期持有的债券

7. 权益法下被投资单位宣告分派股利时,投资单位应当将应收股利(　　)。

　　A. 计入投资收益　　　　　　　　　　B. 冲减财务费用
　　C. 冲减长期股权投资——投资成本　　D. 冲减长期股权投资——损益调整

8. 采用权益法核算长期股权投资,长期股权投资的初始投资成本大于投资时应享有的被投资单位可辨认净资产公允价值份额时,正确的做法是(　　)。

　　A. 将差额计入营业外收入　　　　　　B. 将差额计入投资收益
　　C. 将差额计入管理费用　　　　　　　D. 不调整长期股权投资的初始投资成本

二、多项选择题

1. 企业购入的采用权益法核算的长期股权投资,其初始投资成本包括(　　)。

　　A. 购入时实际支付的价款
　　B. 支付的价款中包含的被投资方已宣告但尚未发放的现金股利
　　C. 支付的印花税
　　D. 为取得长期股权投资发生的相关手续费

2. 下列各项中,关于被投资单位宣告发放现金股利或利润时,正确的会计处理有(　　)。

　　A. 交易性金融资产持有期间,被投资单位宣告发放现金股利或利润时确认投资收益
　　B. 长期股权投资采用成本法核算时,被投资单位宣告发放现金股利或利润时确认投资收益
　　C. 长期股权投资采用权益法核算时,被投资单位宣告发放现金股利或利润时确认投资收益
　　D. 长期股权投资采用权益法核算时,被投资单位宣告发放现金股利或利润时冲减其账面价值

3. 2014年1月2日,甲公司以银行存款取得乙公司30%的股权,初始投资成本为4 000万元;当日,乙公司可辨认净资产公允价值为14 000万元,与其账面价值相同。甲公司取得投资后即派人参与乙公司的生产经营决策,但未能对乙公司形成控制。乙公司2014年实现净利润1 000万元。假定不考虑所得税等其他因素,2014年甲公司下列各项与该项投资相关的会计处理中,正确的有(　　)。

　　A. 确认商誉200万元　　　　　　　　B. 确认营业外收入200万元
　　C. 确认投资收益300万元　　　　　　D. 确认资本公积200万元

4. 在持股比例不变的情况下,采用权益法核算时,下列各项中,不会引起投资企业"资

本公积——其他资本公积"发生变化的有（   ）。
    A. 被投资单位其他资本公积发生增减变动
    B. 被投资单位以资本公积转增股本
    C. 被投资单位以税后利润补亏
    D. 被投资单位以盈余公积金弥补亏损
  5. 按企业会计准则规定，下列项目中，不应记入"投资收益"科目的有（   ）。
    A. 成本法核算下，被投资企业实现净利润
    B. 权益法核算下，被投资企业发生除净损益以外的其他所有者权益变动
    C. 权益法核算下，被投资单位实现净利润
    D. 权益法核算下，被投资企业宣告发放现金股利
  6. 下列各项中，权益法下会导致长期股权投资账面价值发生增减变动的有（   ）。
    A. 确认长期股权投资减值损失
    B. 投资持有期间被投资单位实现净利润
    C. 投资持有期间被投资单位提取盈余公积
    D. 投资持有期间被投资单位宣告发放现金股利
  7. 下列关于长期股权投资会计处理的表述中，正确的有（   ）。
    A. 对子公司长期股权投资应采用成本法核算
    B. 处置长期股权投资时应结转其已计提的减值准备
    C. 成本法下，按被投资方实现净利润应享有的份额确认投资收益
    D. 成本法下，按被投资方宣告发放现金股利应享有的份额确认投资收益

三、判断题（正确的在括号内打"√"，错误的打"×"）

  1. 被投资企业发放股票股利时应该通过"应付股利"核算。（   ）
  2. 长期股权投资在权益法核算下时，只要被投资单位宣告分派现金股利就应确认投资收益。（   ）
  3. 准备长期持有的股票可能作为长期股权投资核算，也可能作为金融资产核算。（   ）
  4. 成本法下分得的现金股利，应全部计入投资收益。（   ）
  5. 权益法下确认投资收益，完全取决于被投资单位账面净利润。（   ）
  6. 对子公司的长期股权投资由于金额较大，按照重要性原则，应当采用权益法核算。（   ）
  7. 被投资企业宣告发放股票股利时，投资企业按其享有的金额确认为投资收益。（   ）

四、计算题

  1. A公司投资于C公司，有关投资情况如下：
  （1）2016年1月1日，A公司向乙公司支付银行存款800万元，受让乙公司持有的C公司的5%股权（不具有重大影响），采用成本法核算，假设未发生直接相关费用和税金。
  （2）2016年4月1日，C公司宣告分配2015年实现的净利润，向全体股东分配现金股利400万元。A公司于4月8日收到现金股利20万元。
  （3）2016年度，C公司实现净利润300万元，2017年4月1日宣告向全体股东分派股票

股利，每 10 股派送 2 股。

（4）2017 年，C 公司发生巨额亏损，年末 A 公司对 C 公司的投资按当时市场收益率对未来现金流量折现确定的现值为 750 万元。

（5）2018 年 1 月 20 日，经协商，A 公司将持有的 C 公司的全部股权转让给丁企业，收到股权转让款 820 万元。

要求：做出 A 公司的相应账务处理。

2. A 公司投资于 D 公司，有关投资情况如下：

（1）2016 年 1 月 1 日 A 公司支付现金 1 200 万元给 B 公司，受让 B 公司持有的 D 公司的 20%股权（具有重大影响），采用权益法核算。假设未发生直接相关费用和税金。受让股权时，D 公司的可辨认净资产公允价值为 5 000 万元。

（2）2016 年 12 月 31 日，D 公司 2010 年实现的净利润为 600 万元；本年度因可供出售金融资产公允价值增加致使资本公积增加 150 万元。假设不考虑对净利润的调整，投资企业与被投资企业会计政策、会计期间一致。

（3）2017 年 3 月 20 日，D 公司宣告分配现金股利 200 万元；A 公司于 4 月 16 日收到。

（4）2017 年 D 公司发生亏损 2 000 万元，2017 年年末 A 公司对 D 公司的投资进行减值测试，确定该长期股权投资的可收回金额为 700 万元。

（5）2018 年 1 月 23 日，经协商，A 公司将持有的 D 公司的全部股权转让给丁企业，收到股权转让款 800 万元。

要求：做出 A 公司相应的账务处理。

综合技能训练

A 公司 2014 年和 2016 年有关对甲公司和乙公司投资业务资料如下：

（1）2014 年 1 月 2 日，A 公司以银行存款 20 000 万元购入甲公司部分股份，所购股份占甲公司股份总额的 30%，对被投资单位具有重大影响。当日办理完毕有关股权转让手续。2014 年 1 月 1 日，甲公司可辨认净资产公允价值总额为 70 000 万元。假定取得投资时点被投资单位各资产公允价值等于账面价值，双方采用的会计政策、会计期间相同。

（2）2014 年 7 月 1 日，A 公司以银行存款 5 000 万元直接对乙公司投资，乙公司注册资本为 50 000 万元，A 公司占乙公司股份总额的 10%。A 公司对乙公司的投资不具有控制、共同控制或重大影响,且在活跃市场中没有报价,公允价值不能可靠计量。当日办理完毕有关股权转让手续。

(3) 2014年9月16日,乙公司宣告分配现金股利500万元;9月26日,乙公司支付现金股利。

(4) 2014年度末,甲公司实现净利润为10 000万元。

(5) 2015年1月25日,甲公司宣告分配2014年现金股利6 000万元。

(6) 2015年度末,甲公司可供出售金融资产公允价值变动而增加其他资本公积800万元;甲公司发生亏损3 000万元;A公司对甲公司的长期股权投资的可收金额为20 880万元。

(7) 2016年1月2日,A公司以22 000万元的价格将持有的甲公司股份全部出售,价款已于当日全部收到,并存入银行,股权转让手续已于当日办理完毕。

要求:

(1) 说明A公司对甲公司的长期股权投资后续计量采用的方法,并编制2014年1月2日A公司对甲公司投资的会计分录。

(2) 说明A公司对乙公司的长期股权投资后续计量采用的方法,并编制2014年7月1日A公司对乙公司投资的会计分录。

(3) 编制2014年9月16日和9月26日A公司的会计分录。

(4) 编制A公司2015年度末对甲公司投资相关会计分录。

(5) 编制A公司2015年1月25日因甲公司宣告现金股利的会计分录。

(6) 编制A公司2015年度末调整对甲公司投资账面价值及其计提减值准备的会计分录。

(7) 编制2016年1月2日A公司出售甲公司的股权的会计分录。

项目8 可供出售金融资产的核算

技能目标

掌握可供出售金融资产初始投资成本的确定;掌握可供出售金融资产取得、持有、减值及出售的会计核算。

基础训练

一、单项选择题

1. A公司于2016年1月5日从证券市场上购入B公司发行在外的股票100万股作为可供出售金融资产,每股支付价款6元(含已宣告但尚未发放的现金股利0.5元),另支付相关费用12万元,不考虑其他因素,则A公司可供出售金融资产取得时的入账价值为( )万元。

A. 600　　　　　　B. 612　　　　　　C. 550　　　　　　D. 562

2. 下列关于可供出售金融资产会计处理的表述中，不正确的是（　　）。

A. 可供出售金融资产发生的减值损失应计入当期损益

B. 可供出售金融资产持有期间取得的现金股利，不应冲减资产成本

C. 可供出售金融资产期末应按摊余成本计量

D. 出售可供出售金融资产时，应将持有期间确认的相关资本公积转入投资收益

3. 下列金融资产中，一般应作为可供出售金融资产核算的是（　　）。

A. 企业从二级市场购入准备随时出售套利的股票

B. 企业购入有意图和能力持有至到期的公司债券

C. 企业购入没有公开报价且不准备随时变现的A公司1%的股权

D. 企业购入有公开报价但不准备随时变现的A公司1%的流通股票

二、多项选择题

1. 下列关于可供出售金融资产的表述中，不正确的有（　　）。

A. 可供出售金融资产发生的减值损失应计入管理费用

B. 可供出售金融资产在资产负债表日的公允价值变动应计入当期损益

C. 取得可供出售金融资产时发生的交易费用计入当期损益

D. 处置可供出售金融资产时，以前期间因公允价值变动计入资本公积的金额应转入当期损益

2. 在金融资产的计量中，下列表述正确的有（　　）。

A. 交易性金融资产按照公允价值计量，发生的相关交易费用直接计入当期损益

B. 可供出售金融资产初始计量时按照公允价值和发生的相关交易费用确认初始入账金额

C. 持有至到期投资初始计量时按照公允价值计量，发生的相关交易费用计入投资收益

D. 交易性金融资产和可供出售金融资产中的权益工具按照公允价值进行后续计量

3. 下列各项中，关于可供出售金融资产会计处理表述正确的有（　　）。

A. 可供出售金融资产处置的净收益应计入投资收益

B. 可供出售金融资产持有期间取得的现金股利应冲减投资成本

C. 可供出售金融资产取得时发生的交易费用应计入初始投资成本

D. 可供出售金融资产持有期间的公允价值变动额应计入所有者权益

4. 我国企业会计准则规定，资产负债表日计量时不应采用公允价值计量的有（　　）。

A. 可供出售金融资产　　　　　　　　B. 长期股权投资

C. 交易性金融资产　　　　　　　　　D. 持有至到期投资

三、判断题（正确的在括号内打"√"，错误的打"×"）

1. 企业拥有的可以在市场上出售、但企业准备持有至到期的长期债券投资，应该作为可供出售金融资产进行管理和核算。（　　）

2. 可供出售金融资产和交易性金融资产的相同点是都按公允价值进行后续计量，且公允价值变动计入当期损益。（　　）

综合技能训练

2016 年 1 月 1 日，嘉陵集团公司从二级市场购入乙公司公开发行的债券 10 000 张，每张面值 100 元，票面利率为 3%，每年 1 月 1 日支付上年度利息。购入时每张支付款项 97 元，另支付相关费用 2 200 元，划分为可供出售金融资产。购入债券时的市场利率为 4%。

2016 年 12 月 31 日，由于乙公司发生财务困难，该公司债券的公允价值下降为每张 70 元。嘉陵集团公司预计，如乙公司不采取措施，该债券的公允价值预计会持续下跌。

2017 年 1 月 1 日，收到债券利息 30 000 元。

2017 年，乙公司采取措施使财务困难大为好转。2015 年 12 月 31 日，该债券的公允价值上升到每张 90 元。

2018 年 1 月 1 日，收到债券利息 30 000 元。

2018 年 1 月 10 日，嘉陵集团公司将上述债券全部出售，收到款项 902 000 元存入银行。

请问：嘉陵集团公司 2016 年 12 月 31 日应确认的利息收入是多少？该企业在 2017 年 12 月 31 日对上述经济业务该做出什么样的会计处理？

项目 9　固定资产的核算

学习目标
掌握固定资产取得、改扩建以及处置的核算方法；掌握固定资产折旧的计算方法。

基础训练

一、单项选择题

1. 某企业 2016 年 12 月 31 日购入一台设备，入账价值为 200 万元，预计使用寿命为 10 年，预计净残值为 20 万元，采用年限平均法计提折旧。2017 年 12 月 31 日该设备存在减值迹象，经测试预计可收回金额为 120 万元。2017 年 12 月 31 日该设备账面价值应为（　　）万元。

　A. 120　　　　　　B. 160　　　　　　C. 180　　　　　　D. 182

2. 某企业转让一台旧设备，取得价款 56 万元，发生清理费用 2 万元。该设备原值为 60 万元，已提折旧 10 万元。假定不考虑其他因素，出售该设备影响当期损益的金额为（　　）万元。

　A. 4　　　　　　　B. 6　　　　　　　C. 54　　　　　　　D. 56

3. 下列各科目的期末余额，不应在资产负债表"存货"项目列示的是（　　）。

　A. 库存商品　　　　　　　　　　　　B. 生产成本
　C. 工程物资　　　　　　　　　　　　D. 委托加工物资

4. 某企业2016年12月31日"固定资产"科目余额为1 000万元,"累计折旧"科目余额为300万元,"固定资产减值准备"科目余额为50万元。该企业2016年12月31日资产负债表"固定资产"的项目金额为（   ）万元。

A. 650   B. 700   C. 950   D. 1 000

5. 甲公司为增值税一般纳税人，2016年12月31日购入不需要安装的生产设备一台，当日投入使用。该设备价款为360万元，增值税税额为61.2万元，预计使用寿命为5年，预计净残值为零，采用年数总和法计提折旧。该设备2017年应计提的折旧为（   ）万元。

A. 72   B. 120   C. 140.4   D. 168.48

6. 企业采用出包方式建造固定资产，按合同规定预付的工程款，应通过（   ）科目核算。

A. 应付账款   B. 预付账款   C. 在建工程   D. 其他应付款

7. 理论上，计算固定资产折旧过程中暂不考虑其预计净残值的方法是（   ）。

A. 工作量法   B. 双倍余额递减法
C. 年数总和法   D. 平均年限法

8. 对外出售的固定资产应通过（   ）账户核算。

A. 营业外支出   B. 待处理财产损溢
C. 在建工程   D. 固定资产清理

9. 下列不应计入固定资产价值的项目是（   ）。

A. 购置固定资产发生的运杂费   B. 购置固定资产发生的出差人员差旅费
C. 购置固定资产发生的包装费   D. 购置固定资产发生的应分摊的借款利息

10. 企业融资租入固定资产交付使用时，应（   ）。

A. 计入固定资产   B. 进行备查登记
C. 计入融资租赁资产   D. 计入其他长期资产

二、多项选择题

1. 下列关于固定资产计提折旧的表述，正确的有（   ）。

A. 提前报废的固定资产不再补提折旧
B. 固定资产折旧方法一经确定不得改变
C. 已提足折旧但仍继续使用的固定资产不再计提折旧
D. 自行建造的固定资产应自办理竣工决算时开始计提折旧

2. 下列各项中，不应确认为营业外收入的有（   ）。

A. 存货盘盈   B. 固定资产出租收入
C. 固定资产盘盈   D. 无法查明原因的现金溢余

3. 企业计提固定资产折旧时，下列会计分录正确的有（   ）。

A. 计提行政管理部门固定资产折旧：借记"管理费用"科目，贷记"累计折旧"科目
B. 计提生产车间固定资产折旧：借记"制造费用"科目，贷记"累计折旧"科目
C. 计提专设销售机构固定资产折旧：借记"销售费用"科目，贷记"累计折旧"科目
D. 计提自建工程使用的固定资产折旧：借记"在建工程"科目，贷记"累计折旧"科目

4. 下列各项中，影响固定资产清理净损益的有（   ）。

A. 清理固定资产发生的税费   B. 清理固定资产的变价收入

C. 清理固定资产的账面价值　　　　D. 清理固定资产耗用的材料成本

5. "固定资产清理"科目借方核算的内容包括（　　）。

A. 转入清理的固定资产净值　　　　B. 发生的清理费用

C. 结转的固定资产清理净损失　　　D. 结转的固定资产清理净收益

6. 下列哪些是我国规定可以采用的固定资产折旧方法，且折旧率是固定的（　　）。

A. 递减折旧率法　　　　　　　　　B. 平均年限法

C. 双倍余额递减法　　　　　　　　D. 余额递减法

7. 资产负债表中，固定资产项目包括（　　）。

A. 固定资产清理和在建工程　　　　B. 固定资产原价

C. 累计折旧　　　　　　　　　　　D. 固定资产减值准备

8. 有关固定资产的下列费用中，属于收益性支出的有（　　）。

A. 融资租入固定资产所发生的租赁费

B. 经营性租入固定资产所支付的租金

C. 固定资产清理费用

D. 固定资产经常修理所发生的修理费用

9. 按照企业会计准则规定，下列固定资产中应计提折旧的有（　　）。

A. 经营性租入的固定资产

B. 季节性停用的固定资产

C. 按规定单独估价作为固定资产入账的土地

D. 未使用的房屋及建筑物

10. 采用自营方式建造固定资产的情况下，下列项目中应计入固定资产取得成本的有（　　）。

A. 工程耗用原材料时发生的增值税

B. 工程人员的工资及福利费用

C. 工程领用本企业商品产品的实际成本

D. 生产车间为工程提供水电等费用

三、判断题（正确的在括号内打"√"，错误的打"×"）

1. 企业发生毁损的固定资产的净损失，应计入营业外支出。（　　）

2. 企业持有的长期股权投资发生减值的，减值损失一经确认，即使以后期间价值得以回升，也不得转回。（　　）

3. 对于已达到预定可使用状态但尚未办理竣工决算的固定资产，待办理竣工决算后，若实际成本与原暂估价值存在差异的，应调整已计提折旧。（　　）

4. 企业出售固定资产应交的增值税，应列入利润表的"税金及附加"项目。（　　）

5. 固定资产提足折旧后，不论能否继续使用，均不再计提折旧。（　　）

6. 企业以经营租赁方式租入的固定资产发生的改良支出，不应予资本化。（　　）

7. 将发生的固定资产后续支出计入固定资产成本的，应当终止确认被替换部分的账面价值。（　　）

8. 固定资产应当按月计提折旧，并根据用途计入相关资产的成本或者当期损益。

9. 固定资产减值损失一经确认,在以后会计期间可以转回。 （　　）
10. 与固定资产有关的经济利益预期实现方式有重大改变的,应当改变固定资产折旧方法。 （　　）

综合技能训练

一、业务处理

1. 甲企业为增值税一般纳税人（尚未实行增值税转型试点）,增值税税率为17%。2016年发生固定资产业务如下：

（1）1月20日,企业管理部门购入一台不需安装的A设备,取得的增值税专用发票上注明设备价款为550万元,增值税为93.5万元,另发生运输费4.5万元,款项均以银行存款支付。

（2）A设备经过调试后,于1月22日投入使用,预计使用10年,净残值为35万元,决定采用双倍余额递减法计提折旧。

（3）7月15日,企业生产车间购入一台需要安装的B设备,取得的增值税专用发票上注明设备价款为600万元,增值税为102万元,另发生保险费8万元,款项均以银行存款支付。

（4）8月19日,将B设备投入安装,以银行存款支付安装费3万元。B设备于8月25日达到预定使用状态,并投入使用。

（5）B设备采用工作量法计提折旧,预计净残值为35.65万元,预计总工时为5万小时。9月,B设备实际使用工时为720小时。

假设除上述资料外,不考其他因素。

要求：（1）编制甲企业2016年1月20日购入A设备的会计分录。

（2）计算甲企业2016年2月A设备的折旧额并编制会计分录。

（3）编制甲企业2016年7月15日购入B设备的会计分录。

（4）编制甲企业2016年8月安装B设备及其投入使用的会计分录。

（5）计算甲企业2016年9月B设备的折旧额并编制会计分录。

（答案中的金额单位用万元表示）

2. 嘉陵公司购入需要安装设备一台,有关资料如下：

（1）2016年2月10日,购入一台需要安装的生产用机器。取得的增值税专用发票上注明价款为43万元,增值税进项税额为7.31万元,支付的运输费为1.69万元,款项已通过银行支付。

（2）设备安装时,领用工程物资一批,价款为12万元。

（3）领用本公司原材料一批,价值15万元,购进该批原材料时支付的增值税进项税额为2.55万元。

（4）领用本公司所生产的产品一批，该产品属于应税消费品，成本为 20 万元，计税价格 25 万元，增值税税率 17%，消费税税率 10%。

（5）支付安装工人的工资为 8 万元，支付的其他相关支出为 3.7 万元，假定不考虑其他相关税费。

（6）2016 年 9 月 8 日，达到预定可使用状态。预计使用年限为 10 年，净残值为 10 万元，采用双倍余额递减法计算年折旧额。

（7）2017 年年末，对该项固定资产进行减值测试，发现该项资产有可能减值，当时的公允价值为 91 万元，处置费用为 5 万元，该项资产的未来现金流量现值为 90 万元，减值后，预计使用年限为 3 年，采用直线法计提折旧，预计净残值为 0。

（8）2018 年年末，企业由于经营方向发生了变化，决定处置该项固定资产，收到的价款为 50 万元，发生的清理费用为 3 万元。

要求：（1）编制 2016 年建造固定资产有关会计分录。

（2）计算 2016 年、2017 年应计提的折旧金额并编制相关的会计分录

（3）计算 2017 年是否计提减值，如果已经发生减值，计算该项减值的金额，并编制相关的会计分录。

（4）计算 2018 年该项固定资产的账面价值，编制处置固定资产的会计分录。

二、案例分析

内地某企业逐年盈利，未享受企业所得税优惠政策，企业所得税税率为 25%。2008 年拟购进一项由于技术进步产品更新换代较快的固定资产，该项固定资产原值 500 万元，预计净残值 20 万元，预计使用寿命 5 年，与税法规定的折旧最低年限相同。根据税法规定，该项固定资产在折旧方面可享受税收优惠政策。假定按年复利利率 10% 计算，第 1 年至第 5 年的现值系数分别为：0.909、0.826、0.751、0.683、0.621。

方案一：采取通常折旧方法。企业不考虑税收优惠政策，以年限平均法计提折旧，即将固定资产的应计折旧额均衡地分摊到固定资产预计使用寿命内。固定资产折旧年限 5 年，年折旧额为 (500−20)÷5=96（万元），累计折旧现值合计为 96×0.909+96×0.826+96×0.751+96×0.683+96×0.621=363.84（万元），因折旧可税前扣除，相应抵税 363.84×25%=90.96（万元）。

方案二：采取缩短折旧年限方法。企业选择最低折旧年限为固定资产预计使用寿命的 60%，则该固定资产最低折旧年限为 5×60%=3（年）。按年限平均法分析，年折旧额为 (500−20)÷3=160（万元），累计折旧现值合计为 160×0.909+160×0.826+160×0.751=397.76（万元），因折旧可税前扣除，相应抵税 397.76×25%=99.44（万元）。

方案三：采取双倍余额递减法，即在不考虑固定资产预计净残值的情况下，根据每期期初固定资产原价减去累计折旧后的金额和双倍的直线法折旧率计算固定资产折旧。第 1 年折旧额为 500×2÷5=200（万元），第 2 年折旧额为 (500−200)×2÷5=120（万元），第 3 年折旧额

为（500–200–120）×2÷5=72（万元），第4年、第5年折旧额为（500–200–120–72–20）×2=44（万元）。累计折旧现值合计为 200×0.909+120×0.826+72×0.751+44×0.683+44×0.621=392.368（万元），因折旧可税前扣除，相应抵税392.368×25%=98.092（万元）。

方案四：采取年数总和法，即将固定资产的原价减去预计净残值后的余额，乘以一个固定资产可使用寿命为分子、以预计使用寿命逐年数字之和为分母的逐年递减的分数计算每年的折旧额。第1年折旧额为（500–20）×5÷15=160（万元），第2年折旧额为（500–20）×4÷15=128（万元），第3年折旧额为（500–20）×3÷15=96（万元），第4年折旧额为（500–20）×2÷15=64（万元），第5年折旧额为（500–20）×1÷15=32（万元），累计折旧现值合计为 160×0.909+128×0.826+96×0.751+64×0.683+32×0.621=386.848（万元），因折旧可税前扣除，相应抵税386.848×25%=96.712（万元）。

通过对上述4种方案比较分析，缩短折旧年限法或加速折旧方法，在固定资产预计使用寿命前期使用较多，因货币的时间价值效应，通常折旧方法抵税效益明显。在上述4种方案中，方案一采取通常折旧方法抵税最少；方案二采取缩短折旧年限方法抵税最多，采取缩短折旧年限方法较正常折旧方法多抵税 99.44–90.96=8.48（万元）；方案三双倍余额递减法次之，采取双倍余额递减法较正常折旧方法多抵税 98.092–90.96=7.132（万元）；采取方案四年数总和法，较正常折旧方法多抵税 96.712–90.96=5.752（万元）。

如果采取缩短折旧年限方法所选用的最低折旧年限为固定资产预计使用寿命的80%，即折旧年限按5×80%=4（年）计算，则累计折旧现值合计为380.28万元，因折旧可税前扣除，相应抵税380.28×25%=95.07（万元），较通常折旧方法多抵税 95.07–90.96=4.11（万元），则四种方案中采取双倍余额递减法效果最好。

如果该项固定资产预计净残值5万元，预计使用寿命5年，按年复利利率10%计算，采取正常折旧方法抵税 304.128 万元，采取缩短折旧年限方法抵税 359.205 万元，采取双倍余额递减法抵税 339.121 万元，采取年数总和法抵税 346.914 万元，也是采取缩短折旧年限方法抵税最多。

（资料来源：摘自《中国税务报》2009.4.22）

请思考：
本文给我们财务人员带来哪些启示？

项目10　投资性房地产的核算

技能目标

结合业务工作能完成投资性房地产的确认与初始计量、后续计量；通过技能训练，掌握与投资性房地产业务相关的计算与会计处理。

基础训练

一、单项选择题

1. 下列不属于企业投资性房地产的是（　　）。

A. 房地产开发企业将作为存货的商品房以经营租赁方式出租

B. 企业开发完成后用于出租的房地产

C. 企业持有并准备增值后转让的土地使用权
D. 房地产企业拥有并自行经营的饭店

2. 关于企业租出并按出租协议向承租人提供保安和维修等其他服务的建筑物，是否属于投资性房地产的说法正确的是（　　）。
A. 所提供的其他服务在整个协议中不重大的，该建筑物应视为企业的经营场所，应当确认为自用房地产
B. 所提供的其他服务在整个协议中如为重大的，应将该建筑物确认为投资性房地产
C. 所提供的其他服务在整个协议中如为不重大的，应将该建筑物确认为投资性房地产
D. 所提供的其他服务在整个协议中无论是否重大，均不应将该建筑物确认为投资性房地产

3. 下列投资性房地产初始计量的表述不正确的有（　　）。
A. 外购的投资性房地产按照购买价款、相关税费和可直接归属于该资产的其他支出
B. 自行建造投资性房地产的成本，由建造该项资产达到可销售状态前所发生的必要支出构成
C. 债务重组取得的投资性房地产按照债务重组的相关规定处理
D. 非货币性资产交换取得的投资性房地产按照非货币性资产交换准则的规定处理

4. 企业对成本模式进行后续计量的投资性房地产摊销时，应该借记（　　）科目。
A. 投资收益　　　　　　　　B. 其他业务成本
C. 营业外收入　　　　　　　D. 管理费用

5. 2015年1月1日，甲公司购入一幢建筑物用于出租，取得发票上注明的价款为100万元，款项以银行存款支付。购入该建筑物发生的契税为2万元也以银行存款支付。该投资性房地产的入账价值为（　　）万元。
A. 102　　　B. 100　　　C. 98　　　D. 104

6. 假定甲公司2016年1月1日以9 360 000元购入的建筑物预计使用寿命为20年，预计净残值为零，采用直线法按年计提折旧。2016年应计提的折旧额为（　　）元。
A. 468 000　　　B. 429 000　　　C. 439 000　　　D. 478 000

7. 关于投资性房地产后续计量模式的转换，下列说法正确的是（　　）。
A. 成本模式转为公允价值模式的，应当作为会计估计变更
B. 已经采用成本模式计量的投资性房地产，不得从成本模式转为公允价值模式
C. 企业对投资性房地产的计量模式可以随意选择
D. 已经采用公允价值模式计量的投资性房地产，不得从公允价值转为成本模式

8. 企业出售、转让、报废投资性房地产时，应当将处置收入计入（　　）。
A. 公允价值变动损益　　　　B. 营业外收入
C. 其他业务收入　　　　　　D. 资本公积

9. 下列关于投资性房地产核算的表述中，正确的是（　　）。
A. 采用成本模式计量的投资性房地产不需要确认减值损失
B. 采用公允价值模式计量的投资性房地产可转换为成本模式计量
C. 采用公允价值模式计量的投资性房地产，公允价值的变动金额应计入资本公积

D. 采用成本模式计量的投资性房地产，符合条件时可转换为公允价值模式计量

10. 某房地产企业的投资性房地产采用成本模式计量。2016年1月1日，该企业将其开发的一栋大楼用于出租。该大楼的账面余额为100万元，计提存货跌价准备10万元。该大楼的市场价值为75万元。转换日该投资性房地产的入账价值为（　　）万元。
A. 100　　　　B. 90　　　　C. 85　　　　D. 75

二、多项选择题

1. 下列各项中，不属于投资性房地产的是（　　）。
A. 房地产企业开发的准备出售的房屋
B. 房地产企业开发的准备出租的房屋
C. 企业持有的准备建造房屋的土地使用权
D. 企业以经营租赁方式租入的建筑物

2. 采用公允价值模式进行后续计量的投资性房地产，应当同时满足（　　）条件。
A. 投资性房地产所在地有活跃的房地产交易市场
B. 企业能够从活跃的房地产交易市场上取得同类或类似房地产的市场价格及其他相关信息，从而对投资性房地产的公允价值作出合理的估计
C. 所有的投资性房地产有活跃的房地产交易市场
D. 企业能够取得交易价格的信息

3. 下列各项应该记入一般企业"其他业务收入"科目的有（　　）。
A. 出售投资性房地产的收入
B. 出租建筑物的租金收入
C. 出售自用房屋的收入
D. 将持有并准备增值后转让的土地使用权予以转让所取得的收入

4. 企业应当在附注中披露与投资性房地产有关的下列信息（　　）。
A. 投资性房地产的种类、金额和计量模式
B. 采用成本模式的，投资性房地产的折旧或摊销，以及减值准备的计提情况
C. 房地产转换情况、理由以及对损益或所有者权益的影响
D. 当期处置的投资性房地产及其对损益的影响

5. 关于投资性房地产的计量模式，下列说法中正确的是（　　）。
A. 已经采用公允价值模式计量的投资性房地产，不得从公允价值模式转为成本模式
B. 已经采用成本模式计量的投资性房地产，不得从成本模式转为公允价值模式
C. 采用公允价值模式计量的，不对投资性房地产计提折旧或进行摊销
D. 企业对投资性房地产计量模式一经确定不得随意变更

6. 关于投资性房地产的后续计量，下列说法正确的有（　　）。
A. 采用公允价值模式计量的，不对投资性房地产计提折旧或进行摊销
B. 已采用公允价值模式计量的投资性房地产，不得从公允价值模式转为成本模式
C. 已经采用成本模式的，可以转为采用公允价值模式计量
D. 采用公允价值模式计量的，应对投资性房地产计提折旧或进行摊销

7. 下列关于投资性房地产核算的表述中，不正确的是（　　）。
A. 采用公允价值模式计量的投资性房地产，公允价值的变动金额应计入资本公积

B. 采用公允价值模式计量的投资性房地产可转换为成本模式计量

C. 采用成本模式计量的投资性房地产不需要确认减值损失

D. 采用成本模式计量的投资性房地产，符合条件时可转换为公允价值模式计量

三、判断题（正确的在括号内打"√"，错误的打"×"）

1. 采用公允价值模式进行后续计量的投资性房地产，应根据其预计使用寿命计提折旧或进行摊销。（　　）

2. 期末企业将投资性房地产的账面余额单独列示在资产负债表上。（　　）

3. 企业以融资租赁方式出租建筑物是作为投资性房地产进行核算的。（　　）

4. 企业不论在成本模式下，还是在公允价值模式下，投资性房地产取得的租金收入，均确认为其他业务收入。（　　）

5. 企业采用公允价值模式进行后续计量的，不对投资性房地产计提折旧或进行摊销，应当以资产负债表日投资性房地产的公允价值为基础调整其账面价值，公允价值与原账面价值之间的差额计入其他业务成本或其他业务收入。（　　）

6. 已采用公允价值模式计量的投资性房地产，不得从公允价值模式转为成本模式。（　　）

7. 已采用公允价值模式计量的投资性房地产，不得从公允价值模式转为成本模式。（　　）

8. 企业出售投资性房地产或者发生投资性房地产毁损，应当将处置收入扣除其账面价值和相关税费后的金额直接计入所有者权益。（　　）

综合技能训练

一、业务处理

1. 顺达公司是一家从事房地产开发的企业。2016 年 3 月 1 日与 A 企业签订租赁协议，将其所开发的一幢写字楼整体出租给 A 企业使用，租赁期开始日为 2016 年 3 月 1 日。当日，该写字楼的账面余额为 500 万元，其公允价值为 450 万元；2016 年 4 月 30 日，该写字楼的公允价值为 480 万元，未计提存货跌价准备；2018 年 3 月 1 日租赁期满，顺达公司收回该写字楼并予以出售，售价为 490 万元。假定顺达公司以公允价值模式进行计量，顺达公司应如何进行账务处理？

2. 2015 年 12 月，顺达公司将自用的处于商业繁华地段的办公楼租给 A 企业使用，租赁开始日为 2016 年 1 月 1 日，租期为 3 年。假定顺达公司对出租的办公楼采用公允价值模式计量，2016 年 1 月 1 日该办公楼的公允价值为 360 万元，其原价为 500 万元，已计提折旧 142

万元。顺达公司2016年1月1日应如何进行账务处理？

3. 甲企业将某一栋写字楼租赁给乙公司使用，并一直采用成本模式进行后续计量。2016年1月1日，甲企业认为，出租给乙公司使用的写字楼，其所在地的房地产交易市场比较成熟，具备了采用公允价值模式计量的条件，决定对该项投资性房地产从成本模式转换为公允价值模式计量。

该写字楼的原造价为900万元，已计提折旧27万元，账面价值为873万元。2016年1月1日，该写字楼的公允价值为950万元。假设甲企业按净利润的10%计提盈余公积。

要求：编制甲企业相关的会计分录。

4. 2016年5月8日，某造纸厂用来存放原材料的操场出租给当地足球俱乐部，操场账面原值50万元，已经计提累计摊销10万元。造纸厂应如何进行会计账务处理？

5. 2016年6月1日，某房地产开发公司签订协议，将其拥有的一幢写字楼出租给某证券交易所用作营业用房，租赁开始日为7月1日，租期5年。写字楼原价5 000万元，已计提折旧1 000万元。假如开发公司将出租的写字楼改按公允价值计量模式计量，租赁开始日评估写字楼的公允价值为4 800万元。开发公司应如何进行会计账务处理？

6. 2016年6月1日，某房地产开发公司将其出租的一幢写字楼收回，作为办公用房。写字楼按公允价值计量模式计量，收回日写字楼的公允价值为4 800万元，预计尚有使用年限6年，无残值。写字楼原账面价值为4 500万元，其中，成本为4 000万元，公允价值变动为增值 500 万元。假设不考虑税费，其账务该如何处理？

二、案例分析

投资性房地产核算案例分析

1. 某税务检查组对一家多年从事房地产开发的 ABC 公司进行了检查。当检查到商品房销售情况时，检查员小王很自然地询问公司有多少空余商品房没有销售，并请 ABC 公司销售部提供未实现销售房屋的台账。从台账可以看出，ABC 公司近 3 年开发的项目几乎每期都有未实现销售的房屋，但从这些未销售房屋的种类和分布上，小王发现了一些疑点。于是，小王提出将销售台账与未销售房屋的钥匙进行核对。ABC 公司很不情愿地拿出了钥匙，并解释因有部分房屋的钥匙在销售人员手中，需要给客户开门看房，所以钥匙不全。对此，小王并未提出不同意见，而是请 ABC 公司将有钥匙和没有钥匙的房屋分别统计。待 ABC 公司统计完毕后，小王重点抽查了没有钥匙的房屋。抽查的结果正如小王所料，所谓没有钥匙的房屋，实际上是 ABC 公司用于对外经营租赁的，但 ABC 公司辩解是销售人员私下将房屋用于出租的。随后，小王走访了一些前期开发项目的店面房和配套房，不仅获取了由 ABC 公司投资人另外投资成立的物业公司开具的收取房租的收款收据，而且了解到由 ABC 公司销售部负责人个人（ABC 公司投资人的弟弟）收取房租没有开具发票的情况。对此，ABC 公司称这些房屋都已由其个人购买，由其本人收取房租。情况果真如此？经验丰富的小王请 ABC 公司和当事人分别拿出销售和购买房屋的发票，ABC 公司和当事人均无言以对。在事实面前，ABC 公司只好说出了事实。

原来，ABC 公司将其开发的一些底层、配套设施（有不少是违章建筑）及少数未销售的房屋用于经营租赁收取租金，将一小部分租金计入 ABC 公司账户，大部分租金收入则留在了物业公司。但在物业公司账面上反映的也仅是少部分，大部分直接计入了小金库。这部分计入小金库的收入主要是对外出租违章建筑收取的，ABC 公司早已将这部分违章建筑的成本随相关开发项目的销售成本一并结转完毕，使得这部分违章建筑因没有账面成本而游离于账外。ABC 公司遂以销售部经理个人的名义对外出租，并将租金计入小金库，用于发放公司领导层奖金、员工福利以及公司无法获取发票的业务活动开支，从而偷逃了增值税、房产税、企业所得税、个人所得税等相关税款。

请思考：

该案例中 ABC 公司用于对外经营租赁的房屋的会计处理，哪些不符合《企业会计准则》的规定？

2. 2016 年 1 月 1 日，嘉陵公司与长城公司协商，由长城公司向嘉陵公司投入房产，双方协商价为 3 000 万元。当日，嘉陵公司即将该房产出租给 C 公司，年租金 300 万元，年终一次性付清。2016 年年底，该房产的公允价值为 2 800 万元，但 2017 年年底，该房产的公允价值升至 3 200 万元。

请你帮助嘉陵公司的会计人员分析一下，这笔经济业务的核算共涉及哪几项会计准则？在 2016 年年底取得租金时，该企业是否应该同时考虑房产的减值？在 2017 年年底收取租金时，该企业又该做怎样的会计处理？

项目 11　无形资产及其他资产的核算

技能目标

掌握无形资产取得、出租、摊销、减值的核算方法；掌握长期待摊费用的核算方法。

基础训练

一、单项选择题

1. 2016 年 8 月 1 日，某企业开始研究开发一项新技术，当月共发生研发支出 800 万元，其中，费用化的金额 650 万元，符合资本化条件的金额 150 万元。8 月末，研发活动尚未完成。该企业 2016 年 8 月应计入当期利润总额的研发支出为（　　）万元。
　A. 0　　　　　　B. 150　　　　　　C. 650　　　　　　D. 800

2. 下列各项中，应计入其他业务成本的是（　　）。
　A. 库存商品盘亏净损失　　　　　　B. 经营租出无形资产摊销
　C. 向灾区捐赠的商品成本　　　　　D. 火灾导致原材料毁损净损失

3. 某企业转让一项专利权，与此有关的资料如下：该专利权的账面余额 50 万元，已摊销 20 万元，计提资产减值准备 5 万元，取得转让价款 28 万元，应交增值税 1.4 万元。假设不考虑其他因素，该企业应确认的转让无形资产净收益为（　　）万元。
　A. −2　　　　　　B. 1.6　　　　　　C. 3　　　　　　D. 8

4. 下列各项中，应计入管理费用的是（　　）。
　A. 筹建期间的开办费　　　　　　　B. 预计产品质量保证损失
　C. 生产车间管理人员工资　　　　　D. 专设销售机构的固定资产修理费

5. 甲公司为增值税一般纳税人，2016 年 1 月 5 日以 2 700 万元购入一项专利权，另支付相关税费 120 万元。为推广由该专利权生产的产品，甲公司发生广告宣传费 60 万元。该专利权预计使用 5 年，预计净残值为零，采用直线法摊销。假设不考虑其他因素，2016 年 12 月 31 日该专利权的账面价值为（　　）万元。
　A. 2 160　　　　　B. 2 256　　　　　C. 2 304　　　　　D. 2 700

二、多项选择题

1. 下列各项费用，应通过"管理费用"科目核算的有（　　）。
　A. 诉讼费　　　　　　　　　　　　B. 研究费用
　C. 业务招待费　　　　　　　　　　D. 日常经营活动聘请中介机构费

2. 企业对使用寿命有限的无形资产进行摊销时，其摊销额应根据不同情况分别计入（　　）。
　A. 管理费用　　　　　　　　　　　B. 制造费用
　C. 财务费用　　　　　　　　　　　D. 其他业务成本

3. 下列各项中,应计入营业外支出的有( )。
A. 无形资产处置损失　　　　　　　B. 存货自然灾害损失
C. 固定资产清理损失　　　　　　　D. 长期股权投资处置损失
4. 下列资产减值准备中,在符合相关条件时可以转回的有( )。
A. 坏账准备　　　　　　　　　　　B. 存货跌价准备
C. 无形资产减值准备　　　　　　　D. 固定资产减值准备
5. 下列关于无形资产会计处理的表述中,正确的有( )。
A. 无形资产均应确定预计使用年限并分期摊销
B. 有偿取得的自用土地使用权应确认为无形资产
C. 内部研发项目开发阶段支出应全部确认为无形资产
D. 无形资产减值损失一经确认在以后会计期间不得转回

三、判断题(正确的在括号内打"√",错误的打"×")

1. 专门用于生产某产品的无形资产,其所包含的经济利益通过所生产的产品实现的,该无形资产的摊销额应计入产品成本。( )
2. 企业无法可靠区分研究阶段和开发阶段支出的,应将其所发生的研发支出全部资产化计入无形资产成本。( )
3. 企业以经营租赁方式租入的固定资产发生的改良支出,应直接计入当期损益。( )
4. 土地使用权取得时应当计入固定资产。( )
5. 非专利技术要受法律保护。( )

综合技能训练

一、业务处理

甲上市公司自行研究开发一项专利技术,与该项专利技术有关的资料如下:

(1) 2016年1月,该项研发活动进入开发阶段,以银行存款支付的开发费用280万元,其中满足资本化条件的为150万元。2016年7月1日,开发活动结束,并按法律程序申请取得专利权,供企业行政管理部门使用。

(2) 该项专利权法律规定有效期为5年,采用直线法摊销。

(3) 2016年12月1日,将该项专利权转让,实际取得价款为160万元,应交增值税8万元,款项已存入银行。

要求:

(1) 编制甲上市公司发生开发支出的会计分录。
(2) 编制甲上市公司转销费用化开发支出的会计分录。
(3) 编制甲上市公司形成专利权的会计分录。
(4) 计算甲上市公司2016年7月专利权摊销金额并编制会计分录。
(5) 编制甲上市公司转让专利权的会计分录。

（会计分录涉及的科目要求写出明细科目，答案中的金额单位用万元表示）

二、案例分析

1. 注册会计师陈东在审计大兴股份有限公司 2015 年度会计报表时，了解到大兴股份有限公司从当年年初开始研究开发一项新技术，至 2015 年 9 月 10 日研发成功，共发生开发费用 200 万元。为使该项新技术运用到生产中，大兴股份有限公司发生相关费用 30 万元。大兴股份有限公司将 230 万元全部计入无形资产的入账价值。

这样的会计处理正确吗？无形资产的入账价值应该是多少？

2. 注册会计师王培检查远大公司 2015 年度会计报表时，了解到该公司 2015 年 3 月 1 日购买某项专有技术，支付价款 240 万元，根据相关法律规定，该项无形资产的有效使用年限为 10 年。2015 年 12 月 31 日，公司与转让该技术的单位发生合同纠纷，专有技术的使用范围也因受到一定的限制而可能造成减值，经有关专业技术人员估计，预计可收回金额为 50 万元。除了远大公司在 2015 年 3 月 1 日购买该项专有技术时作为无形资产入账外，以后未发现远大公司进行相关账务处理。

远大公司的会计处理正确吗？应如何进行？

项目 12　负债的核算

技能目标

掌握短期借款、应付及预收款项、应付职工薪酬、应交税费、应付股利及其他应付款等流动负债的核算；掌握长期借款的核算，了解应付债券及长期应付款等长期负债的核算。

基础训练

一、单项选择题

1. 嘉陵公司短期借款利息采取月末预提的方式核算，则下列预提短期借款利息的会计分录，正确的是（　　）。

A. 借：财务费用　　　　　　　　　　B. 借：管理费用
　　贷：应付利息　　　　　　　　　　　　贷：应付利息
C. 借：财务费用　　　　　　　　　　D. 借：管理费用
　　贷：应付账款　　　　　　　　　　　　贷：应付债券

2. 某企业 2014 年 4 月 1 日从银行借入期限为 3 年的长期借款 400 万元，编制 2016 年 12 月 31 日资产负债表时，此项借款应填入的报表项目是（　　）。

A. 短期借款　　　　　　　　　　　　B. 长期借款
C. 其他长期负债　　　　　　　　　　D. 一年内到期的长期负债

3. 因甲公司的债权人撤销，甲公司应该将欠债权人的应付账款转入（　　）会计科目。

A. 其他业务收入　　　　　　　　B. 其他应付款
C. 资本公积　　　　　　　　　　D. 营业外收入

4. 甲公司属于增值税一般纳税人，2016 年 11 月购入工程物资一批，用于厂房的建设，支付货款为 100 万元，增值税进项税额 17 万元，对方代垫运杂费 5 万元，则甲公司应付账款的入账价值是（　　）万元。

A. 122　　　　B. 117　　　　C. 105　　　　D. 100

5. 嘉陵公司 2016 年 5 月 1 日从甲公司购入一批原材料，材料已验收入库。增值税专用发票上注明产品购买价款为 500 万元，增值税税率为 17%。甲公司为了使嘉陵公司尽快支付购买价款，与嘉陵公司合同约定现金折扣条件为：2/10，1/20，N/30，假定计算现金折扣时考虑增值税。嘉陵公司 5 月 8 日付款，则嘉陵公司购买材料时应付账款的入账价值为（　　）万元。

A. 500　　　　B. 573.3　　　C. 585　　　　D. 490

6. 甲公司 2016 年 11 月 1 日开具了带息商业承兑汇票，此汇票的面值为 200 万元，年利率为 6%，期限为 6 个月。2016 年 12 月 31 日甲公司"应付票据"的账面价值为（　　）万元。

A. 212　　　　B. 198　　　　C. 200　　　　D. 202

7. 如果企业无力偿还到期的商业承兑汇票，企业应将应付票据的账面余额转入（　　）科目核算。

A. 应付账款　　　　　　　　　　B. 短期借款
C. 其他应付款　　　　　　　　　D. 营业外收入

8. 甲公司预收货款业务不多，预计不单独设置"预收账款"科目，在其发生预收货款业务时，可以通过（　　）科目核算。

A. 应收账款　　　　　　　　　　B. 其他应收款
C. 应付账款　　　　　　　　　　D. 预付账款

9. 甲公司与乙公司签订了供货合同，甲公司向乙公司出售一批产品，货款金额是 200 万元，应交增值税 34 万元，签订合同当日预收乙公司货款 50 万元，并且约定在发出货物一周后补足余下的货款，随后按照合同约定向乙公司发货，则下列甲公司向乙公司发货时的会计处理，正确的是（　　）。

A. 借：预收账款　　　　　　　　　　　　　　　　　　　　　　　50
　　　应收账款　　　　　　　　　　　　　　　　　　　　　　　184
　　贷：主营业务收入　　　　　　　　　　　　　　　　　　　　200
　　　　应交税费——应交增值税（销项税额）　　　　　　　　　　34

B. 借：预收账款　　　　　　　　　　　　　　　　　　　　　　　234
　　贷：主营业务收入　　　　　　　　　　　　　　　　　　　　200
　　　　应交税费——应交增值税（销项税额）　　　　　　　　　　34

C. 借：预收账款　　　　　　　　　　　　　　　　　　　　　　　50
　　　应收账款　　　　　　　　　　　　　　　　　　　　　　　150
　　贷：主营业务收入　　　　　　　　　　　　　　　　　　　　200

D. 借：预收账款　　　　　　　　　　　　　　　　　　　　　　　200
　　贷：主营业务收入　　　　　　　　　　　　　　　　　　　　200

10. 下列各项中，不属于短期薪酬的是（   ）。
   A. 职工福利费   B. 短期带薪缺勤
   C. 辞退福利   D. 医疗保险费

11. 甲公司2016年4月共计提职工工资35万元，其中生产职工25万元，行政管理人员3万元，销售人员5万元，财务人员2万元。企业按照工资总额的2%计提工会经费，则甲公司本月应确认的管理费用金额为（   ）万元。
   A. 3   B. 3.06   C. 5   D. 5.1

12. 甲公司为一家家电生产企业，共有职工200名，其中有180名为生产车间工人，20名为管理人员。2015年12月，甲公司以其生产的洗衣机给每位职工发放春节福利，洗衣机的市场售价为每台1 500元，实际成本是每台1 000元。甲公司适用的增值税税率为17%。则甲公司应确认的"应付职工薪酬"为（   ）元。
   A. 270 000   B. 300 000   C. 351 000   D. 200 000

13. 甲公司从2016年1月1日起，实行累积带薪缺勤制度。该制度规定，每个职工每年可享受5个工作日带薪年休假，未使用的年休假只能向后结转一个公历年度，超过1年未使用的权利作废。在职工离开企业时，也无权获得现金支付；职工休年假时，首先使用当年可享受的权利，再从上年结转的带薪年休假中扣除。2016年年末，甲公司预计200名职工中有30名将享受7天的年休假，50名职工将享受6天的年休假，剩余120名职工将享受5天的年休假。假设每人每天的工资为150元，则甲公司2016年年末应确认的累计带薪缺勤的金额为（   ）元。
   A. 9 000   B. 16 500   C. 76 500   D. 900 000

14. 下列各项中，需做增值税进项税额转出处理的是（   ）。
   A. 购买的货物因暴雨导致的非常损失   B. 购买的货物因管理不善导致的损失
   C. 自产产品因管理不善导致的损失   D. 自产产品发生非常损失

15. 甲公司出售一处厂房，取得收入2 000万元，该厂房账面原值5 000万元，已提折旧4 000万元，并未提减值准备，出售过程中支付清理费用50万元，假定销售该厂房应交的增值税税率为5%，则甲公司销售该厂房应交的增值税为（   ）万元。
   A. 250   B. 100   C. 50   D. 47.5

16. 乙公司2017年度实际应交增值税360万元，消费税90万元，企业所得税120万元，房产税10万元，车船税8万元，该公司所在地区适用的城市维护建设税税率为7%，教育费附加为3%，则乙公司2017年度应该记入"税金及附加"科目的金额为（   ）万元。
   A. 200   B. 135   C. 205   D. 213

17. 2014年2月，某企业发生自用房地产应交房产税2 000元，应交增值税10 000元、车船税3 000元、城镇土地使用税1 500元、消费税16 000元，支付印花税800元。不考虑其他因素，该企业当月应计入管理费用的税金为（   ）元。
   A. 5 800   B. 7 300   C. 33 300   D. 26 000

18. 某公司本期对外销售应税矿产品3 000千克，生产领用应税矿产品500千克，税法规定每千克矿产品应交资源税3元，则期末应计入税金及附加的金额为（   ）元。
   A. 1 500   B. 7 500   C. 9 000   D. 10 500

19. 因书立购销合同而缴纳的印花税的会计分录正确的是（   ）。

A. 借记"应交税费"，贷记"银行存款"
B. 借记"管理费用"，贷记"应交税费"
C. 借记"税金及附加"，贷记"应交税费"
D. 借记"税金及附加"，贷记"银行存款"

20. 下列各项中，应通过"其他应付款"科目核算的是（　　）。
A. 应付供应商的材料采购款　　　　B. 应付经营租赁固定资产租金
C. 应付给投资者的股票股利　　　　D. 应付给投资者的现金股利

21. 甲公司 2016 年 3 月发生如下经济业务：购入包装物一批，总价款 20 万元；经营租出固定资产一台，应收月租金 1.5 万元；出售单独计价的包装物一批，应收价款 2 万元；购买商品支付的存出保证金 3 万元。假定不考虑其他因素，甲公司本月应确认的"其他应收款"科目的金额为（　　）万元。
A. 1.5　　　　B. 3.5　　　　C. 4.5　　　　D. 5

22. 甲公司准备根据 2015 年实现的利润 600 万元给股东发放现金股利，按照利润的 15% 进行发放，则甲公司在确认给投资者的现金股利或利润时，应借记的科目为（　　）。
A. 应付股利　　　　　　　　　　　B. 未分配利润
C. 利润分配——应付现金股利　　　D. 应付利息

23. 甲企业属于增值税一般纳税人，2014 年 3 月 31 日从银行借入资金 1 000 万元，借款期限是 2 年，年利率是 8%（到期一次还本付息），借款已经存入银行，甲企业将该笔借款用于厂房建设，2014 年 3 月 31 日至 2014 年 6 月 30 日属于筹建期（相关利息支出不符合资本化条件），2014 年 7 月 1 日开始建造厂房，一直到 2015 年 6 月 30 日，该厂房达到预定使用状态。假定不考虑其他条件，甲企业从借入这笔款项到 2015 年 12 月 31 日，应该计入财务费用的金额为（　　）万元。
A. 80　　　　B. 20　　　　C. 100　　　　D. 40

24. 2014 年 11 月 30 日，甲公司按面值发行 3 年期、到期一次还本付息、年利率为 8%（不计复利）的债券，该债券面值总额为 3 000 万元。2015 年 6 月 30 日"应付债券"科目的账面余额为（　　）万元。
A. 3 000　　　　B. 3 120　　　　C. 3 140　　　　D. 3 240

25. 2014 年 7 月 1 日，甲公司为扩大生产按面值发行 3 年期、到期一次还本付息、票面利率为 5%（不计复利）的债券，该债券已于当日全部售出，其面值为 1 000 万元，票面利率等于实际利率。2014 年 12 月 31 日应付债券的账面余额为（　　）万元。
A. 1 000　　　　B. 975　　　　C. 1 050　　　　D. 1 025

26. 乙公司融资租赁租入一台生产用大型机器设备，租赁开始日机器设备的公允价值为 5 000 万元，最低租赁付款额现值为 4 800 万元，承租人发生的初始直接费用为 50 万元。承租人租赁开始日融资租入的机器设备的入账价值为（　　）万元。
A. 4 850　　　　B. 5 000　　　　C. 5 050　　　　D. 4 800

27. 乙公司 2014 年 12 月 31 日融资租入甲公司的一条生产线，合同约定 2 年内付清 800 万元的租赁费。该生产线于 2014 年 12 月建成，入账成本为 600 万元，预计使用年限为 10 年，预计净残值为 10 万元，采用直线法计提折旧。2015 年年末关于该生产线计提折旧的说法中正确的是（　　）。

A. 乙公司计提折旧 59 万元 　　　　B. 甲公司计提折旧 59 万元
C. 乙公司计提折旧 54.08 万元 　　 D. 甲公司计提折旧 54.08 万元

28. 甲公司融资租入一台大型机器设备，租赁开始日机器设备的公允价值为 3 000 万元，最低租赁付款额为 2 900 万元，最低租赁付款额现值为 3 120 万元，承租人发生的初始直接费用为 50 万元。下列会计处理中正确的是（　　）。

A. 机器设备的入账价值为 3 170 万元　　B. 计入未确认融资费用 100 万元
C. 计入长期应付款 3 120 万元　　　　　D. 计入银行存款 100 万元

29. 下列各项说法中不正确的是（　　）。

A. 坏账准备影响应收账款的账面价值
B. 未确认融资费用不影响长期应付款的账面价值
C. 存货跌价准备影响存货账面价值
D. 固定资产减值准备影响固定资产账面价值

30. 下列各项固定资产中，不应计提折旧的是（　　）。

A. 融资租入的固定资产　　　　　　　B. 经营租入的固定资产
C. 季节性停用的固定资产　　　　　　D. 未使用的机器设备

二、多项选择题

1. 下列有关短期借款的说法中，正确的有（　　）。

A. 短期借款利息属于筹资费用，应当于发生时直接计入当期财务费用
B. 短期借款属于企业的非流动负债
C. 企业从银行取得短期借款时，借记"银行存款"等科目，贷记"短期借款"科目
D. 短期借款到期偿还本金时，借记"短期借款"科目，贷记"银行存款"科目

2. 下列关于应付利息的说法中，正确的有（　　）。

A. 应付利息核算企业按照合同约定支付的利息，包括短期借款、分期付息到期还本的长期借款、企业债券等应支付的利息
B. 企业采用合同约定的名义利率计算确定短期借款利息费用时，计算确定的应付利息的金额应记入"应付利息"科目
C. 企业在实际支付利息时，借记"财务费用"科目，贷记"应付利息"科目
D. 该科目期末贷方余额反映企业按照合同约定应支付但尚未支付的利息

3. 下列关于应付票据的说法中，正确的有（　　）。

A. 应付票据包括银行汇票和银行本票
B. 应付票据到期结清时，应当在备查簿内予以注销
C. 应付票据余额在借方，表示企业尚未到期的商业汇票的票面金额和应计未付的利息
D. 商业汇票按照是否带息，分为带息票据和不带息票据

4. 某公司属于增值税一般纳税人，赊购一批原材料，其中影响应付账款入账价值的有（　　）。

A. 现金折扣　　　　　　　　　　　　B. 原材料的价款
C. 原材料的进项税额　　　　　　　　D. 销售方代垫的运杂费

5. 关于企业预收账款的核算，下列说法中不正确的有（　　）。

A. 预收账款属于企业的资产

B. 预收账款形成的负债不是以货币清偿，而是以货物清偿
C. "预收账款"科目借方核算预收款项的增加数额
D. 预收货款业务不多的企业，可以不单独设置"预收账款"科目，所发生的预收货款，可通过"应收账款"科目核算

6. 下列各项中，应通过"其他应付款"科目核算的有（　　）。
　　A. 应付租入包装物租金　　　　　　B. 为职工垫付的水电费
　　C. 存入保证金　　　　　　　　　　D. 存出保证金

7. 下列各项中，属于"应付职工薪酬"科目中所指"职工"的有（　　）。
　　A. 与企业订立劳动合同的全职职工　B. 企业通过中介公司雇用的保洁员
　　C. 与企业订立劳动合同的临时工　　D. 企业正式任命并聘请的独立董事

8. 下列各项中，应通过"应付职工薪酬"科目核算的有（　　）。
　　A. 提取的工会经费　　　　　　　　B. 计提的职工住房公积金
　　C. 计提的职工医疗保险费　　　　　D. 确认的职工短期带薪缺勤

9. 企业在作出因解除与职工的劳动关系给予补偿的会计处理时，通常涉及的会计科目有（　　）。
　　A. 管理费用　　　　　　　　　　　B. 营业外支出
　　C. 应付职工薪酬　　　　　　　　　D. 其他应付款

10. 企业在无形资产开发阶段发生的职工薪酬，可能记入的会计科目有（　　）。
　　A. 管理费用　　　　　　　　　　　B. 无形资产
　　C. 在建工程　　　　　　　　　　　D. 劳务成本

11. 在核算生产部门人员的职工薪酬时，可能涉及的科目有（　　）。
　　A. 生产成本　　　　　　　　　　　B. 制造费用
　　C. 销售费用　　　　　　　　　　　D. 应付职工薪酬

12. 下列各项中，应通过"应付职工薪酬——非货币性福利"科目核算的有（　　）。
　　A. 企业为职工免费提供医疗保健服务
　　B. 企业为职工代垫医药费
　　C. 为高级管理人员提供公寓免费使用
　　D. 以低于成本的价格向职工出售住房

13. 下列有关离职后福利的说法中，正确的有（　　）。
　　A. 离职后福利是指企业在职工提供相关服务的年度报告期间结束后十二个月内需要全部予以支付的职工薪酬
　　B. 离职后福利计划包括设定提存计划、设定收益计划和长期利润分享计划
　　C. 设定提存计划是指向独立的基金缴存固定费用后，企业不再承担进一步支付义务的离职后福利计划
　　D. 设定受益计划是指除设定提存计划以外的离职后福利计划

14. 下列各项中，增值税的进项税额需要转出的有（　　）。
　　A. 购买的货物用于建造厂房　　　　B. 购买的货物用于集体福利
　　C. 购买的货物因管理不善发生损失　D. 购买的货物用于设备安装

15. 下列各项中，计入委托加工物资成本的有（　　）。

A. 委托加工物资支付的加工费
B. 委托加工物资耗用的物资成本
C. 委托加工物资收回后连续加工由受托方代收代交的消费税
D. 委托加工物资收回后直接销售由受托方代收代交的消费税

16. 甲公司 2014 年 9 月 15 日由于暴雨毁损一批原材料，该批材料系 9 月 1 日购入的，增值税发票上注明价款 200 万元，增值税税额 34 万元。报经批准后，由保险公司赔款 155 万元。甲公司下列会计处理中正确的有（　　）。
    A. 计入营业外支出 45 万元　　　　B. 计入管理费用 79 万元
    C. 该批材料的增值税税额需转出　　D. 该批材料的增值税税额不需转出

17. 下列有关土地增值税的处理说法中，正确的有（　　）。
    A. 土地增值税按照转让房地产所取得的增值额和规定的税率计算征收
    B. 企业转让的土地使用权连同地上建筑物及其附着物一并在"固定资产"科目核算的，转让时应交的土地增值税通过"固定资产清理"科目核算
    C. 房地产开发经营企业销售房地产应交纳的土地增值税通过"税金及附加"科目核算
    D. 土地增值税是对转让国有土地使用权、地上建筑物及其附着物并取得增值性收入的单位和个人征收的一种税

18. 下列各项中，不通过"应交税费"科目核算的有（　　）。
    A. 消费税　　　　　　　　　　　B. 契税
    C. 印花税　　　　　　　　　　　D. 耕地占用税

19. 企业购进货物发生的下列相关税金中，应计入货物取得成本的有（　　）。
    A. 签订购买合同缴纳的印花税
    B. 购入工程物资（用于不动产建设）缴纳的增值税
    C. 进口商品支付的关税
    D. 一般纳税人购进生产设备支付的增值税（增值税普通发票）

20. 下列各项税金中，应记入"管理费用"科目核算的有（　　）。
    A. 印花税　　　　　　　　　　　B. 车船税
    C. 房产税　　　　　　　　　　　D. 教育费附加

21. 下列关于"应付股利"的表述中，不正确的有（　　）。
    A. 应付股利是指企业根据股东大会或类似机构审议批准的利润分配方案确定分配给投资者的现金股利或利润
    B. 企业通过"应付股利"科目，核算企业确定或宣告支付但尚未实际支付的现金股利或利润
    C. 该科目借方登记应支付的现金股利或利润，贷方登记实际支付的现金股利或利润
    D. 期末借方余额反映企业应付未付的现金股利或利润

22. 2014 年度乙公司持有丙公司 25%的股权，下列会计处理中正确的是（　　）。
    A. 2014 年 12 月 15 日，丙公司的可供出售金融资产上升 100 万元，乙公司需确认其他综合收益
    B. 2014 年 12 月 31 日，丙公司宣告发放股票股利，乙公司不做账务处理
    C. 2014 年 12 月 31 日，丙公司宣告发放现金股利，乙公司需确认投资收益

D. 2014 年 12 月 31 日，丙公司宣告发放现金股利，乙公司需冲减长期股权投资账面价值

23. 下列关于长期借款账务处理的说法，正确的有（　　）。
   A. 长期借款属于筹建期间的，不符合资本化条件的利息费用应该计入财务费用
   B. 长期借款如用于构建固定资产，在资产达到预定状态后的利息支出，应该计入管理费用
   C. 在取得长期借款时，如果借方的"银行存款"和贷方的"长期借款"存在差额，应借记"长期借款——利息调整"科目
   D. 长期借款利息费用应当在资产负债表日按照实际利率法计算确定

24. 企业在日常经营过程中发行分期付息、到期一次还本的债券，在按期计提利息时，通常涉及的会计科目有（　　）。
   A. 在建工程　　　　　　　　　　B. 制造费用
   C. 应付债券　　　　　　　　　　D. 应付利息

25. 下列关于长期借款的表述中，正确的有（　　）。
   A. 在生产经营期间，达到预定可使用状态后，不符合资本化条件的利息支出应计入财务费用
   B. 一次还本付息的，计提的利息应记入"长期借款——应计利息"科目
   C. 筹建期间，不符合资本化条件的利息计入财务费用
   D. 分期付息的，计提的利息计入应付利息

26. 下列关于应付债券的说法中，正确的有（　　）。
   A. 应付债券是企业为了筹集（长期）资金而发行
   B. 债券的发行有面值发行、溢价发行和折价发行三种情况
   C. 折价发行是指债券以高于其面值的价格发行
   D. 溢价发行则是指债券按低于其面值的价格发行

27. 甲公司 2016 年 1 月 1 日发行面值为 130 万元的 3 年期债券，该债券分期付息、到期还本，票面年利率为 5%。甲公司共取得发行价款收入 150 万元，支付相关手续费 10 万元。假定不考虑其他因素，下列有关该债券的说法中，不正确的有（　　）。
   A. 该应付债券的入账价值为 130 万元
   B. 该债券属于平价发行的债券
   C. 甲公司 2016 年年末应计提债券利息，确认"应付利息"科目的金额为 6.5 万元
   D. 甲公司 2016 年年末不需计提债券利息

28. 下列各项中，（　　）应该通过"长期应付款"科目核算。
   A. 从银行借入的 5 年期贷款
   B. 应付融资租入固定资产的租赁费
   C. 应付经营租赁租入固定资产的更新改造费用
   D. 以分期付款方式购入固定资产发生的应付款项

29. 下列各项中，应通过"长期应付款"科目核算的有（　　）。

A. 应付融资租入固定资产的租赁费
B. 超过正常信用条件实质上具有融资租赁性质的延期支付的应付款
C. 计提到期一次还本付息的长期借款利息
D. 应付职工长期带薪缺勤

三、判断题（正确的在括号内打"√"，错误的打"×"）

1. 短期借款是指企业向银行或者其他金融机构等借入的期限在 1 年以下（不含 1 年）的各种借款。（　　）
2. 如果企业所购的物资已经验收入库，但是没有收到发票账单，在会计期末，企业也不应该做任何会计处理。（　　）
3. 企业支付的银行承兑汇票手续费应当计入当期管理费用。（　　）
4. 企业商业承兑汇票到期无力支付应转入营业外支出。（　　）
5. 企业在确定附有现金折扣条件的应付账款时，应按照扣除现金折扣后的应付款总额入账。（　　）
6. 暂收个人的款项和经营租入固定资产的未付租金应通过"其他应付款"科目核算。（　　）
7. 企业将租赁的房屋无偿提供给职工使用的，每期应付的租金应作为应付职工薪酬计入相关资产成本或者当期损益。（　　）
8. 从薪酬的支付对象来看，职工薪酬包括提供给职工本人的福利，但不包括提供给其配偶、子女或其被赡养人的福利。（　　）
9. 企业为职工给予的其他长期福利包括长期带薪缺勤、长期残疾福利、长期利润分享计划等。（　　）
10. 企业将生产的应税消费品用于在建工程等非生产机构时，按规定应缴纳的消费税记入"税金及附加"科目核算。（　　）
11. 企业代扣代交的个人所得税，需要通过"应交税费"科目进行核算，而企业缴纳的印花税、耕地占用税等不需要预计应交数的税金，不通过"应交税费"科目进行核算。（　　）
12. 小规模纳税人企业购进货物和接受应税劳务时支付的增值税，记入"应交税费——应交增值税（进项税额）"科目核算。（　　）
13. 企业转让的土地使用权连同地上建筑物及其附着物一并在"固定资产"科目核算的，转让时应交的土地增值税，借记"税金及附加"科目，贷记"应交税费——应交土地增值税"科目。（　　）
14. 企业董事会或类似机构通过的利润分配方案中拟分配的现金股利或利润，不做账务处理。（　　）
15. 企业租入固定资产应付的租金，应该通过"其他应付款"科目核算。（　　）
16. 分期付息到期还本的长期借款，企业计提利息时增加长期借款的账面价值，企业计提一次还本付息的长期借款利息不增加借款的账面价值。（　　）
17. 实际利率，是指使某项资产或负债的未来现金流量现值等于当前公允价值的折现率。（　　）

18. 企业的长期股权投资，被投资单位宣告发放股票股利，投资单位应冲减长期股权投资账面价值。（   ）

19. 长期借款利息一般在资产负债表日按照实际利率法计算确定，如果实际利率与合同利率差异较小，也可以采用合同利率计算确定利息费用。（   ）

20. 应付债券是指企业为筹集（长期）资金而发行的债券，通过发行债券取得的资金，构成了企业一项非流动负债。（   ）

21. 企业在计算最低租赁付款额的现值时，能够取得出租人租赁内含利率的，应当采用租赁内含利率作为折现率。（   ）

22. 租赁合同利率，是指在租赁期开始日，使最低租赁收款额的现值与未担保余值的现值之和等于租赁资产公允价值与出租人的初始直接费用之和的折现率。（   ）

23. 对以经营租赁方式租入的生产线进行改良，应付企业内部改良工程人员工资，应借记的会计科目是在建工程。（   ）

24. 未确认融资费用应当在租赁期内各个期间进行分摊，企业应当采用实际利率法计算当期的融资费用。（   ）

综合技能训练

1. 甲公司属于增值税一般纳税人，适用的增值税税率是 17%，2015 年 9 月发生了如下经济业务：

（1）1 日，向乙公司购入原材料一批，增值税专用发票上注明的价款是 300 万元，增值税税额是 51 万元，乙公司承诺的现金折扣条件是，2/10，1/20，$N/30$，甲公司于 8 日付清了该笔应付账款。

（2）5 日，甲公司委托丙公司代为加工产品一批，材料成本是 200 万元，加工费为 30 万元（不含税），由丙公司代收代交的消费税是 10 万元，甲公司将半成品收回后，继续用于生产应税消费品。

（3）7 日，甲公司出售一项商标权，转让收入 10 万元已经存入银行，该项商标权的账面原值是 18 万元，已经摊销 12 万元，假定适用的增值税税率是 5%。

（4）15 日，甲公司融资租赁租入一台生产用大型机器设备，租赁开始日机器设备的公允价值为 2 000 万元，最低租赁付款额现值为 1 800 万元，承租人发生的初始直接费用为 20 万元。

（5）30 日，为了筹集资金，按照面值发行期限为 3 年、到期一次还本付息、利率为 8% 的公司债券 600 万元（实际利率等于票面利率）。

要求：根据上述资料，不考虑其他因素，回答下列问题。

（1）下列关于现金折扣、商业折扣、销售折让的说法，正确的是（   ）。

A. 赊购方应该按照扣除现金折扣后的金额计入应付账款

B. 企业销售商品涉及商业折扣的，应当按照扣除商业折扣后的金额确定销售商品收入金额

C. 赊购方在实际发生现金折扣时应该冲减营业外收入

D. 销售折让时指企业因售出质量不符合要求的商品而在售价上给予的减让

（2）甲公司从乙公司购入的原材料的入账价值是（   ）万元。

A. 351　　　　　　B. 300　　　　　　C. 294　　　　　　D. 343

（3）甲公司收回的委托加工物资的成本是（　　）万元。

A. 230　　　　　　B. 200　　　　　　C. 240　　　　　　D. 210

（4）下列关于甲公司融资租入大型机器设备的说法，正确的是（　　）。

A. 融资租赁固定资产的最低租赁付款额应该在"长期应付款"科目核算

B. 甲公司融资租入大型机器设备的入账价值是 1 820 万元

C. 甲公司融资租入大型机器设备的入账价值是 2 020 万元

D. 应付融资租赁款是指承租人在租赁开始日向出租人支付的最高租赁付款额

（5）截止到 2015 年 12 月 31 日，关于甲公司发行公司债券的说法，正确的是（　　）。

A. 甲公司如果溢价发行债券，实际收到的金额与票面金额有差额，应该记入"应付债券——利息调整"科目

B. 甲公司如果折价发行债券，实际收到的金额与票面金额有差额，应该记入"财务费用"科目

C. 应付债券的账面价值是 612 万元

D. 应付债券的账面价值是 600 万元

2. 乙上市公司为小家电类生产企业，适用的增值税税率是 17%，2012 年 12 月发生了如下与应付职工薪酬相关的事项：

（1）对生产车间的一批机器设备进行维修，应付企业内部维修人员的工资是 2 万元。

（2）支付与公司解除劳动关系的人员一次性补偿费 20 万元。

（3）对本公司的一条生产线进行改良，领用自产产品一批，成本是 100 万元，市场价格是 180 万元，更新改造期间支付内部改良人员的工资 5 万元。

（4）年末将自产的 500 台暖风机作为春节福利发放给公司每名生产职工。暖风机每台成本为 600 元，市场售价为每台 1 000 元（不含税）。

（5）本月支付职工出差的差旅费 3 万元。

要求：根据上述资料，不考虑其他因素，回答下列问题。

（1）下列对应付职工薪酬的理解，正确的是（　　）。

A. 医疗保险属于应付职工薪酬核算范围，而以商业保险形式提供给职工的各种保险待遇不属于应付职工薪酬核算范围

B. 应付职工薪酬包括企业职工在职期间和离职后给予的所有货币性薪酬和非货币性福利

C. 职工薪酬包括提供给职工本人和其配偶、子女或其被赡养人的福利

D. 企业提供给职工以权益形式结算的认股权属于其他与获得职工提供的服务相关的支出，应该在应付职工薪酬中核算

（2）乙公司对生产车间的机器设备维修以及解除劳动关系的补偿性支出，分别应该记入的会计科目是（　　）。

A. 制造费用，营业外支出　　　　　　B. 管理费用，营业外支出

C. 管理费用　　　　　　　　　　　　D. 制造费用

（3）下列关于乙公司对生产线进行更新改造的相关表述，不正确的是（　　）。

A. 领用的自产产品应该视同销售，计算增值税的销项税额

B. 领用的自产产品应该计入在建工程科目的金额为 100 万元

C. 领用的自产产品应该确认收入，计入主营业务收入的金额为 180 万元
D. 更新改造期间支付内部改良人员的工资应该计入长期待摊费用

（4）年末乙公司将自产的暖风机作为春节福利发放给职工，应该记入"应付职工薪酬"科目的数额是（　　）元。

A. 300 000　　　　　　　　　　B. 585 000
C. 351 000　　　　　　　　　　D. 500 000

（5）乙公司 12 月发生的上述业务中，应该计入管理费用的金额是（　　）万元。

A. 20　　　　B. 22　　　　C. 30　　　　D. 25

3. 甲公司 2015 年 10 月 1 日为购建生产用厂房从银行借入长期借款一笔，借款本金为 1 000 万元，甲公司支付相关手续费 10 万元，实际取得价款 990 万元；已知该长期借款的票面年利率为 4%，实际年利率为 4.5%，三年期，到期一次还本付息。

甲公司该建造厂房的工程自 2015 年 7 月 1 日开工，开工时支付相关工程款 200 万元，领用原材料 80 万元，领用自产产品 500 件；10 月 1 日，支付工程款 300 万元，支付工程人员工资 50 万元。至 2015 年年末，该工程预计完成 60%。

2016 年度，领用原材料 20 万元，领用自产产品 300 件。3 月末厂房已达到预定可使用状态，甲公司支付工程人员工资 50 万元、支付工程尾款 200 万元。

其他条件：甲公司为增值税一般纳税人，适用的增值税税率为 17%；其自产产品的成本为 800 元/件，市场售价为 1 000 元/件。

要求：根据上述资料，不考虑其他因素，回答下列问题。（计算结果保留两位小数）

（1）下列有关甲公司长期借款的处理中，恰当的是（　　）。

A. 该长期借款的入账价值为 990 万元
B. 取得借款支付的相关手续费反映在"长期借款——利息调整"科目中
C. 长期借款的借款利息应计入财务费用核算
D. 长期借款的借款利息在厂房建造期间，应计入厂房成本核算

（2）若长期借款持有期间达到一年，则长期借款的账面价值为（　　）万元。

A. 990　　　　　　　　　　　　B. 1 000
C. 1 004.55　　　　　　　　　　D. 1 034.55

（3）甲公司在建造固定资产过程中，领用自产产品应计入在建工程的成本为（　　）万元。

A. 64　　　　　　　　　　　　B. 77.6
C. 80　　　　　　　　　　　　D. 93.6

（4）甲公司借入的长期借款在建造期间应该资本化的利息金额为（　　）万元。

A. 20　　　　　　　　　　　　B. 22.28
C. 40　　　　　　　　　　　　D. 44.55

（5）2016 年 3 月，甲公司应确认的厂房入账价值为（　　）万元。

A. 800　　　　　　　　　　　　B. 994.6
C. 999.88　　　　　　　　　　　D. 1 016.88

项目 13 所有者权益的核算

> **技能目标**
> 了解实收资本、资本公积、留存收益的概念及形成；掌握实收资本、资本公积、留存收益的核算方法。

基础训练

一、单项选择题

1. 我国公司法规定，全体股东的货币出资额不得低于有限责任公司注册资本的（   ）。
   A. 10%　　　　B. 20%　　　　C. 30%　　　　D. 50%

2. A 有限责任公司属于增值税一般纳税人，2016 年 10 月 1 日接受投资方投入的一项非专利技术，合同约定价值是 800 万元，同时收到投资方作为资本投入的商标权一项，合同约定价值为 500 万元，假设合同约定的价值与公允价值相符，同时不考虑其他因素，以下说法中正确的是（   ）。
   A. 投资方不能用非专利技术投资　　　B. 应该计入实收资本的数额为 800 万元
   C. 应该计入实收资本的数额为 500 万元　D. 应该计入实收资本的数额为 1 300 万元

3. A 公司是由甲、乙、丙三方各出资 200 万元共同设立的，2016 年年末该公司所有者权益项目的余额为：实收资本 600 万元，资本公积 150 万元，盈余公积 60 万元，未分配利润 60 万元。为扩大经营规模，甲、乙、丙决定重组公司，吸收丁投资者加入。丁投资者投入不需要安装的设备一台，合同约定的价值为 300 万元（与公允价值相等），增值税税额为 51 万元。接受丁投资者后的注册资本为 800 万元，且四方投资比例均为 25%。则 A 公司接受丁投资者投资时应计入资本公积——资本溢价的金额为（   ）万元。
   A. 313.5　　　B. 351　　　　C. 151　　　　D. 133.5

4. 2016 年 1 月 1 日，甲股份有限公司（以下简称甲公司）发行普通股 200 万股，每股面值 1 元，每股发行价格 4 元，股票的发行收入已存入银行。假定不考虑其他因素，甲公司应确认的"股本"科目的金额为（   ）万元。
   A. 0　　　　　B. 200　　　　C. 600　　　　D. 800

5. A 公司在设立时收到嘉陵公司作为资本投入的不需要安装的机器设备一台，合同约定该设备的价值为 100 万元（与公允价值相等），增值税进项税额为 17 万元（由投资方支付税款，并开具增值税专用发票）。经约定，A 公司接受嘉陵公司投入资本为 100 万元，不考虑其他因素，A 公司接受投资时应计入资本公积——资本溢价的金额为（   ）万元。
   A. 0　　　　　B. 17　　　　 C. 100　　　　D. 117

6. B 股份有限公司回购本公司股票 500 万股，每股面值 1 元，为此支付银行存款 2 000 万元，资本公积——股本溢价为 1 800 万元，下列会计处理正确的是（   ）。
   A. 回购股票时，企业库存股的入账金额是 500 万元
   B. 注销回购的股票时，企业股本减少的金额是 2 000 万元
   C. 注销回购的股票时，"资本公积——股本溢价"科目的金额是 1 500 万元

D. 回购股票，企业的所有者权益总额不变

7. 甲公司委托证券公司发行普通股 2 000 万股，每股面值 1 元，发行价格为每股 5 元，发行成功后，按发行收入的 3%支付证券公司发行费，如不考虑其他因素，股票发行成功后，甲公司记入"资本公积"科目的金额是（　　）万元。

　　A. 7 700　　　　　　B. 10 000　　　　　C. 8 000　　　　　D. 9 700

8. 甲上市公司发行普通股 2 000 万股，每股面值 1 元，每股发行的价格是 8 元，在发行过程中支付手续费 50 万元，则甲上市公司发行普通股应计入股本的金额是（　　）万元。

　　A. 2 050　　　　　　B. 2 000　　　　　C. 16 000　　　　D. 16 050

9. 某股份有限公司股本为 1 000 万元（每股面值 1 元），资本公积（股本溢价）为 150 万元，盈余公积为 100 万元。经股东大会批准以每股 3 元价格回购本公司股票 100 万股并予以注销，不考虑其他因素，下列关于该公司注销库存股的会计处理正确的是（　　）。

　　A. 借：股本　　　　　　　　　　　　　　　　　1 000 000
　　　　　资本公积——股本溢价　　　　　　　　　1 500 000
　　　　　盈余公积　　　　　　　　　　　　　　　　500 000
　　　　　　贷：库存股　　　　　　　　　　　　　3 000 000

　　B. 借：股本　　　　　　　　　　　　　　　　　1 000 000
　　　　　资本公积——股本溢价　　　　　　　　　1 500 000
　　　　　盈余公积　　　　　　　　　　　　　　　　500 000
　　　　　　贷：银行存款　　　　　　　　　　　　3 000 000

　　C. 借：库存股　　　　　　　　　　　　　　　　3 000 000
　　　　　　贷：银行存款　　　　　　　　　　　　3 000 000

　　D. 借：股本　　　　　　　　　　　　　　　　　3 000 000
　　　　　　贷：银行存款　　　　　　　　　　　　3 000 000

10. 甲公司 2016 年 12 月 31 日的股本是 1 000 万股，面值 1 元，资本公积（股本溢价）500 万元，盈余公积 300 万元，假定甲公司回购本公司股票 200 万股，以每股 2 元的价格收回，假定不考虑其他条件，则注销库存股时冲减的盈余公积是（　　）万元。

　　A. 0　　　　　　　　B. 200　　　　　　C. 300　　　　　　D. 100

11. 如果回购股票支付的价款低于面值总额的，所注销库存股的账面余额与所冲减股本的差额计入（　　）。

　　A. 资本公积——股本溢价　　　　　　B. 资本公积——资本溢价
　　C. 盈余公积　　　　　　　　　　　　D. 利润分配——未分配利润

12. 企业根据国家有关规定实行股权激励的，如在等待期内取消了授予的权益工具，企业应在进行权益工具加速行权处理时，将剩余等待期内应确认的金额立即计入当期损益，同时确认（　　）。

　　A. 盈余公积　　　　B. 资本公积　　　　C. 实收资本　　　　D. 未分配利润

13. 企业集团（由母公司和其全部子公司构成）内发生的股份支付交易，如结算企业是接受服务企业的长期股权投资，同时确认（　　）或负债。

　　A. 资本公积——股本溢价　　　　　　B. 资本公积——资本溢价
　　C. 资本公积——其他资本公积　　　　D. 盈余公积

14. A公司2016年2月1日因生产经营的需要，准备用资本公积20万元转增资本，假定不考虑其他因素，A公司该事项影响所有者权益的金额为（　　）万元。

    A. 0　　　　　　　B. 15　　　　　　　C. 20　　　　　　　D. 30

15. 上市公司发行股票，当实际收到的款项大于发行股票的面值的时候，其差额应该记入（　　）科目。

    A. 营业外收入　　　　　　　　　　B. 资本公积——资本溢价
    C. 资本公积——股本溢价　　　　　D. 其他业务收入

16. 2014年年初某企业"利润分配——未分配利润"科目借方余额20万元，2014年度该企业实现净利润为160万元，根据净利润的10%提取盈余公积，2014年年末该企业可供分配利润的金额为（　　）万元。

    A. 126　　　　　　B. 124　　　　　　C. 140　　　　　　D. 160

17. 企业用当年实现的利润弥补亏损时，会计处理正确的是（　　）。

    A. 借记"本年利润"科目，贷记"利润分配——未分配利润"科目
    B. 借记"利润分配——未分配利润"科目，贷记"本年利润"科目
    C. 借记"利润分配——未分配利润"科目，贷记"利润分配——未分配利润"科目
    D. 无须专门作账务处理

18. 某企业盈余公积年初余额为50万元，本年利润总额为600万元，所得税费用为150万元，按净利的10%提取法定盈余公积，并将盈余公积10万元转增资本。该企业盈余公积年末余额为（　　）万元。

    A. 40　　　　　　　B. 85　　　　　　　C. 95　　　　　　　D. 110

19. 乙公司2015年年初所有者权益总额是800万元，2015年实现的利润总额是1 200万元，本年所得税费用是300万元，提取法定盈余公积90万元，提取任意盈余公积45万元，向投资者分配利润100万元，以盈余公积转增资本150万元，则2015年年末，乙公司的所有者权益总额是（　　）万元。

    A. 1 600　　　　　B. 1 450　　　　　C. 1 315　　　　　D. 1 615

20. 甲公司年初未分配利润是500万元，本年实现净利润1 000万元，本年提取法定盈余公积100万元，提取任意盈余公积50万元，宣告发放现金股利60万元，则甲公司年末未分配利润是（　　）万元。

    A. 1 500　　　　　B. 1 290　　　　　C. 1 350　　　　　D. 1 340

21. 乙公司于2014年年初未分配利润贷方余额为500万元，本年实现净利润2 000万元，按净利的10%提取法定盈余公积，提取任意盈余公积100万元，向投资者分配利润100万元。乙公司2014年年末可供分配利润为（　　）万元。

    A. 2 400　　　　　B. 2 500　　　　　C. 2 300　　　　　D. 2 200

22. 甲公司2014年年初未分配利润是500万元，本年实现的净利润是1 000万元，分别按照10%和5%计提法定盈余公积和任意盈余公积，则乙公司2014年年末可供投资者分配的利润为（　　）万元。

    A. 1 500　　　　　B. 1 350　　　　　C. 1 000　　　　　D. 1 400

23. 下列说法中，关于利润分配的顺序正确的是（　　）。

    A. 先向投资者分配利润，再提取任意盈余公积，最后提取法定盈余公积

B. 先提取任意盈余公积，再提取法定盈余公积，最后向投资者分派利润
C. 先提取任意盈余公积，再向投资者分派利润，最后提取法定盈余公积
D. 先提取法定盈余公积，再提取任意盈余公积，最后向投资者分派利润

二、多项选择题

1. 下列关于所有者权益的说法中，正确的有（　　）。
   A. 发生减资、清算或分派现金股利时，需要偿还所有者权益
   B. 清算时，要先偿还所有的负债
   C. 清算时，可以先偿还所有者权益
   D. 所有者权益是所有者参与企业利润分配的依据

2. 下列各项中，属于所有者权益项目的有（　　）。
   A. 实收资本　　　B. 资本公积　　　C. 盈余公积　　　D. 未分配利润

3. 下列各项说法中正确的有（　　）。
   A. 股东的股份比例是企业进行股利分配的主要依据
   B. 股东可以用货币出资
   C. 股东不可以用实物、知识产权、土地使用权等可以用货币估价并可以依法转让的非货币财产作价出资
   D. 投资者投入的非现金资产，如果投资合同或协议约定的价值不公允，则按照公允价值入账

4. 下列关于实收资本构成比例的说法正确的有（　　）。
   A. 实收资本的构成比例即投资者的出资比例或股东的股份比例
   B. 实收资本的构成比例是确定所有者在企业所有者权益中所占的份额和参与企业生产经营决策的基础
   C. 实收资本的构成比例是企业进行利润分配或股利分配的依据
   D. 实收资本的构成比例是确定所有者对净资产的要求权的依据

5. 下列各项中，会导致企业实收资本增加的有（　　）。
   A. 资本公积转增资本　　　　　　　B. 接受投资者追加投资
   C. 盈余公积转增资本　　　　　　　D. 接受超过注册资本额的投入

6. 甲公司属于增值税小规模纳税人，2016年9月1日收到乙公司作为资本投入的原材料一批，该批原材料的合同约定价值是1 500万元，增值税的进项税额为255万元，假设合同约定的价值与公允价值相符，同时不考虑其他因素，则甲公司的以下会计处理中，正确的有（　　）。
   A. 应该计入原材料的金额是1 500万元　　B. 应该计入原材料的金额是1 755万元
   C. 甲公司实收资本的数额是1 500万元　　D. 甲公司实收资本的数额是1 755万元

7. 甲股份有限公司计划2016年年底收购本公司股票，则以下关于回购公司股票的说法，不正确的是（　　）。
   A. 应按股票面值和注销股数计算的股票面值总额冲减股本
   B. 只能按注销库存股的账面余额与所冲减股本的差额冲减股本溢价
   C. 股本溢价不足冲减的，应该冲减营业外支出
   D. 如果购回股票支付的价款低于面值总额，所注销库存股的账面余额与所冲减股本的差

额作为增加股本溢价处理

8. 甲股份有限公司首次接受现金资产投资，在进行会计处理时可能涉及的会计科目有（   ）。

A. 银行存款　　　　　B. 股本　　　　　C. 盈余公积　　　　　D. 资本公积

9. 注销库存股时，可能涉及的会计科目有（   ）。

A. 实收资本　　　　　B. 资本公积　　　　C. 盈余公积　　　　　D. 未分配利润

10. 形成资本溢价——股本溢价的原因有（   ）。

A. 企业溢价发行股票　　　　　　　　B. 企业从净利润中提取的累积资金
C. 企业历年结存的利润　　　　　　　D. 投资者超额投入资本

11. 下列各项中，可能会引起资本公积发生增减变动的有（   ）。

A. 企业宣布分派股票股利
B. 经批准将资本公积转增资本
C. 直接计入所有者权益的利得
D. 企业接受的投资者投入的资金大于其按约定比例享有的份额

12. 下列各项中，不会使资本公积发生增减变动的有（   ）。

A. 企业实现净利润　　　　　　　　　B. 可供出售金融资产公允价值变动
C. 资本公积转增资本　　　　　　　　D. 投资者超过注册资本额的投入

13. 下列关于盈余公积的说法中正确的有（   ）。

A. 盈余公积是指企业按照有关规定从净利润中提取的积累基金
B. 公司制企业的盈余公积包括法定盈余公积和任意盈余公积
C. 法定盈余公积是指企业按照股东会或股东大会决议提取的盈余公积
D. 任意盈余公积是指企业按照规定的比例从净利润中提取的盈余公积

14. 下列关于盈余公积的用途表述正确的有（   ）。

A. 弥补亏损　　　　　　　　　　　　B. 转增资本或股本
C. 发放职工福利　　　　　　　　　　D. 发放现金股利或利润

15. 下列各项中，关于留存收益的表述正确的有（   ）。

A. 法定盈余公积经批准可用于转增资本
B. "未分配利润"明细科目年末借方余额表示累积的亏损额
C. 留存收益包括盈余公积和未分配利润
D. 任意盈余公积可用于发放现金股利

16. 下列各项中，属于企业留存收益的有（   ）。

A. 发行股票的溢价收入
B. 按规定从净利润中提取的法定盈余公积
C. 累计未分配利润
D. 按股东大会决议从净利润中提取的任意盈余公积

17. 下列各项中，不会引起留存收益变动的有（   ）。

A. 盈余公积补亏　　　　　　　　　　B. 计提法定盈余公积
C. 盈余公积转增资本　　　　　　　　D. 计提任意盈余公积

18. A 公司"盈余公积"年初余额是 500 万元，本年提取法定盈余公积 100 万元，提取任意盈余公积 50 万元，用盈余公积转增资本 150 万元，用盈余公积发放现金股利 60 万元，假定不考虑其他因素，以下说法中正确的有（　　）。

A. 所有者权益减少 60 万元　　　　　B. 所有者权益总额维持不变
C. 实收资本增加 150 万元　　　　　D. 留存收益减少 60 万元

19. 甲公司 2016 年年初未分配利润是 300 万元，本年实现净利润 500 万元，按照 10%提取法定盈余公积，按照 5%提取任意盈余公积，宣告发放现金股利 100 万元，则以下说法中，正确的有（　　）。

A. 甲公司年末未分配利润是 625 万元　　B. 甲公司年末可供分配利润是 800 万元
C. 甲公司年末未分配利润是 725 万元　　D. 甲公司年末可供分配利润是 700 万元

20. 下列各项中，计入资本公积的有（　　）。

A. 首次投资时，投资者认缴的出资额与注册资本之间的差额
B. 可供出售金融资产公允价值变动形成的差额
C. 长期股权投资除净损益、其他综合收益和利润分配以外的所有者权益的其他变动
D. 溢价发行股票取得的收入与面值之间的差额

21. 下列各项中，不影响所有者权益总额发生增减变动的有（　　）。

A. 提取盈余公积　　　　　　　　　B. 盈余公积转增资本
C. 盈余公积弥补亏损　　　　　　　D. 注销本公司股票

22. 下列各项中，会减少企业留存收益的有（　　）。

A. 计提法定盈余公积　　　　　　　B. 发放股票股利
C. 盈余公积转增资本　　　　　　　D. 税后利润弥补亏损

23. 下列各项中，关于股票股利的说法中正确的有（　　）。

A. 被投资企业宣告发放股票股利，被投资方不作分录
B. 被投资企业宣告发放股票股利，投资方不作分录，在备查簿中登记
C. 被投资企业实际发放股票股利，被投资方不作分录
D. 被投资企业实际发放股票股利，投资方不作分录，在备查簿中登记

三、判断题（正确的在括号内打"√"，错误的打"×"）

1. 实收资本的构成比例是所有者在企业所有者权益中份额的基础，也是企业进行利润分配或股利分配的主要依据。（　　）

2. 我国公司法规定，股东可以用货币出资，也可以用实物、知识产权、土地使用权等可以用货币估价并可以依法转让的非货币财产作价出资，法律法规不允许的除外。（　　）

3. 所有者权益是指企业资产和收入扣除负债和费用后由所有者享有的剩余权益。（　　）

4. 实收资本是所有者投入资本形成的，而资本公积、留存收益属于经营过程中形成的。（　　）

5. 一般纳税人企业接受的原材料投资，其进项税额不能计入实收资本。（　　）

6. 企业接受投资者作价投入的房屋、建筑物、机器设备等固定资产，应按投资合同或协议约定的价值确定固定资产价值。（　　）

7. 企业接受固定资产、无形资产等非现金投资时，应该按照投资合同或协议约定的价值作为固定资产、无形资产的价值入账，如果投资合同或协议约定的价值不公允，应该按照公

允价值入账。   (   )

8. 采用权益法核算的长期股权投资，被投资单位除净损益、其他综合收益和利润分配以外的所有者权益的其他变动是通过"资本公积——其他资本公积"科目核算的。(   )

9. 上市公司发行股票，应该按照发行价格计入股本。   (   )

10. 股份有限公司发行股票等发生的手续费、佣金等交易费用，应从溢价中扣除，即冲减资本公积，溢价不足冲减的，应该计入财务费用。   (   )

11. 除股份有限公司以外的其他类型的企业，在企业创立时，投资者认缴的出资额与注册资本一致，一般不会产生资本溢价。   (   )

12. 库存股是资产类科目。   (   )

13. 留存收益是企业按照有关规定从净利润中提取的积累基金。   (   )

14. 对于投资企业而言，实际收到的股票股利不作账务处理，但应在备查簿中登记。
                                                                      (   )

15. 企业计提法定盈余公积是以国家法律法规为依据，计提任意盈余公积是由企业权力机构自行决定的。   (   )

16. 企业年末资产负债表中的未分配利润的金额一定等于"本年利润"科目的年末余额。
                                                                      (   )

17. 年度终了，企业应该将当年实现的净利润或发生的净亏损，自"本年利润"科目转入"利润分配——未分配利润"科目，之后将所属"利润分配"科目的其他明细科目的余额，转入"未分配利润"明细科目。   (   )

18. 企业用当年实现的净利润弥补以前年度亏损时，会影响所有者权益总额。(   )

综合技能训练

一、不定项选择题

1. A 股份有限公司（以下简称 A 公司）属于增值税一般纳税人，A 公司 2015 年度发生的有关交易或事项资料如下：

（1）以盈余公积转增资本 1 000 万元。

（2）以盈余公积补亏 500 万元。

（3）计提法定盈余公积 100 万元，计提任意盈余公积 50 万元。

（4）宣告发放现金股利 600 万元。

（5）因自然灾害毁损原材料一批，账面价值 100 万元，增值税进项税额 17 万元，尚未批准处理。

（6）持有的交易性金融资产公允价值上升 60 万元。

（7）回购本公司股票 300 万股并注销，每股面值 1 元，回购价格为 5 元，注销前"资本公积——股本溢价"科目的贷方余额为 1 600 万元。

要求：根据上述资料，不考虑其他相关因素，分析回答下列问题（答案中金额单位用万元表示）。

（1）关于 A 公司注销库存股的会计分录，正确的是（   ）。

A. 借：股本

300

　　　　资本公积——股本溢价　　　　　　　　　　　　　　　　1 200
　　　　　贷：库存股　　　　　　　　　　　　　　　　　　　　　1 500
　B. 借：股本　　　　　　　　　　　　　　　　　　　　　　　1 500
　　　　　贷：库存股　　　　　　　　　　　　　　　　　　　　　1 500
　C. 借：股本　　　　　　　　　　　　　　　　　　　　　　　　300
　　　　营业外支出　　　　　　　　　　　　　　　　　　　　　1 200
　　　　　贷：库存股　　　　　　　　　　　　　　　　　　　　　1 500
　D. 借：库存股　　　　　　　　　　　　　　　　　　　　　　1 500
　　　　　贷：股本　　　　　　　　　　　　　　　　　　　　　　　300
　　　　　　资本公积——股本溢价　　　　　　　　　　　　　　　1 200

（2）上述交易或事项对 A 公司 2015 年度营业利润的影响是（　　）万元。
　A. 210　　　　　　　B. 300　　　　　　　C. 60　　　　　　　D. 50

2. 甲股份有限公司（以下简称甲公司）2016 年度所有者权益相关情况如下：

（1）2016 年年初未分配利润为 600 万元，资本公积为 2 000 万元，盈余公积为 3 000 万元。

（2）2 月 1 日，为扩大经营规模，发行股票 500 万股，每股面值 1 元，每股发行价格为 4 元，按照发行收入的 3%支付手续费和佣金。

（3）12 月 1 日，经股东大会批准，以现金回购本公司股票 600 万股并注销，每股回购价格为 3 元。

（4）甲公司拥有乙公司 25%的股份，并且能够对乙公司产生重大影响。12 月 31 日，乙公司因可供出售金融资产公允价值变动增加 100 万元。

（5）2016 年，甲公司共实现净利润 1 000 万元，按净利润的 10%提取法定盈余公积，按净利润的 5%提取任意盈余公积。

（6）2016 年年末，甲公司宣告发放现金股利 100 万元。

　要求：根据上述资料，不考虑其他相关因素，分析回答下列问题（答案中金额单位用万元表示）。

（1）12 月 1 日，甲公司因注销库存股应该冲减的盈余公积为（　　）万元。
　A. 640　　　　　　　B. 0　　　　　　　　C. 1 000　　　　　　D. 540

（2）根据资料（4），甲公司的下列会计处理中正确的是（　　）。
　A. 甲公司应该确认投资收益 25 万元　　　B. 甲公司应该确认营业外收入 25 万元
　C. 甲公司应该确认其他综合收益 25 万元　D. 甲公司应该确认资本公积 25 万元

根据上述资料，2016 年年末甲公司未分配利润科目的余额为（　　）万元。
　A. 1 500　　　　　　B. 1 000　　　　　　C. 1 450　　　　　　D. 1 350

3. A 股份有限公司（以下简称 A 公司）属于增值税一般纳税人，A 公司 2016 年度发生的有关交易或事项资料如下：

（1）以盈余公积转增资本 1 000 万元。

（2）以盈余公积补亏 500 万元。

（3）计提法定盈余公积 100 万元，计提任意盈余公积 50 万元。

（4）宣告发放现金股利 600 万元。

(5) 因自然灾害毁损原材料一批,账面价值 100 万元,增值税进项税额 17 万元,尚未批准处理。

(6) 持有的交易性金融资产公允价值上升 60 万元。

(7) 回购本公司股票 300 万股并注销,每股面值 1 元,回购价格为 5 元,注销前"资本公积——股本溢价"科目的贷方余额为 1 600 万元。

要求:根据上述资料,不考虑其他相关因素,分析回答下列问题(答案中金额单位用万元表示)。

(1) 下列关于上述事项对所有者权益影响的说法中正确的是(   )。

A. 资料(1)不会引起所有者权益总额的增减变动
B. 资料(2)会使得所有者权益减少
C. 资料(3)不会引起所有者权益总额的增减变动
D. 资料(4)会使得所有者权益减少

(2) 对于自然灾害造成的材料毁损,在批准处理前的会计处理正确的是(   )。

A. 借:待处理财产损溢　　　　　　　　　　　　　100
　　　贷:原材料　　　　　　　　　　　　　　　　　　100
B. 借:待处理财产损溢　　　　　　　　　　　　　117
　　　贷:原材料　　　　　　　　　　　　　　　　　　100
　　　　　应交税费——应交增值税(进项税额转出)　　17
C. 借:营业外支出　　　　　　　　　　　　　　　100
　　　贷:原材料　　　　　　　　　　　　　　　　　　100
D. 借:营业外支出　　　　　　　　　　　　　　　117
　　　贷:原材料　　　　　　　　　　　　　　　　　　100
　　　　　应交税费——应交增值税(进项税额转出)　　17

4. 甲股份有限公司(以下简称甲公司),2016 年度所有者权益相关情况如下:

(1) 2016 年年初未分配利润为 600 万元,资本公积为 2 000 万元,盈余公积为 3 000 万元。

(2) 2 月 1 日,为扩大经营规模,发行股票 500 万股,每股面值 1 元,每股发行价格为 4 元,按照发行收入的 3%支付手续费和佣金。

(3) 12 月 1 日,经股东大会批准,以现金回购本公司股票 600 万股并注销,每股回购价格为 3 元。

(4) 甲公司拥有乙公司 25%的股份,并且能够对乙公司产生重大影响,12 月 31 日,乙公司因可供出售金融资产公允价值变动增加 100 万元。

(5) 2016 年甲公司共实现净利润 1 000 万元,按净利润的 10%提取法定盈余公积,按净利润的 5%提取任意盈余公积。

(6) 2016 年年末甲公司宣告发放现金股利 100 万元。

要求:根据上述资料,不考虑其他相关因素,分析回答下列问题(答案中金额单位用万元表示)。

(1) 下列各项中,能够引起甲公司所有者权益总额发生增减变动的是(   )。

A. 按净利润的 10%计提法定盈余公积

B. 向投资者宣告发放现金股利 100 万元

C. 按净利润的 5%计提任意盈余公积

D. 注销本公司股票 600 万股

（2）2 月 1 日，甲公司因发行股票应计入资本公积——股本溢价的金额为（　　）万元。

A. 1 440　　　　B. 1 500　　　　C. 1 515　　　　D. 2 000

5. A 股份有限公司（以下简称 A 公司）属于增值税一般纳税人，A 公司 2016 年度发生的有关交易或事项资料如下：

（1）以盈余公积转增资本 1 000 万元。

（2）以盈余公积补亏 500 万元。

（3）计提法定盈余公积 100 万元，计提任意盈余公积 50 万元。

（4）宣告发放现金股利 600 万元。

（5）因自然灾害毁损原材料一批，账面价值 100 万元，增值税进项税额 17 万元，尚未批准处理。

（6）持有的交易性金融资产公允价值上升 60 万元。

（7）回购本公司股票 300 万股并注销，每股面值 1 元，回购价格为 5 元，注销前"资本公积——股本溢价"科目的贷方余额为 1 600 万元。

要求：根据上述资料，不考虑其他相关因素，分析回答下列问题（答案中金额单位用万元表示）。

A 公司交易性金融资产公允价值上升的会计处理，正确的是（　　）。

A. 应计入投资收益的金额为 60 万元

B. 应计入公允价值变动损益的金额为 60 万元

C. 应计入营业外收入的金额为 60 万元

D. 应计入其他业务收入的金额为 60 万元

二、案例分析

审慎看待创业板上市公司高转增分红

随着上市公司年报报出最后期限的临近，上市公司年报报出呈密集态势。作为年度会计报告的一个重要内容就是分红情况，这也是广大股东最为关注的内容之一。笔者细心留意各类上市公司年报，发现创业板公司高转增分红现象较为常见，表现有：10 股转增 10 股送 5 股或 10 股转增 10 股等。应如何正确看待此类分红现象呢？笔者认为，只有透析现象的本质才能做出明智的投资决策。

创业板成立的目的之一就是为成长性较好的高科技中小企业解决融资问题，因此登录该板的企业均有较高的市盈率。根据《企业会计准则》的规定，上市时按股票面值总额计入"股本"科目，净融资额超过股票面值的部分计入"资本公积"科目。由于有较高的市盈率，因此计入"资本公积"科目的金额非常大。如某公司在创业板上市发行价为 87.50 元/股（假设不考虑相关发行费用），股本数为 10 880 万股，那么发行当日所做账务处理为（以万元为单位，下同）：

借：银行存款　　　　　　　　　　　　　　　　　　　　952 000

　　贷：股本　　　　　　　　　　　　　　　　　　　　　　10 880

资本公积　　　　　　　　　　　　　　　　　　　　　　　941 120

经过上市发行，创业板公司一般都形成了一个巨大储备池，那就是"资本公积"。公司法规定，对于股票上市溢价形成的"资本公积"是可以用来转增资本的，这样一来，既可积极做大上市公司的股本数，又可折射出公司迅速增长的迹象，吸引投资者眼球。如上述上市公司在2010年年报中决定按每10股转增10股，在股东大会批准之日所做账务处理为：

借：资本公积　　　　　　　　　　　　　　　　　　　　10 880
　　贷：股本　　　　　　　　　　　　　　　　　　　　　10 880

对于这类高送转的分红，只是所有者权益内部会计科目之间的互转，与公司高盈利能力无直接联系。上市之初形成的巨大"资本公积"储备，为将来长期实行高送转打下了坚实基础。因此，笔者认为投资者应审慎对待，弄清实质，切勿见高送转就盲目跟进，以防决策失误。

（资料来源：中华会计网校　2011.4.18　作者：吴方）

请思考：
1. 创业板上市公司高转增分红给我们带来哪些启示？
2. 投资者应怎样对待公司的高转增分红？

项目14　收入的核算

技能目标

学会收入的确认；掌握销售商品收入、提供劳务收入、让渡资产使用权的使用费收入的账务处理；掌握营业外收入、政府补助收入的核算。

基础训练

一、单项选择题

1. 下列选项中，属于主营业务收入的是（　　）。
   A. 烟草公司销售香烟收入　　　　B. 工业企业销售原材料收入
   C. 水泥厂出租办公楼的租金收入　　D. 工业企业出租包装物的租金收入
2. 以下选项中，收取的价款应确认为其他业务收入的是（　　）。
   A. 出售不需用原材料　　　　　　B. 出售专利权
   C. 出售办公楼　　　　　　　　　D. 出售生产用设备
3. 销售商品采用托收承付方式的，应该在（　　）时确认收入。
   A. 办妥托收手续　　B. 发出商品　　C. 收到货款　　D. 开出发票
4. 甲公司采用托收承付结算方式销售一批商品，开出的增值税专用发票注明货款价格200万元，增值税税额为34万元，该商品已发出并已向银行办妥托收承付手续，该批商品的成本为120万元，甲公司应确认收入（　　）万元。
   A. 234　　　　　B. 200　　　　　C. 80　　　　　D. 154
5. 2016年3月1日，甲公司向乙公司销售商品一批，开出增值税专用发票上注明售价为100万元，增值税税额为17万元，商品成本为80万元。该批商品已经发出，甲公司以银行存款代垫运杂费 10 万元。假定不考虑其他因素，则甲公司应确认的销售商品收入的金额为（　　）万元。

A. 20　　　　B. 100　　　　C. 110　　　　D. 117

6. 甲公司 2016 年度发生如下交易或事项：销售商品取得价款 1 500 万元；销售一批不需用原材料取得价款 30 万元；提供一项劳务安装工程，当年应确认的收入为 70 万元；收到政府对于环保设备研发的补助 100 万元；出售闲置厂房取得价款 300 万元；出租商标权取得价款 120 万元。2016 年 12 月 31 日应填列利润表"营业收入"项目金额为（　　）万元。

A. 2 120　　　B. 1 820　　　C. 1 720　　　D. 1 600

7. 甲公司向乙公司销售商品一批，商品已发出但不符合销售收入确认条件，甲公司下列会计处理正确的是（　　）。

A. 借记"应收账款"科目　　　　B. 借记"预收账款"科目
C. 借记"发出商品"科目　　　　D. 借记"主营业务成本"科目

8. 甲公司为增值税一般纳税人，向乙公司销售其生产的自行车，自行车的销售价格为每辆 200 元（不含增值税）。甲公司承诺，如果乙公司购买 1 000 辆自行车，甲公司会给予乙公司 10%的折扣。如果乙公司同意购买 1 000 辆自行车，甲公司应确认的收入金额为（　　）元。

A. 180 000　　B. 200 000　　C. 210 600　　D. 234 000

9. 乙公司为增值税一般纳税人，适用的增值税税率为 17%，2016 年 8 月 18 日向 A 公司销售一批商品 2 000 件，每件商品的单价是 100 元（不含增值税），每件商品的成本是 60 元，由于是成批销售，乙公司给予 A 公司 10%的优惠，则乙公司应确认的应收账款的金额是（　　）元。

A. 210 600　　B. 200 000　　C. 180 000　　D. 334 000

10. 甲公司为一般纳税人，2016 年 5 月 1 日销售了商品 1 000 件，每件商品标价为 100 元（不含增值税），在销售合同中给予购货方的现金折扣条件为：2/10，1/20，N/30。购货方 2016 年 5 月 9 日付款。假定计算现金折扣时不考虑增值税，甲公司应确认的收入金额为（　　）元。

A. 100 000　　B. 98 000　　C. 99 000　　D. 117 000

11. 某企业为增值税一般纳税人，适用的增值税税率为 17%。2016 年 4 月 1 日，该企业向某客户销售商品 20 000 件，单位售价为 20 元（不含增值税），单位成本为 10 元，给予客户 10%的商业折扣，当日发出商品，并符合收入确认条件。销售合同约定的现金折扣条件为 2/10，1/20，N/30（计算现金折扣时不考虑增值税）。不考虑其他因素，该客户于 2016 年 4 月 15 日付款时应享有的现金折扣为（　　）元。

A. 4 680　　　B. 3 600　　　C. 4 212　　　D. 4 000

12. 甲公司为增值税一般纳税人，2016 年 8 月 1 日向乙公司销售一批商品，开出增值税专用发票上注明售价为 20 万元，增值税为 3.4 万元，成本为 15 万元，甲公司因为货款的回收上存在不确定性所以未确认收入，乙公司收到商品后发现质量不合规要求在价格上给予 5%的折让，甲公司同意并办妥手续，乙公司承诺 2 个月后付款，甲公司应确认收入的金额为（　　）万元。

A. 20　　　　B. 19　　　　C. 22.23　　　D. 23.4

13. 甲公司于 2016 年 10 月 1 日向乙公司销售商品 100 件，每件商品成本为 150 元，售价为 250 元（不含增值税），适用的增值税税率为 17%，商品当天已出库，销售符合收入确认条件。因质量问题乙公司在 2016 年 12 月 25 日将 80 件商品退回，甲公司接受商品退回要求并做出相应的会计调整，甲公司应冲减收入的金额应为（　　）元。

  A. 20 000　　　　B. 25 000　　　　C. 12 000　　　　D. 23 400

14. 企业采用支付手续费方式委托代销商品，所支付的代销手续费应计入（　　）。

  A. 管理费用　　　B. 销售费用　　　C. 财务费用　　　D. 制造费用

15. 甲公司同丙公司签订销售协议，采用预收款方式向丙企业销售一批商品，实际成本 900 万元。销售协议约定，售价 1 200 万元，相关增值税税额 204 万元，丙公司预付 60% 的货款，其余款项于 2016 年 3 月份发货时结算。则甲公司收到预收货款时下列选项中正确的是（　　）（金额单位：万元）。

  A. 借：银行存款　　　　　　　　　　　　　　　　　　842.4
    贷：预收账款　　　　　　　　　　　　　　　　　　　842.4
  B. 借：主营业成本　　　　　　　　　　　　　　　　　540
    贷：库存商品　　　　　　　　　　　　　　　　　　　540
  C. 借：银行存款　　　　　　　　　　　　　　　　　　842.4
    贷：主营业收入　　　　　　　　　　　　　　　　　　720
     应交税费——应交增值税（销项税额）　　　　　　122.4
  D. 借：银行存款　　　　　　　　　　　　　　　　　　720
    贷：预收账款　　　　　　　　　　　　　　　　　　　720

16. 下列事项中，可能使企业已确认收入的金额发生增减变动的是（　　）。

  A. 商业折扣　　　B. 现金折扣　　　C. 增值税　　　D. 销售退回

17. 下列关于其他业务收入和其他业务成本的表述中，错误的是（　　）。

A. "其他业务收入" 科目贷方登记企业实现的各项其他业务收入

B. "其他业务收入" 科目借方登记期末转入 "本年利润" 科目的其他业务收入，结转后该科目应无余额

C. "其他业务成本" 科目借方登记企业发生的其他业务成本

D. "其他业务成本" 科目贷方登记期末转入 "本年利润" 科目的其他业务成本，结转后该科目可以有余额

18. 甲公司接受一项设备安装劳务，该劳务可以一次完成。同行业劳务收入标准为 11 万元，但双方合同总价款规定为 10 万元，实际发生安装成本 6 万元。该安装劳务属于甲公司的主营业务，假设不考虑相关税费，甲公司应确认的主营业务收入的金额为（　　）万元。

  A. 11　　　　　B. 10　　　　　C. 6　　　　　D. 0

19. 下列各项中，工业企业应确认为其他业务收入的是（　　）。

  A. 银行存款收到的利息　　　　　　B. 转让商标使用权收入
  C. 接受现金捐赠　　　　　　　　　D. 取得可供出售金融资产现金股利

20. 甲公司收到用于补偿企业以后期间的相关费用或损失的政府补助，应在取得时计入（　　）。

  A. 其他业务收入　　B. 资本公积　　C. 营业外收入　　D. 递延收益

21. 甲公司 2016 年 10 月承接了一项安装劳务，合同总收入为 1 000 万元，合同预计总成

本为 500 万元，合同价款已收取，甲公司采用完工百分比法确认劳务收入。2016 年已经确认 400 万元的收入，至 2017 年年底，该劳务的完工进度累计为 70%。2017 年甲公司应确认的劳务收入为（   ）万元。

A. 1 000　　　　　B. 700　　　　　C. 300　　　　　D. 500

22. 2016 年 11 月 1 日，甲公司接受乙公司委托为其安装一项大型设备，安装期限为 3 个月，合同约定乙公司应支付安装费总额 60 000 元。当日收到乙公司 20 000 元预付款，其余款项安装结束验收合格后一次付清。截至 2016 年 12 月 31 日，甲公司实际发生安装费 15 000 元，预计至安装完成还将发生安装费用 25 000 元；该公司按已发生的成本占估计总成本的比例确定完工进度。不考虑其他因素，甲公司 2015 年应确认的收入为（   ）元。

A. 20 000　　　　B. 22 500　　　　C. 15 000　　　　D. 60 000

23. 2016 年 1 月 1 日，甲公司对外转让一项无形资产，协议约定转让期 3 年，总价款为 60 万元，于每年年末收取当年使用费 20 万元。该无形资产每年计提摊销额 14 万元，假定不考虑其他因素，则甲公司 2016 年 12 月 31 日应确认的其他业务收入为（   ）万元。

A. 6　　　　　　B. 20　　　　　　C. 30　　　　　　D. 60

24. 以下选项中，不属于确定提供劳务交易的完工进度的方法的是（   ）。

A. 已完工作的测量　　　　　　　B. 已经提供劳务占应提供劳务总量的比例
C. 已经发生的成本占估计总成本的比例　　D. 已经发生的成本占估计总收入的比例

25. 工业企业让渡资产使用权的使用费收入应计入（   ）。

A. 主营业务收入　　B. 其他业务收入　　C. 营业外收入　　D. 劳务收入

二、多项选择题

1. 下列关于收入的说法中，正确的有（   ）。

A. 收入会导致所有者权益增加　　　　B. 收入与所有者投入资本相关
C. 收入与所有者投入资本无关　　　　D. 收入会导致所有者权益减少

2. 下列各项中，不符合会计要素收入定义的有（   ）。

A. 出售自产产品取得的收入　　　　B. 收到政府给予借款的利息补助
C. 出售投资性房地产收到的价款　　D. 出售管理用机器设备取得的净收益

3. 下列各项中，不应确认为收入的有（   ）。

A. 售出商品后在约定的日期以固定价格回购
B. 售出商品后进行融资租回
C. 已完成销售手续但购买方尚未提取商品
D. 售出商品的金额收不到的可能性有 60%

4. 下列各项中，关于收入确认表述正确的有（   ）。

A. 已确认收入的商品发生销售退回，除属于资产负债表日后事项外，一般应在发生时冲减当期销售收入
B. 采用托收承付方式销售商品，应在发出商品时确认收入
C. 销售折让发生在收入确认之前，销售收入应按扣除销售折让后的金额确认
D. 采用预收款方式销售商品，应在款项全部收妥时确认收入

5. 下列关于收入确认时点的表述中，正确的有（   ）。

A. 企业采用支付手续费方式委托代销商品，在收到受托方开出的代销清单时确认销

售收入

  B. 企业采用预收款方式销售商品，应在发出商品时确认收入

  C. 企业采用托收承付方式，在办妥托收手续时确认收入

  D. 企业采用交款提货销售商品，在购货方收到货物时确认收入

 6. 下列会计处理中恰当的有（　　）。

  A. 预收款销售方式下，销售方直到收到最后一笔款项才将商品交付购货方，表明商品所有权上的主要风险和报酬只有在收到最后一笔款项时才转移给购货方

  B. 预收款销售方式下，在发出商品之前预收的货款应确认为预收账款

  C. "预收账款"的借方余额表示"应收账款"，期末列示于资产负债表中的"应收账款"项目

  D. 采用预收款方式销售商品，销售方通常应在发出商品时确认收入

 7. 以下关于收入的说法中，错误的有（　　）。

  A. 企业出售原材料取得的款项扣除成本及相关税费之后，应当确认营业外收支

  B. 销售单独计价的包装物实现的收入通过"营业外收入"科目核算

  C. 企业在销售商品时，如果估计价款收回的可能性不大，即使收入确认的其他条件均已满足，也不可以确认收入

  D. 企业在发出商品之后，即使没有确认收入，也不应将其确认为企业的存货

 8. 以下选项中，属于销售商品收入确认条件的有（　　）。

  A. 企业已将商品所有权上的主要风险和报酬转移给购货方

  B. 收入的金额能够可靠地计量

  C. 相关的已发生或将发生的成本能够可靠地计量

  D. 相关经济利益很可能流入企业

 9. 下列选项中，可能影响主营业务收入确认金额的有（　　）。

  A. 销售折让 B. 现金折扣 C. 销售退回 D. 销售商品的数量

 10. 下列关于销售折让的说法中，正确的有（　　）。

  A. 销售折让是指企业因出售商品质量不符合要求等原因而在售价上给予的减让

  B. 销售折让是指企业为促进商品销售而给予的价格扣减

  C. 销售折让发生在确认销售收入之前，确认销售收入时应按扣除折让后的金额确认

  D. 销售折让发生在确认销售收入之后，确认销售收入时应按扣除折让后的金额确认

 11. B 公司 2015 年 12 月 5 日收到 A 公司因质量不合格而被退回的商品 100 件，每件商品的成本为 200 元，这批商品是 B 公司在 2015 年 9 月 3 日出售给 A 公司的，每件商品的售价为 300 元，适用的增值税税率是 17%，货款尚未收到，B 公司未确认销售收入，A 公司提出的退货要求合理，B 公司同意退货，并向 A 公司开具了增值税专用发票（红字），以下描述中错误的有（　　）。

  A. B 公司应冲减发出商品 20 000 元

  B. B 公司应增加库存商品 20 000 元

  C. B 公司应冲减当月主营业务收入 30 000 元

  D. B 公司应冲减当月主营业务成本 20 000 元

 12. 在采用支付手续费方式委托代销商品时，受托方在会计处理中可能涉及的会计科目

有（　　）。

A. 受托代销商品

B. 受托代销商品款

C. 应交增值税——应交增值税（销项税额）

D. 应交增值税——应交增值税（进项税额）

13. 甲公司将自产的空气净化器作为福利发放给专设销售机构的 30 名职工，每人 1 台，每台不含增值税的市场售价为 15 000 元，生产成本为 10 000 元，适用的增值税税率为 17%。甲公司下列会计处理正确的有（　　）。

A. 确认空气净化器产品作为福利时：

借：销售费用　　　　　　　　　　　　　　　　　　　　　　　376 500

　　贷：应付职工薪酬——非货币性福利　　　　　　　　　　　　　　376 500

B. 发放空气净化器产品时：

借：应付职工薪酬——非货币性福利　　　　　　　　　　　　　376 500

　　贷：库存商品　　　　　　　　　　　　　　　　　　　　　　　　300 000

　　　　应交税费——应交增值税（销项税额）　　　　　　　　　　　 76 500

C. 发放空气净化器产品时：

借：应付职工薪酬——非货币性福利　　　　　　　　　　　　　526 500

　　贷：主营业务收入　　　　　　　　　　　　　　　　　　　　　　450 000

　　　　应交税费——应交增值税（销项税额）　　　　　　　　　　　 76 500

借：主营业务成本　　　　　　　　　　　　　　　　　　　　　300 000

　　贷：库存商品　　　　　　　　　　　　　　　　　　　　　　　　300 000

D. 确认空气净化器产品作为福利时：

借：销售费用　　　　　　　　　　　　　　　　　　　　　　　526 500

　　贷：应付职工薪酬——非货币性福利　　　　　　　　　　　　　526 500

14. 2016 年 10 月 1 日，甲公司购入一台不需要安装的生产设备，增值税专用发票上注明的价款为 600 万元，增值税税额为 102 万元。同时，甲公司开出银行承兑汇票一张，面值为 702 万元，期限 3 个月，缴纳银行承兑手续费 3 万元。下列各项中，甲公司的会计处理正确的有（　　）。

A. "应付票据"科目增加 702 万元　　　B. "其他货币资金"科目增加 702 万元

C. "财务费用"科目增加 3 万元　　　　D. "固定资产"科目增加 600 万元

15. 甲公司与丁公司签订委托代销协议，丁公司按照协议价的 5%收取手续费，并直接从代销款中扣除。协议价款 600 万元，实际成本 460 万元。20 日发出商品，25 日，收到代销清单，已售出 50%的商品，甲公司向丁公司开具增值税专用发票同时将扣除手续费的代销商品款存入银行。下列选项中正确的有（　　）。

A. 20 日发出商品，确认主营业务收入 600 万元

B. 25 日销售费用增加 15 万元

C. 25 日银行存款增加 336 万元

D. 20 日发出商品，确认应收账款 460 万元

16. 2016 年 12 月 30 日，甲公司销售给丁公司的商品被退回，退回商品部分的价款为 20

万元,增值税税额 3.4 万元,成本 12 万元。该批商品是 2016 年 11 月赊销给丁公司的,售价 200 万元,增值税税额 34 万元,已确认收入,款项尚未收到。甲公司向丁公司开具增值税红字专用发票,并收到丁公司商业承兑汇票,期限为 5 个月,用于抵偿其他款项。下列说法中正确的有(   )。

    A. 库存商品增加 12 万元　　　　　　　B. 应收票据增加 210.6 万元

    C. 冲减销售商品收入 20 万元　　　　　D. 应收账款减少 190.6 万元

17. 下列生产企业发生的经营活动所实现的收入中,应计入其他业务收入的有(   )。

    A. 销售材料　　　B. 出租商品　　　C. 出租包装物　　　D. 出售生产的商品

18. 下列各项中,属于确定劳务交易完工进度的方法有(   )。

    A. 由专业测量师对已经提供的劳务进行测量

    B. 预计能收回金额占估计总成本的比例

    C. 已提供劳务占应提供劳务总量的比例

    D. 已收到结算款占合同总收入的比例

19. 以下关于在同一会计期间内开始并完成的劳务的说法中,正确的有(   )。

    A. 一次就能完成的劳务,在劳务完成时确认收入及相关成本

    B. 持续一段时间但是在同一会计期间开始并完成的劳务,应先在劳务成本中进行归集

    C. 结转的劳务成本可能是主营业务成本,也可能是其他业务成本

    D. 结转的劳务成本只能是主营业务成本,不可能为其他业务成本

20. 如果企业采用完工百分比法来确认提供劳务收入,需要满足的条件有(   )。

    A. 劳务的开始和完成分属不同的会计期间

    B. 劳务的开始和完成属于同一会计期间

    C. 企业在资产负债表日提供劳务交易结果能够可靠估计

    D. 企业在资产负债表日提供劳务交易结果不能够可靠估计

21. 当提供劳务交易结果不能可靠估计时,企业应当正确预计已发生的劳务成本能否得到补偿,进而针对具体情况做出具体的处理。以下会计处理中,正确的有(   )。

    A. 已经发生的劳务成本预计全部能够得到补偿,应按已收或预计能够收回的金额确认提供劳务收入

    B. 已经发生的劳务成本预计部分能够得到补偿的,应按能够得到部分补偿的劳务成本金额确认提供劳务收入

    C. 已经发生的劳务成本预计全部不能得到补偿的,应将已经发生的劳务成本计入当期损益

    D. 企业应采用完工百分比法确认提供劳务收入

22. 对于企业提供劳务分属不同的会计期间,且企业在资产负债表日提供劳务交易结果不能可靠估计的情况下,下列说法中正确的有(   )。

    A. 应该采用完工百分比法确认提供的劳务收入

    B. 如已发生的劳务成本预计全部能够得到补偿,应按已收或预计能够收回的金额确认提供劳务收入,并结转已经发生的劳务成本

    C. 如已发生的劳务成本预计部分能够得到补偿,应按能够得到部分补偿的劳务成本金额确认提供劳务收入,并结转已经发生的劳务成本

D. 如已发生的劳务成本预计全部不能得到补偿，不确认提供劳务收入
23. 工业企业在让渡资产使用权所获得的收入中，可能涉及的会计科目有（　　）。
   A. 银行存款　　　　　B. 其他业务收入　　C. 累计摊销　　　　D. 主营业务收入
24. 下列各项中，不属于让渡资产使用权收入的有（　　）。
   A. 政府补助收入　　　　　　　　　　　B. 非货币性资产交换利得
   C. 债权投资收取的利息　　　　　　　　D. 转让固定资产使用权取得的收入

三、判断题（正确的在括号内打"√"，错误的打"×"）

1. 通常情况下，转移商品所有权并交付实物后，主要风险和报酬也随之转移。（　　）
2. 企业在销售商品时，如估计价款收回的可能性不大，即使收入确认的其他条件均已满足，也不应当确认收入。（　　）
3. 营业收入包括主营业务收入、其他业务收入、营业外收入等。（　　）
4. 已经发出但不符合销售商品收入确认条件的商品的会计处理中，不会涉及"应交税费——应交增值税（销项税额）"科目。（　　）
5. 企业已完成销售手续但购买方在月末尚未提取的商品，不应确认收入的实现。（　　）
6. 企业销售货物后发生的现金折扣应冲减管理费用。（　　）
7. 企业在销售收入确认之后发生的销售折让（不属于资产负债表日后事项），应在实际发生时冲减发生当期的收入。（　　）
8. 企业采用预收款方式销售商品时，销售方通常在收到款项时确认收入。（　　）
9. 企业在日常经营活动中随同商品出售单独计价的包装物取得的收入应计入销售费用。（　　）
10. 企业采用支付手续费方式委托代销商品时，应在收到受托方开出的代销清单时确认销售商品收入。（　　）
11. 企业销售原材料、出租包装物和商品、出售无形资产、出租固定资产等实现的收入应通过"其他业务收入"科目核算。（　　）
12. 采用支付手续费方式委托代销商品时，受托方可通过"受托代销商品""受托代销商品款"或"应付账款"等科目对受托代销商品进行核算。（　　）
13. 在确定完工进度时，企业可以采用已经发生的成本占估计总成本的比例的方法，这种方法主要以劳务量为标准确定提供劳务交易的完工程度。（　　）
14. 对于持续一段时间但在同一会计期间内开始并完成的劳务，企业应在为提供劳务发生相关支出时确认劳务成本，劳务完成时再确认劳务收入，并结转相关劳务成本。（　　）
15. 如果劳务的开始和完成分属于不同会计期间，一定采用完工百分比法确认收入。（　　）
16. 让渡资产使用权一次性收取手续费且提供后续服务的，分期确认收入。（　　）
17. 企业转让无形资产使用权时，如果合同或协议规定一次性收取使用费，且不提供后续服务的，应视同销售该项无形资产一次性确认收入。（　　）
18. "营业外收入"科目核算企业除主营业务活动以外的其他经营活动实现的收入。（　　）
19. 企业销售原材料、包装物等存货也视同商品销售，其收入确认和计量原则比照商品

销售，因此其实现的收入应该作为主营业务收入处理。（   ）

20. 企业让渡资产使用权的使用费收入，一般通过"其他业务收入"科目核算；所让渡资产计提的摊销额等，一般通过"其他业务成本"科目核算。（   ）

21. 投资性房地产的租金收入应该通过"主营业务收入"科目核算。（   ）

22. 甲公司向乙公司转让某软件的使用权，一次性收取使用费 50 000 元，并提供后续服务，甲公司在收取费用时确认其他业务收入 50 000 元。（   ）

23. 劳务成本是成本类会计科目。（   ）

综合技能训练

1. 甲公司为增值税一般纳税人，适用增值税税率为 17%，所得税税率为 25%。2015 年甲公司发生如下经济活动：

（1）1 月 10 日，甲公司向乙公司销售一批商品，售价为 500 万元，该批商品实际成本为 300 万元。甲公司给予乙公司 15% 的商业折扣并开具了增值税专用发票，合同中规定的现金折扣为 2/10、1/20、N/30，甲公司已于当日发出商品，乙公司于 1 月 25 日付款，假定计算现金折扣时不考虑增值税。

（2）5 月，销售一批商品给丙公司，开出的增值税专用发票上注明的售价为 100 万元，增值税税额为 17 万元。该批商品的成本为 50 万元。丙公司收到货后发现质量不符合要求，要求在价格上给予 10% 的折让。甲公司检测后同意丙公司提出的要求。假定此前甲公司已经确认了该批商品的收入，尚未收到货款，发生的销售折让允许扣减当期的增值税销项税额。

（3）7 月，甲公司销售原材料收入 10 万元（不含税），成本为 8 万元。

（4）8 月，出租包装物租金收入 2 万元，出租无形资产租金收入 6 万元，罚款收入 3 万元。

要求：根据上述资料，不考虑其他相关因素，分析回答下列问题（答案中金额单位用万元表示）。

（1）针对资料（1），甲公司下列会计处理中正确的是（   ）。
A. 确认主营业务收入 425 万元　　　B. 确认主营业务成本 300 万元
C. 在收到货款时确认财务费用 4.25 万元　D. 在收到货款时确认银行存款 493 万元

（2）根据资料（2），下列说法中正确的是（   ）。
A. 销售实现时确认主营业务收入 117 万元
B. 销售实现时结转主营业务成本 50 万元
C. 发生销售折让时冲减主营业务收入 10 万元
D. 日后实际收到货款时应确认银行存款 117 万元

（3）针对资料（3），下列关于甲公司销售原材料的会计处理正确的是（   ）。
A. 贷记"主营业务收入"科目　　　B. 贷记"其他业务收入"科目
C. 借记"主营业务成本"科目　　　D. 借记"其他业务成本"科目

（4）根据资料（4），下列说法中正确的是（   ）。
A. 应计入主营业务收入的金额为 8 万元　B. 应计入其他业务收入的金额为 8 万元
C. 应计入其他业务收入的金额为 3 万元　D. 应计入营业外收入的金额为 3 万元

（5）根据上述资料，甲公司应确认的营业收入为（   ）万元。

A. 529.75　　　　B. 536　　　　C. 543　　　　D. 533

2. 乙公司为增值税一般纳税人，适用的增值税税率为 17%，城市维护建设税税率为 5%，教育费附加征收率为 3%，企业所得税税率为 25%。销售商品和提供安装劳务均为乙公司的主营业务，商品售价均不含增值税，销售实现时结转成本。乙公司 2015 年度发生如下经济业务活动：

（1）1 月 3 日，对丙公司出售商品一批并开出增值税专用发票，发票金额注明销售价款为 500 万元，增值税税额为 85 万元，该批商品成本为 280 万元。为了及时收回货款，乙公司给予丙公司现金折扣条件如下：2/10，1/20，N/30（假定计算现金折扣时不考虑增值税的因素），丙公司于 1 月 15 日支付货款。

（2）3 月，乙公司接受一项设备安装劳务，该安装劳务可以一次安装完成。该安装劳务合同总收入为 60 万元，实际发生安装成本为 20 万元，假定不考虑其他相关税费。

（3）6 月，乙公司应缴纳的增值税为 34 万元，消费税为 25 万元。

（4）12 月，乙公司支付商品展览费和广告费共 10 万元，发生售后服务网点的职工薪酬 15 万元，因销售商品纠纷而发生的诉讼费 2 万元，为扩展市场而发生的业务招待费 4 万元，汇兑损失 3 万元。

要求：根据上述资料，不考虑其他相关因素，分析回答下列问题。（答案中金额单位用万元表示）

（1）根据资料（1），乙公司做出的下列会计处理中正确的是（　　）。

A. 1 月 3 日，确认主营业务收入 500 万元

B. 1 月 3 日，确认主营业务收入 495 万元

C. 1 月 15 日，确认财务费用 5 万元

D. 1 月 15 日，确认财务费用 5.85 万元

（2）根据资料（2），下列说法中错误的是（　　）。

A. 乙公司应采用完工百分比法确认劳务收入

B. 乙公司应确认其他业务收入为 20 万元

C. 乙公司应确认主营业务收入为 40 万元

D. 乙公司应确认主营业务收入为 60 万元

（3）根据资料（3），下列各项中正确的是（　　）。

A. 乙公司应确认税金及附加的金额为 59 万元

B. 乙公司应确认城市维护建设税金额为 2.95 万元

C. 乙公司应确认的教育费附加金额为 1.77 万元

D. 乙公司应确认税金及附加的金额为 29.72 万元

（4）根据资料（4），乙公司下列会计处理中正确的是（　　）。

A. 确认销售费用 27 万元　　　　　　B. 确认管理费用 6 万元

C. 确认财务费用 3 万元　　　　　　　D. 确认期间费用 34 万元

（5）根据上述资料，乙公司计算的营业利润和所得税费用的金额正确的是（　　）。

A. 营业利润为 196.28 万元　　　　　B. 营业利润为 184.48 万元

C. 所得税费用为 46.32 万元　　　　　D. 所得税费用为 46.12 万元

项目 15　费用的核算

> **技能目标**
>
> 学会费用的确认；能正确划分成本费用和期间费用；掌握营业成本的组成内容和核算；掌握税金及附加的内容及核算；掌握期间费用的内容及核算。

基础训练

一、单项选择题

1. 下列企业发生的事项中，不通过"主营业务成本"核算的是（　　）。
   A. 工业企业销售产品结转的产品成本　　B. 安装公司提供安装服务发生的支出
   C. 工业企业出租固定资产发生的折旧　　D. 租赁公司出租固定资产发生的折旧

2. 甲公司 2016 年 12 月 1 日销售一批商品给乙公司，开出的增值税专用发票上注明的售价为 230 万元，增值税税额为 39.1 万元，该批商品的成本为 150 万元。在销售合同中规定现金折扣条件为：2/10，1/20，N/30，乙公司于 12 月 8 日付款。12 月 15 日丙公司因 11 月份购买甲公司的商品不符合质量要求发生销售退回，总成本为 110 万元，该批商品是甲公司于 11 月 5 日出售给丙公司，且尚未确认收入。该销售退回符合销售合同规定，则甲公司 12 月份应确认的主营业务成本金额为（　　）万元。（假定计算现金折扣时考虑增值税）
   A. 260　　　　B. 150　　　　C. 40　　　　D. 37

3. 某企业 2016 年 12 月份发生如下事项：A 材料的实际成本为 20 万元，销售 A 材料的同时出售单独计价的包装物的成本为 5 万元；生产车间固定资产的修理费用为 2 万元；计提的投资性房地产的摊销额为 1 万元，出借包装物的摊销额为 0.5 万元。则该企业 2016 年 12 月份应计入其他业务成本的金额为（　　）万元。
   A. 28.5　　　　B. 26　　　　C. 8　　　　D. 6

4. 甲企业为增值税一般纳税人，2016 年 6 月发生如下交易事项：销售一批自产产品，取得价款为 100 万元，增值税税额为 17 万元，该批产品成本为 80 万元；销售原材料一批，取得价款 50 万元，增值税税额 8.5 万元，该批原材料成本为 30 万元；出租投资性房地产的折旧额为 10 万元。则甲企业 2016 年 6 月份应记入"其他业务成本"科目的金额为（　　）万元。
   A. 120　　　　B. 40　　　　C. 48.5　　　　D. 30

5. 某企业 2016 年 12 月份发生如下事项：销售 M 商品的同时出售不单独计价的包装物的成本为 5 万元；计提的管理用无形资产的摊销额为 1 万元；出租包装物的摊销额为 0.5 万元。则该企业 2016 年 12 月份应计入其他业务成本的金额为（　　）万元。
   A. 8.5　　　　B. 0.5　　　　C. 8　　　　D. 6.5

6. 甲公司为一家劳务公司，2016 年 2 月 1 日甲公司与乙公司签订一项劳务合同，合同中约定由甲公司为乙公司安装一批设备，完成日期为 2016 年 3 月 31 日，合同总金额为 50 万元，预计合同总成本为 30 万元。针对该项劳务交易，下列说法中不正确的是（　　）。
   A. 对于在同一会计期间内开始并完成的劳务，应在提供劳务交易完成时确认收入
   B. 企业对外提供劳务发生的支出一般通过"劳务成本"科目予以归集，待确认为费用时，

再从"劳务成本"科目转入"主营业务成本"科目

C. 对于持续一段时间但在同一会计期间内开始并完成的劳务，企业应在为提供劳务发生相关支出时确认劳务成本，劳务完成时再确认劳务收入，并结转相关劳务成本

D. 针对这笔劳务交易，甲公司应该确认为其他业务收入，同时将劳务成本结转入其他业务成本

7. 2016年8月6日，甲公司向乙公司赊销一批商品，价款60万元（不含税），该批商品成本为40万元。同年9月15日，乙公司发现该批商品存在严重质量问题，遂与甲公司交涉要求退货。经双方协商，甲公司同意了乙公司的退货请求，商品退回甲公司，甲公司做了销售退回的会计处理。假定不考虑其他因素，在销售退回的会计处理中，甲公司要冲减的科目不包括（　　）。

A. 主营业务收入　　B. 应交税费　　C. 主营业务成本　　D. 库存商品

8. 下列各项中，不计入税金及附加的是（　　）。

A. 房产税　　B. 增值税　　C. 消费税　　D. 城市维护建设税

9. 下列各项中，应计入税金及附加的是（　　）。

A. 制造业企业转让自用房产应缴纳的土地增值税
B. 交通运输业提供运输服务应缴纳的增值税
C. 制造企业拥有并使用的小汽车应缴纳的车船税
D. 天然气企业对外出售天然气应缴纳的资源税

10. 甲企业2017年5月发生的下列相关税费中，应通过"税金及附加"科目核算的是（　　）。

A. 与投资性房地产有关的房产税　　B. 矿产资源补偿费
C. 城镇土地使用税　　D. 进口应税物资在进口环节缴纳消费税

11. 东亚集团2016年9月实际应缴纳增值税260万元，消费税130万元，适用的城市维护建设税税率为7%，教育费附加征收率为3%，则东亚集团9月应确认的税金及附加的金额为（　　）万元。

A. 39　　B. 242　　C. 169　　D. 429

12. 兴华公司2016年9月进口应税物资在进口环节缴纳消费税6万元，收回的委托加工物资由受托方代收代交消费税8万元（直接对外销售），自产自用应税产品缴纳资源税2万元，销售应税消费品缴纳的消费税0.5万元。则该公司2016年9月份应记入"税金及附加"科目的金额为（　　）万元。

A. 16.5　　B. 16　　C. 8　　D. 0.5

13. 以下选项不属于期间费用的是（　　）。

A. 管理费用　　B. 财务费用　　C. 销售费用　　D. 制造费用

14. 下列各项中，应计入期间费用的是（　　）。

A. 计提车间管理用固定资产的折旧费　　B. 预计产品质量保证损失
C. 车间管理人员的工资费用　　D. 销售商品发生的商业折扣

15. 2016年，甲公司支付销售人员工资10万元，计提专设销售机构使用房屋折旧1万元，支付业务招待费5万元，支付行政部门发生的固定资产修理费用4.5万元，计提固定资产减值准备2.5万元，计提车间固定资产折旧3万元，甲公司该年应确认的期间费用为（　　）

万元。

A. 26　　　　　　B. 20.5　　　　　　C. 14.5　　　　　　D. 16

16. 下列科目中，工业企业期末需要将各科目的期末余额转入生产成本的是（　　）。

A. 管理费用　　　B. 销售费用　　　C. 财务费用　　　D. 制造费用

17. 某企业随同商品出售不单独计价的包装物，应记入的会计科目（　　）。

A. 主营业务成本　B. 管理费用　　　C. 其他业务成本　D. 销售费用

18. 企业为销售产品而专设的销售机构的职工工资应计入（　　）。

A. 管理费用　　　B. 销售费用　　　C. 财务费用　　　D. 制造费用

19. 企业行政管理部门发生的打印机修理费计入（　　）。

A. 销售费用　　　B. 管理费用　　　C. 主营业务成本　D. 其他业务成本

20. 以下选项中，属于管理费用的是（　　）。

A. 生产车间发生的固定资产修理费用　　B. 日常经营过程的利息支出
C. 销售机构发生的业务费　　　　　　　D. 预计产品质量保证损失

21. 某单位 2016 年 3 月各部门发生的差旅费情况如下：管理部门 7 万元，财务部门 0.5 万元，车间管理部门 0.8 万元。假定不考虑其他因素，该单位 2016 年 3 月应计入管理费用的金额为（　　）万元。

A. 9.3　　　　　　B. 7.5　　　　　　C. 8.5　　　　　　D. 7.7

22. 嘉陵集团 2016 年 10 月发生的商品维修费 10 万元，计提的销售部门人员的职工薪酬 8 万元，支付的生产部门人员的辞退福利 5 万元，车间管理部门的业务招待费 2 万元。假定不考虑其他因素，嘉陵集团 2016 年 10 月份应计入管理费用的金额是（　　）万元。

A. 2　　　　　　　B. 17　　　　　　　C. 5　　　　　　　D. 7

23. 企业的房产税、城镇土地使用税在计提时应通过（　　）科目核算。

A. 管理费用　　　B. 税金及附加　　C. 其他业务成本　D. 营业外支出

24. 因签署购销合同而缴纳的印花税应计入（　　）。

A. 银行存款　　　B. 应交税费　　　C. 管理费用　　　D. 应付职工薪酬

25. 下列各项中，计入财务费用的是（　　）。

A. 固定资产筹建期间的借款利息支出　　B. 发行债券支付的手续费
C. 购买方享有的现金折扣　　　　　　　D. 购买交易性金融资产支付的手续费

二、多项选择题

1. 下列关于费用的描述，正确的有（　　）。

A. 形成于日常活动中　　　　　　　　　B. 形成于非日常活动中
C. 会导致所有者权益增加　　　　　　　D. 与所有者分配利润无关

2. 下列各项中，属于费用的有（　　）。

A. 主营业务成本　　　　　　　　　　　B. 其他业务成本
C. 地震造成的存货毁损　　　　　　　　D. 税金及附加

3. 以下关于营业成本的表述中，错误的有（　　）。

A. 营业成本是非日常活动形成的
B. 营业成本是由主营业务成本和其他业务成本组成的
C. 营业成本会导致利润总额减少

D. 企业在确认销售商品收入时，应将已销售的商品的成本计入营业外支出

4. 下列各项中，不应计入产品成本的有（　　）。
   A. 生产车间管理人员的工资　　　　B. 专设售后服务网点的职工薪酬
   C. 支付的矿产资源补偿费　　　　　D. 企业负担的生产职工养老保险费

5. 以下选项中，应计入主营业务成本的有（　　）。
   A. 暴雨导致商品毁损的成本　　　　B. 非流动资产处置损失
   C. 工业企业销售自产产品的成本　　D. 服务企业提供劳务所发生的成本

6. 某安装公司于2016年9月16日签订一项劳务安装合同，合同总价款为10 000元，实际发生的安装成本为6 000元，公司在劳务安装完成时收到款项，不考虑相关税费，下列说法中正确的有（　　）。

   A. 如果该任务一次完成，该企业分录如下：
   　借：银行存款　　　　　　　　　　　　　　　　　　　　10 000
   　　　贷：主营业务收入　　　　　　　　　　　　　　　　　　　10 000
   　借：主营业务成本　　　　　　　　　　　　　　　　　　 6 000
   　　　贷：银行存款　　　　　　　　　　　　　　　　　　　　　 6 000

   B. 如果上述安装任务需要花费一段时间（不超过会计当期）才能完成，第一次劳务支出为2 000元，发生劳务支出时企业分录如下：
   　借：劳务成本　　　　　　　　　　　　　　　　　　　　 2 000
   　　　贷：银行存款　　　　　　　　　　　　　　　　　　　　　 2 000

   C. 承接选项B，第二次劳务支出为4 000元，发生劳务支出时企业分录如下：
   　借：劳务成本　　　　　　　　　　　　　　　　　　　　 4 000
   　　　贷：银行存款　　　　　　　　　　　　　　　　　　　　　 4 000

   D. 承接选项C，安装任务完成时，该公司分录如下：
   　借：银行存款　　　　　　　　　　　　　　　　　　　　10 000
   　　　贷：主营业务收入　　　　　　　　　　　　　　　　　　　10 000
   　借：主营业务成本　　　　　　　　　　　　　　　　　　 6 000
   　　　贷：劳务成本　　　　　　　　　　　　　　　　　　　　　 6 000

7. 下列各项中，应计入工业企业其他业务成本的有（　　）。
   A. 采用成本模式计量的投资性房地产计提的折旧额
   B. 行政管理部门使用的固定资产计提的折旧额
   C. 专设销售机构使用的固定资产计提的折旧额
   D. 经营出租的固定资产计提的折旧额

8. 以下选项中，应计入税金及附加的有（　　）。
   A. 商品销售的销项税额　　　　　　B. 出售固定资产的增值税
   C. 出售消费品的消费税　　　　　　D. 城市维护建设税

9. 甲工业企业为增值税一般纳税人，适用的增值税税率为17%。3月5日，将仓库积压的原材料一批出售，开具的增值税专用发票上注明的售价为20 000元，增值税税额为3 400元，款项已存入银行。该批原材料的计划成本为18 000元，材料成本差异率为−2%。则关于出售原材料时的说法中正确的有（　　）。

A. 应结转的材料实际成本为 17 640 元　　B. 应结转的材料实际成本为 18 360 元
C. 应确认的主营业务成本为 17 640 元　　D. 应确认的其他业务成本为 17 640 元

10. 2016 年 7 月，甲企业与乙企业签订一项安装工程合同，合同总价款为 160 000 元，合同签订时预收劳务款 50 000 元，至月末累计发生劳务支出 60 000 元，工程尚未完工，预计至完工还需要发生劳务支出 40 000 元，当年末乙企业发生财务困难，余款能否支付难以确定。则下列关于甲企业安装工程业务的会计处理正确的有（　　）。

A. 结转劳务成本 60 000 元　　B. 确认劳务收入 50 000 元
C. 确认劳务收入 96 000 元　　D. 结转劳务成本 31 250 元

11. 下列关于期间费用的说法中，正确的有（　　）。

A. 期间费用是指企业日常活动发生的不能计入特定核算对象的成本，而应计入发生当期损益的费用
B. 期间费用与可以确定特定成本核算对象的材料采购、产成品生产等没有直接关系
C. 企业发生的支出不产生经济利益，或者即使产生经济利益但不符合资产确认条件的，不能确认为费用
D. 费用类科目期末要结转入"本年利润"科目

12. 以下关于期间费用的说法中，正确的有（　　）。

A. 当实际发生现金折扣时，销货方应增加期间费用总额
B. 当实际发生现金折扣时，购货方应冲减期间费用总额
C. 印花税的发生不应影响期间费用总额
D. 行政管理部门发生的固定资产修理费用增加期间费用总额

13. 下列各项中，应计入销售费用的有（　　）。

A. 销售商品时发生的业务费
B. 提供劳务时发生的装卸费
C. 为宣传产品发生的广告费
D. 与专设销售机构相关的固定资产的后续支出

14. 下列各项中，应计入销售费用的有（　　）。

A. 预计产品质量保证损失　　B. 销售部门人员的职工教育经费
C. 为宣传产品发生的展览费　　D. 专设销售机构发生的业务招待费

15. 下列选项中，应计入管理费用的有（　　）。

A. 诉讼费　　B. 聘请中介机构费
C. 土地使用税　　D. 车船税

16. 下列关于管理费用的说法中，正确的有（　　）。

A. 商品流通企业管理费用不多的，可不设"管理费用"科目
B. 管理费用属于期间费用
C. 管理费用是指企业为组织和管理企业生产经营发生的各种费用
D. 企业生产车间的固定资产的修理费用属于管理费用

17. 以下选项中，应在利润表"财务费用"项目下列示的有（　　）。

A. 汇兑损益　　B. 现金折扣
C. 售后网点的职工薪酬　　D. 利息支出

18. 以下关于财务费用的表述中，正确的有（   ）。
    A. 企业外贸交易时发生的汇兑损益计入财务费用
    B. 财务费用是指企业为筹集生产经营所需资金而发生的筹资费用
    C. 企业应通过"财务费用"科目，核算财务费用的发生和结转情况
    D. 财务费用借方登记发生的各项财务费用，贷方登记期末转入"本年利润"科目的财务费用

19. 下列各项中，不通过"管理费用"科目核算的有（   ）。
    A. 销售部门职工的高温补贴　　　　　B. 车间管理部门职工的工资薪酬
    C. 生产车间职工的辞退福利　　　　　D. 销售部门职工的五险一金

三、判断题（正确的在括号内打"√"，错误的打"×"）

1. 费用是企业在日常活动中发生的、会导致所有者权益增加的、与向所有者分配利润无关的经济利益的总流出。（   ）
2. 主营业务成本是指企业销售商品、提供劳务等经常性活动所发生的成本。（   ）
3. 期末，将已销售商品结转的主营业务成本余额转入"本年利润"科目，结转后该科目无余额。（   ）
4. 其他业务成本年末时应转入"资本公积"科目，结转后本科目无余额。（   ）
5. 一般纳税企业购买商品的增值税通过"税金及附加"科目核算。（   ）
6. 随同商品出售，单独计价的包装物成本通过"其他业务成本"科目核算。（   ）
7. 随同商品出售，不单独计价的包装物成本通过"其他业务成本"科目核算。（   ）
8. 出租包装物的摊销额计入其他业务成本。（   ）
9. 出借包装物的摊销额计入销售费用。（   ）
10. 出租无形资产的摊销额和出租固定资产的折旧额均通过"其他业务成本"科目核算。（   ）
11. 销售折让和销售退回均会影响企业的营业成本。（   ）
12. 企业购买商品缴纳的增值税通过"税金及附加"科目核算。（   ）
13. 销售费用是与企业销售商品活动有关的费用，包括销售商品本身的成本和劳务成本。（   ）
14. 企业发生的与专设销售机构相关的固定资产修理费用属于期间费用。（   ）
15. 商品流通企业管理费用不多的，可以不设置"管理费用"科目，相关核算并入"财务费用"科目核算。（   ）
16. 企业为筹集生产经营所需资金等而发生的筹资费用通过"财务费用"核算。（   ）
17. 企业在交易过程中发生的汇兑损益及相关的手续费应计入财务费用。（   ）
18. 企业筹建期间的借款费用、销售商品发生的商业折扣以及支付银行承兑汇票的手续费均通过"财务费用"科目核算。（   ）
19. 当发生现金折扣时，购货方应将折扣金额计入财务费用的借方。（   ）
20. 期间费用包括销售费用、制造费用和财务费用。（   ）
21. 期间费用科目期末无余额，均转入"本年利润"。（   ）

综合技能训练

一、不定项选择题

1. 甲工业企业为增值税一般纳税人，适用的增值税税率为17%，商品售价中不包含增值税。销售商品和提供劳务均符合收入确认条件，其成本在确认收入时逐笔结转。2015年12月，甲公司发生如下交易或事项：

（1）6日，向乙公司销售A商品一批，商品售价为200万元，增值税税额为34万元，该批商品的成本为120万元。商品已发出，款项已收到并存入银行，开出增值税专用发票。销售前，该批商品已计提了20万元的存货跌价准备。

（2）18日，因资金周转困难，急需资金一笔，将购买成本为30万元的原材料出售。售价28万元，当月收到原材料款项。

（3）19日，与丙公司签订销售协议，采用预收款方式向丙公司销售一批商品，实际成本90万元。销售协议约定，售价120万元，相关增值税税额20.4万元，丙公司预付60%的货款（按含增值税价格计算），其余款项于2015年12月31日发货时结算。

（4）28日，与戊公司签订为期3个月的劳务合同，合同总价款为70万元。至12月31日，已经预收合同款50万元，实际发生劳务成本30万元，估计为完成该合同还将发生劳务成本20万元，该公司按实际发生的成本占估计总成本的比例确定劳务完工进度。

要求：根据上述资料，不考虑其他因素，分析回答下列小题。（答案中的金额单位用万元表示）

（1）根据资料（1），下列说法中正确的是（　　）。
A. 应确认主营业务收入200万元　　B. 应确认主营业务收入180万元
C. 应确认主营业务成本120万元　　D. 应确认主营业务成本100万元

（2）根据资料（2），甲企业应将销售原材料结转的成本计入（　　）。
A. 主营业务成本　　B. 其他业务成本
C. 生产成本　　D. 制造费用

（3）根据资料（3），下列分录中正确的是（　　）。

A. 借：银行存款　　　　　　　　　　　　　　　　　　　84.24
　　　贷：预收账款　　　　　　　　　　　　　　　　　　84.24
B. 借：银行存款　　　　　　　　　　　　　　　　　　　140.4
　　　贷：主营业务收入　　　　　　　　　　　　　　　　120
　　　　　应交税费——应交增值税（销项税额）　　　　　20.4
C. 借：预收账款　　　　　　　　　　　　　　　　　　　140.4
　　　贷：主营业务收入　　　　　　　　　　　　　　　　120
　　　　　应交税费——应交增值税（销项税额）　　　　　20.4
D. 借：主营业务成本　　　　　　　　　　　　　　　　　90
　　　贷：库存商品　　　　　　　　　　　　　　　　　　90

（4）根据资料（4），关于甲公司12月31日会计处理结果正确的是（　　）。
A. 结转提供劳务成本30万元　　B. 确认提供劳务收入50万元
C. 确认提供劳务收入42万元　　D. 结转提供劳务成本50万元

(5) 根据资料（1）～（5），甲公司本期应结转的"营业成本"的金额是（　　）万元。
A. 270　　　　　B. 180　　　　　C. 250　　　　　D. 160

2. 甲公司为增值税一般纳税人，适用的增值税税率为17%，甲公司2016年12月发生如下交易或事项：

（1）6日，对以经营租赁方式租入的固定资产进行改良，发生费用6万元。

（2）15日，销售商品领用一批单独计价的包装物成本2万元，增值税专用发票上注明销售收入4万元，增值税税额为0.68万元，款项已存入银行。

（3）26日，车间管理部门使用的固定资产发生日常修理费用2万元、发生折旧3万元。

（4）31日，销售商品发生的售后商品维修费10万元，专设销售网点机器设备折旧8万元，销售人员薪酬15万元，销售过程中发生汇兑损失6万元。

要求：根据上述资料，不考虑其他因素，分析回答下列小题。（答案中的金额单位用万元表示）

（1）根据资料（1），下列会计处理正确的是（　　）。
A. 借记"其他应收款"6万元　　　　B. 借记"长期待摊费用"6万元
C. 贷记"银行存款"6万元　　　　　D. 贷记"长期待摊费用"6万元

（2）根据资料（2），下列说法中正确的是（　　）。
A. 出售包装物时，贷方确认其他业务收入4万元
B. 出售包装物时，贷方确认营业外业务收入4万元
C. 在结转出售包装物成本时，借方确认其他业务成本2.68万元
D. 在结转出售包装物成本时，借方确认其他业务成本2万元

（3）根据资料（3），下列会计处理正确的是（　　）。
A. 确认管理费用2万元　　　　B. 确认管理费用5万元
C. 确认销售费用2万元　　　　D. 确认制造费用3万元

（4）根据资料（4），应确认的销售费用的金额为（　　）万元。
A. 23　　　　　B. 29　　　　　C. 33　　　　　D. 39

（5）根据上述资料，甲公司12月份应计入期间费用的金额为（　　）万元。
A. 47　　　　　B. 41　　　　　C. 44　　　　　D. 43

二、案例分析

虚列期间费用设立"小金库"的十种情形及控制手段

虚列支出设"小金库"的行为，多以虚列研究与开发费、业务招待费、会议费、销售手续费、销售服务费等期间费用的方式，从企业套取资金形成账外资产。笔者在此总结实际工作中虚列期间费用设立"小金库"的十种情形及相应的控制手段。

1. 阴阳批单

企业内设机构在费用报销时，经办人故意将金额大小写与币种符号之间预留空白，甚至不填大写金额，或者企业自制的费用报销凭证没有大写金额一栏，在审批人不知情的情况下，填报与实际开支金额相当的发票，待取得审批人签字后，再补填大额发票，以套取资金供部门内部使用。针对此种情形，应先审后批，即财务预先审核，审批人在财务人员审核之后签批；完善内部凭证的控制要素，财务人员在审核中既要提高鉴别发票真伪的能力，又要注重

大小写金额填写的规范性,以堵住阴阳批单的漏洞;审批人应当定期了解费用的开支情况,以打消个别部门通过阴阳批单设立"小金库"的侥幸心理。

2. 自批自报

如果企业在费用报销中,经常出现某一特定经手人在审批人的批准下,报销大额期间费用发票,且没有验收人、证明人等参与的自批自报行为,就可以初步判断为该企业"疑似设小金库"。针对此种情形,应提高费用报销参与人的思想认识,加强企业内部控制制度的建设,落实实物验收、领用的登记管理制度,严格执行费用报销的审批程序,杜绝例外事项的发生。坚持谁经办谁负责的原则,非经办人员不得代经手人办理报销事宜。

3. 超期发票

某外部审计抽查某企业会计凭证时发现,企业列支的部分发票开具时间和报销时间相差1年以上,虽然该企业相关制度中没有关于报销发票的时限性规定,但超期列支非当期票据的非正常行为,敦促审计人员加大了抽查凭证的样本量,进而发现被审计单位用以前年度已报销过的费用发票在本期重复报销,套取了100余万元资金设立"小金库"。对于超期发票报销的行为,本身就带有不可忽视的疑点,一经发现,就应当追查到底。

4. 大额发票无明细,大额开支无用途

某些企业以大额发票报销的形式骗取企业资金设"小金库",还认为报销的钱没有装进自己的腰包,算不上违反财务会计制度。如果发现企业存在大额发票无明细、大额开支无用途的问题,应当对企业相关业务的真实性进行审查,进而追查报销资金的真实去向。

5. 大额发票连号

某企业从其他企业购买多份连号手写发票用以虚列期间费用,并分批在不同月份列报以套取资金。虽然费用列报的科目不尽相同、费用报销的时间也有跨度,但检查人员通过详细追查发现了其中的问题:这些发票的号码都是相连的。检查人员联系了提供发票的单位,顺藤摸瓜查出了企业内部的"小金库"。当企业存在经常跨月报销大额连号发票的情形时,检查人员就应当关注此种特殊情况,收集信息,在提高鉴别力和职业谨慎的同时,去伪存真。

6. 大额异地发票

企业费用开支本没有地域限制,但是,如果企业异地开支内容明显与实际不符,就应当查明事情的真伪。比如,本地可以采购到的办公用品,却舍近求远取得外地的大额发票;在没有业务往来的区域取得的仓储费、装卸费等服务业发票。针对此种情形,可利用各地区地方税务局提供的网上发票信息查询系统,在查明票据真伪的基础上,审验采购或服务合同,追查物流和资金流,规范企业的财务支出。

7. 不属于企业承担的费用

有的企业将不属于企业承担的费用列报后转入"小金库",常见的行为有:大量报销飞机票,但飞机票记载乘客姓名不属于企业人员;车辆维修费用明细显示维修车辆不属于企业自用车辆等。针对此种情形,要坚持大额资金使用集体审批的原则;发挥群众监督的积极作用,有条件的应实行财务收支公示制度,设置"小金库"举报电话和举报信箱。

8. 采购物品用量和需求异常

某企业接受外部审计的检查,根据审计人员的初步统计,企业全年购买的计算器人均接近3个,平均每台打印机40天更换硒鼓1个。审计人员观察企业办公的实际情况,认为企业采购办公用品的实物量远远超过实际需用量,存在设立"小金库"的嫌疑。针对此种情形,需检查企业低值易耗品管理制度的落实情况。

9. 费用报销前紧后松

有的企业在费用预算的执行上，出现前三季度费用控制紧、第四季度开口子突击花钱的现象。这种现象映射出企业为了保下年的费用预算不降低，用不实发票套取资金、设立"小金库"，以占足费用额度的实质。针对此种情形，应严格控制费用开支，费用预算宽松时，强调有多少事花多少钱。

10. 结算方式异常

某企业报销期间费用多使用现金结算，有时单笔报销金额达到10余万元，费用发生前，报销经办人也没有借备用金的记录。如果以现金方式结算，单笔现金支出较大时，检查人员就应对于超过现金结算起点的异常费用进行列报，之后再进一步追查以大额现金进行结算的原委。

（资料来源：《财务与会计》2011.1　朱同明）

请思考：

1. 如何创新"小金库"的审计方法？
2. "小金库"的社会危害有哪些？

项目16　利润的核算

技能目标

认识利润的构成及其主要内容；掌握营业外收入、营业外支出的核算内容及账务处理；掌握应交所得税、所得税费用的计算及账务处理；掌握本年利润的结转方法及账务处理。

基础训练

一、单项选择题

1. 以下营业利润计算正确的是（　　）。

   A. 营业利润=营业收入−营业成本−税金及附加
   B. 营业利润=营业收入−营业成本−税金及附加−销售费用−管理费用−财务费用
   C. 营业利润=营业收入−营业成本−税金及附加−销售费用−管理费用−财务费用−资产减值损失+公允价值变动收益+投资收益
   D. 营业利润=营业收入−营业成本−税金及附加−销售费用−管理费用−财务费用−资产减值损失+公允价值变动收益+投资收益+营业外收入−营业外支出

2. 下列各项中，不会引起利润总额发生增减变动的是（　　）。

   A. 计提存货跌价准备　　　　　　B. 确认劳务收入
   C. 确认所得税费用　　　　　　　D. 取得持有国债的利息收入

3. 甲公司2016年5月主营业务收入50万元，主营业务成本40万元，管理费用5万元，公允价值变动收益5万元，投资收益6万元，所得税费用5万元。假定不考虑其他因素，甲公司2016年5月的营业利润为（　　）万元。

   A. 21　　　　　　B. 11　　　　　　C. 16　　　　　　D. 10

4. 2016年12月31日，某企业将自用建筑物转为投资性房地产对外出租，采用成本模式计量，转换日，该建筑物账面价值为2 100万元，尚可使用25年，预计净残值为100万元，采用年限平均法计提折旧。按照租赁合同，每年收取租金100万元，不考虑其他因素，对该企业2016年营业利润的影响金额为（　　）万元。

　　A. 80　　　　　　B. 100　　　　　　C. 16　　　　　　D. 20

5. 以下各项中，不应计入营业外收入的是（　　）。

　　A. 政府补助　　　B. 捐赠利得　　　C. 债务重组利得　　　D. 固定资产盘盈

6. 企业收到与资产相关的政府补助时，下列各项中，会计处理正确的是（　　）。

　　A. 借记"递延收益"科目，贷记"主营业务收入"科目
　　B. 借记"银行存款"科目，贷记"预收账款"科目
　　C. 借记"银行存款"科目，贷记"递延收益"科目
　　D. 借记"递延收益"科目，贷记"其他业务收入"科目

7. 甲公司是一家生产环保设备的龙头企业，按照规定从2016年第二季度开始享受地方财政贴息补助，2016年6月底收到财政部门拨付的第二季度贴息款30万元，7月初又收到第三季度的贴息款30万元，则截止到2016年7月底，甲公司应该计入营业外收入的政府补贴为（　　）万元。

　　A. 30　　　　　　B. 40　　　　　　C. 50　　　　　　D. 60

8. 某企业2015年1月10日完成政府下达的技能培训任务收到政府补助资金20万元；5月1日收到财政部门拨付的用于购买环保设备的补助款400万元；7月1日收到财政部门拨付的经营借款贴息补助15万元。假定不考虑其他因素，2014年该企业获得的与收益相关的政府补助金额为（　　）万元。

　　A. 20　　　　　　B. 415　　　　　　C. 435　　　　　　D. 35

9. 长江公司2016年度实现营业收入1 000万元，营业成本800万元，管理费用15万元，销售费用20万元，资产减值损失35万元，投资收益30万元，营业外收入10万元，营业外支出5万元，所得税费用30万元。假定不考虑其他因素，则长江公司2016年度的营业利润为（　　）万元。

　　A. 150　　　　　　B. 160　　　　　　C. 200　　　　　　D. 130

10. 甲公司于2016年10月5日以100万元的价格购入一项摊销期限为5年的非专利技术，采用直线法摊销，不考虑净残值。2018年4月1日，甲公司出售该项无形资产，取得银行存款80万元，应交税费6万元。则出售该项非专利技术应计入营业外收入的金额为（　　）万元。

　　A. 74　　　　　　B. −16　　　　　　C. 4　　　　　　D. 80

11. 2016年5月1日，嘉陵公司开始研究开发一项微波新技术，当月共发生研发支出350万元，其中，费用化的金额150万元，符合资本化条件的金额200万元。5月末，研发活动尚未完成。该项目在2016年5月计入利润表的金额是（　　）万元。

　　A. 0　　　　　　B. 150　　　　　　C. 200　　　　　　D. 350

12. 下列各项中，不应计入营业外支出的是（　　）。

　　A. 无形资产处置损失　　　　　　B. 存货自然灾害损失
　　C. 固定资产处置净损失　　　　　D. 长期股权投资处置损失

13. 报经批准后计入营业外支出的是（　　）。
    A. 结转售出材料的成本　　　　　　B. 采购原材料运输途中合理损耗
    C. 管理原因导致的原材料盘亏　　　D. 自然灾害导致的原材料损失

14. 某公司因雷电造成损失共计 250 万元，其中流动资产 100 万元，非流动资产 150 万元，获得保险公司赔偿 80 万元，计入营业外支出的金额为（　　）万元。
    A. 250　　　　　B. 170　　　　　C. 150　　　　　D. 80

15. A 公司 2016 年度利润总额为 300 万元，其中本年度国债利息收入 15 万元，税收滞纳金 5 万元，实际发生的业务招待费 25 万元（税法核定的业务招待费 20 万元）。递延所得税负债年初数为 2 万元，年末数为 3 万元，递延所得税资产年初数为 5 万元，年末数为 3 万元。适用的企业所得税税率为 25%，假定不考虑其他因素，A 公司 2016 年度应纳税所得额为（　　）万元。
    A. 294　　　　　B. 295　　　　　C. 221.25　　　　　D. 220.5

16. A 公司 2016 年度利润总额为 500 万元，递延所得税负债年初数为 20 万元，年末数为 30 万元，递延所得税资产年初数为 15 万元，年末数为 10 万元。适用的企业所得税税率为 25%。假定不考虑其他因素，A 公司 2016 年度应交所得税为（　　）万元。
    A. 475　　　　　B. 125　　　　　C. 130　　　　　D. 126.25

17. 某企业 2016 年度利润总额为 100 万元，其中国债利息收入为 5 万元。当年按税法核定的业务招待费为 15 万元，实际发生业务招待费 20 万元。假定该企业无其他纳税调整项目，适用的所得税税率为 25%，该企业 2016 年所得税费用为（　　）万元。
    A. 23.75　　　　　B. 25　　　　　C. 22.5　　　　　D. 28.75

18. 嘉陵公司 2016 年应交所得税 50 万元；年初的递延所得税资产和递延所得税负债为 30 万元和 40 万元；年末的递延所得税资产和递延所得税负债余额为 40 万元和 30 万元。则嘉陵公司 2016 年应确认的所得税费用金额为（　　）万元。
    A. 20　　　　　B. 25　　　　　C. 30　　　　　D. 50

19. 某企业 2016 年度实现主营业务收入 200 万元，主营业务成本 160 万元，其他业务收入 120 万元，其他业务成本 80 万元，计提的资产减值损失 48 万元，税金及附加 15 万元，销售费用 6 万元，管理费用 12 万元，实现的投资收益 24 万元，行政罚款 8 万元，假定不考虑其他因素，则该企业 2016 年 12 月 31 日结转后"本年利润"科目余额为（　　）万元。
    A. 23　　　　　B. 15　　　　　C. 0　　　　　D. −1

20. 下列各项中，关于结转本年利润的方法表述不正确的是（　　）。
    A. 表结法减少了月末转账环节工作量，且不影响利润表的编制
    B. 账结法无须每月编制转账凭证，仅在年末一次性编制
    C. 表结法下每月月末需将损益类科目本月发生额合计数填入利润表的本月数栏目
    D. 期末结转本年利润的方法有表结法和账结法两种

21. 下列各项中，期末不能转入"本年利润"科目的是（　　）。
    A. 主营业务成本　　B. 资产减值损失　　C. 生产成本　　D. 投资收益

22. 甲企业 2016 年度实现的主营业务收入 2 000 万元，发生的主营业务成本 1 600 万元，其他业务收入 800 万元，其他业务成本 600 万元，生产成本 150 万元，计提的固定资产减值损失 120 万元。假定不考虑其他因素，则甲企业 2016 年 12 月 31 日"本年利润"科目余额为

（　　）万元。

　　A. 600　　　　　　B. 330　　　　　　C. 480　　　　　　D. 450

23. 某公司处置一台旧设备，取得价款 100 万元，发生清理费用 5 万元，支付相关税费 5 万元。该设备原值为 200 万元，已提折旧 60 万元。假定不考虑其他因素，处置该设备影响当期损益的金额为（　　）万元。

　　A. −40　　　　　　B. −45　　　　　　C. −50　　　　　　D. 50

二、多项选择题

1. 下列各项中，属于企业费用的有（　　）。

　　A. 管理费用　　　　B. 营业成本　　　　C. 税金及附加　　　D. 罚款支出

2. 下列项目中属于直接计入当期利润的利得和损失的有（　　）。

　　A. 财务费用　　　　B. 管理费用　　　　C. 营业外支出　　　D. 营业外收入

3. 以下利润总额的计算公式中，表达正确的有（　　）。

　　A. 利润总额=营业收入−营业成本−税金及附加−期间费用

　　B. 利润总额=营业收入−营业成本−税金及附加−销售费用−管理费用−财务费用−资产减值损失+公允价值变动收益+投资收益+营业外收入−营业外支出

　　C. 利润总额=营业利润+营业外收入−营业外支出

　　D. 利润总额=营业利润+营业外收入−营业外支出−所得税

4. 下列各项中，影响企业当期营业利润的有（　　）。

　　A. 固定资产的日常修理费用　　　　B. 固定资产减值损失

　　C. 出租无形资产的收入　　　　　　D. 交易性金融资产的处置收益

5. 下列各项中，影响企业营业利润的有（　　）。

　　A. 销售商品发生的展览费　　　　　B. 出售单独计价的包装物取得的净收入

　　C. 出售固定资产的净损失　　　　　D. 确认的资产减值损失

6. 下列各项中，影响企业营业利润的有（　　）。

　　A. 处置无形资产净收益　　　　　　B. 出租包装物取得的收入

　　C. 所得税费用　　　　　　　　　　D. 经营租出固定资产的折旧额

7. 下列各项中，影响企业营业利润的有（　　）。

　　A. 销售商品收入　　　　　　　　　B. 出售不单独计价包装物成本

　　C. 出售无形资产的净损失　　　　　D. 确认的存货跌价准备

8. 企业的营业收入包括（　　）。

　　A. 主营业务收入　　　　　　　　　B. 其他业务收入

　　C. 营业外收入　　　　　　　　　　D. 投资收益

9. 以下不属于企业营业成本的有（　　）。

　　A. 资产减值损失　　　　　　　　　B. 公允价值变动损失

　　C. 其他业务成本　　　　　　　　　D. 主营业务成本

10. 下列各项中，应确认为营业外收入的有（　　）。

　　A. 存货盘盈　　　　　　　　　　　B. 固定资产出租收入

　　C. 非货币性资产交换利得　　　　　D. 无法查明原因的现金溢余

11. 下列各项中，应计入营业外收入的有（　　）。

A. 大型设备处置利得　　　　　　　　B. 存货收发计量差错形成的盘盈
C. 无形资产出售利得　　　　　　　　D. 转销确实无法支付的应付账款

12. 下列各项中，应计入营业外收入的有（　　）。
A. 企业接受原材料捐赠的利得　　　　B. 按期分配政府补助的递延收益
C. 盘盈的固定资产　　　　　　　　　D. 因债权单位撤销而无法支付的应付款项

13. 企业收到的先征后返的增值税，可能涉及的会计科目有（　　）。
A. 其他应收款　　　B. 营业外收入　　　C. 递延收益　　　D. 银行存款

14. 下列项目中，影响营业外支出的有（　　）。
A. 无形资产处置损失　　　　　　　　B. 现金盘亏
C. 罚款支出　　　　　　　　　　　　D. 出售长期股权投资的净损失

15. 下列各项中，计入营业外支出的有（　　）。
A. 诉讼案件败诉赔偿费　　　　　　　B. 捐建希望小学支出
C. 税收罚款支出　　　　　　　　　　D. 产品保修维修费

16. 下列各项中，应该确认为营业外支出的有（　　）。
A. 因管理不善造成的原材料损失
B. 向慈善机构支付的捐赠款
C. 因自然灾害造成的原材料损失扣除保险公司赔偿的部分
D. 企业的非货币性资产交换损失

17. 以下应计入投资收益项目的有（　　）。
A. 出售交易性金融资产的净收益　　　B. 出售长期股权投资的净损失
C. 出售投资性房地产的收入　　　　　D. 出售固定资产的净收益

18. 以下不影响利润表中公允价值变动收益项目的情形有（　　）。
A. 长期股权投资增值　　　　　　　　B. 交易性金融资产增值
C. 以公允价值计量的投资性房地产增值　D. 以成本模式计量的投资性房地产增值

19. 如果以下资产发生了减值，其中应计入资产减值损失的有（　　）。
A. 应收账款　　　B. 交易性金融资产　　　C. 无形资产　　　D. 长期股权投资

20. 嘉陵公司 2016 年应交所得税 150 万元；年初的递延所得税资产和递延所得税负债为 30 万元和 40 万元；年末的递延所得税资产和递延所得税负债余额为 40 万元和 30 万元。则嘉陵公司 2016 年会计处理正确的有（　　）。

A. 借：所得税费用　　　　　　　　　　　　　　　　　　　150
　　　贷：应交税费——应交所得税　　　　　　　　　　　　130
　　　　　递延所得税资产　　　　　　　　　　　　　　　　10
　　　　　递延所得税负债　　　　　　　　　　　　　　　　10
B. 借：应交税费——应交所得税　　　　　　　　　　　　　150
　　　贷：应交税费——应交所得税　　　　　　　　　　　　130
　　　　　递延所得税资产　　　　　　　　　　　　　　　　10
　　　　　递延所得税负债　　　　　　　　　　　　　　　　10
C. 借：所得税费用　　　　　　　　　　　　　　　　　　　130
　　　递延所得税资产　　　　　　　　　　　　　　　　　　10

    递延所得税负债   10
     贷：应交税费——应交所得税   150
 D. 借：应交税费——应交所得税   150
     贷：银行存款   150

21. 在表结法下，年末结账后下列会计科目无余额的有（ ）。
 A. 主营业务收入   B. 所得税费用
 C. 本年利润   D. 利润分配——未分配利润

22. 下列各项中，可能引起当期所得税费用发生增减变动的有（ ）。
 A. 当期应交所得税   B. 递延所得税
 C. 应交税费——应交个人所得税 D. 营业外支出

23. 按照税法规定，下列各项中不超过职工薪资总额适当比例的部分予以扣除的有（ ）。
 A. 职工福利费 B. 工会经费 C. 职工教育经费 D. 职工五险一金

24. 下列各项中，期末需要转入"本年利润"科目的有（ ）。
 A. 主营业务收入 B. 主营业务成本 C. 生产成本 D. 制造费用

三、判断题（正确的在括号内打"√"，错误的打"×"）

1. 营业外收入是指企业发生的与其日常活动无直接关系的各项利得。（ ）
2. 政府补助是企业从政府无偿取得的货币性资产或非货币性资产，包括政府作为所有者对企业的资本性投入。（ ）
3. 与资产相关的政府补助，企业在收到时，应计入营业外收入。（ ）
4. 企业在确认与收益相关的政府补助时，直接计入营业外收入。（ ）
5. 固定资产盘盈属于企业的利得，应通过"营业外收入"科目核算。（ ）
6. 出售投资性房地产的净收益，通过营业外收入科目核算。（ ）
7. 公益性捐赠支出应当计入营业外支出科目。（ ）
8. 营业外支出是指企业发生的与其日常活动直接相关的各项损失。（ ）
9. 计提资产减值损失会增加营业利润的金额。（ ）
10. 企业出售无形资产获取的收益应计入企业的收入。（ ）
11. 企业原材料毁损时通过"待处理财产损溢"科目核算。（ ）
12. 在计算企业所得税应纳税所得额时，准予扣除的工会经费是工资、薪金总额的2%。（ ）
13. 所得税费用科目的期末余额应直接转入未分配利润科目，结转后本科目应无余额。（ ）
14. 期末，应将"税金及附加"科目余额转入"本年利润"科目，结转后本科目无余额。（ ）
15. 期末，企业的销售费用、管理费用、制造费用等科目余额均需要转入本年利润。（ ）
16. "表结法"下，月份终了均应将损益类科目转入"本年利润"科目。（ ）
17. 固定资产出售和出租均影响营业利润的金额。（ ）
18. 税收滞纳金罚款和非公益性捐赠支出均会增加应纳税所得额。（ ）

19. 期初未分配利润有贷方余额，期末获利的情况下，计提盈余公积时，要包含期初的贷方余额。（　）
20. 企业发生的所得税费用会减少净利润。（　）

综合技能训练

1. 2016 年度，嘉陵公司发生的部分交易或事项如下：

（1）1 月 1 日，嘉陵公司收到先征后返的增值税 600 万元。

（2）9 月 15 日，嘉陵公司为研制某项高新技术向银行申请贷款 1 000 万元，贷款年利率 5.5%，该项技术可以享受政府季利率 0.6% 的财政贴息。10 月 1 日，嘉陵公司收到银行贷款，同时收到第四季度财政贴息 6 万元。

（3）11 月 2 日，财政局拨付嘉陵公司 1 600 万元补助款用于购入一台生产用的新型环保设备，并说明余款可以由企业自行支配。2016 年 11 月 8 日，企业投入设备，购买价款 1 350 万元，增值税税额 229.5 万元。设备不需要安装。该设备预计使用 5 年，无残值。

（4）12 月 31 日，在资产盘点过程中，发现如下事项：无法查明原因的现金盘盈 0.2 万元，盘亏原材料 1 万元（管理不善），增值税税额 0.17 万元。

要求：根据上述资料，不考虑其他因素，回答下列问题（答案中的金额单位用万元表示）。

（1）企业在收到与收益相关的政府补助时，可能贷记的科目是（　）。
A. 预收账款　　　B. 递延收益　　　C. 投资收益　　　D. 营业外收入

（2）企业收到的先征后返的增值税应当计入（　）。
A. 应交税费　　　B. 投资收益　　　C. 其他业务收入　　　D. 营业外收入

（3）10 月 1 日，嘉陵公司针对收到的政府贴息，以下做法正确的有（　）。

A. 借：银行存款　　　　　　　　　　　　　　　　　　　　6
　　贷：递延收益　　　　　　　　　　　　　　　　　　　　　　6

B. 借：银行存款　　　　　　　　　　　　　　　　　　　　6
　　贷：营业外收入　　　　　　　　　　　　　　　　　　　　　6

C. 借：递延收益　　　　　　　　　　　　　　　　　　　　2
　　贷：营业外收入　　　　　　　　　　　　　　　　　　　　　2

D. 借：递延收益　　　　　　　　　　　　　　　　　　　　6
　　贷：营业外收入　　　　　　　　　　　　　　　　　　　　　6

（4）针对购入的环保设备，以下嘉陵公司在 2016 年正确的会计分录有（　）。

A. 借：银行存款　　　　　　　　　　　　　　　　　　　1 600
　　贷：递延收益　　　　　　　　　　　　　　　　　　　　1 600

B. 借：固定资产　　　　　　　　　　　　　　　　　　　1 350
　　　应交税费——应交增值税（进项税额）　　　　　229.5
　　贷：银行存款　　　　　　　　　　　　　　　　　　　　1 579.5

C. 借：制造费用　　　　　　　　　　　　　　　　　　　22.5
　　贷：累计折旧　　　　　　　　　　　　　　　　　　　　22.5

D. 借：递延收益　　　　　　　　　　　　　　　　　53.33
　　　贷：营业外收入　　　　　　　　　　　　　　　　　53.33
（5）针对企业资产盘点中出现的问题，以下分录处理正确的是（　　）。
A. 借：库存现金　　　　　　　　　　　　　　　　　0.2
　　　贷：待处理财产损溢　　　　　　　　　　　　　　　0.2
B. 借：待处理财产损溢　　　　　　　　　　　　　　1.17
　　　贷：原材料　　　　　　　　　　　　　　　　　　　1
　　　　　应交税费——应交增值税（进项税额转出）　　0.17
C. 借：待处理财产损溢　　　　　　　　　　　　　　0.2
　　　贷：营业外收入　　　　　　　　　　　　　　　　　0.2
D. 借：管理费用　　　　　　　　　　　　　　　　　1.17
　　　贷：待处理财产损溢　　　　　　　　　　　　　　　1.17

2. 甲公司是增值税一般纳税人，适用的增值税税率为17%。销售商品、材料的价款中均不包含增值税，其成本随销售收入的确认逐笔结转，本年利润采用表结法核算。2016年1月至11月实现主营业务收入1 500万元，主营业务成本1 000万元，其他业务收入500万元，其他业务成本为400万元，税金及附加80万元，管理费用100万元，财务费用15万元，投资收益30万元，公允价值变动损益100万元，营业外收入30万元。2016年12月份甲公司发生的交易或事项：

（1）12月1日，出售一项无形资产，共取得价款20万元，支付相关税费1万元，该无形资产原价50万元，采用直线法摊销，无残值，该无形资产原计划摊销10年，到出售时已经摊销了8年。

（2）12月5日，甲公司委托乙公司代销商品一批，售价100万元，实际成本60万元，月底，甲公司收到乙公司交来的代销清单，列明已经出售了商品的80%，甲公司按照代销价款的10%支付了乙公司代销手续费。

（3）12月10日，甲公司将一栋写字楼出租给丙公司，月底取得本月的租金收入2万元。

（4）12月15日，甲公司用银行存款支付产品保险费3万元。

（5）12月20日，甲公司用银行存款支付印花税0.2万元。

（6）12月20日，因债务重组获得确认收益5万元。

要求：根据上述资料，不考虑其他因素，分析回答下列小题。（答案中金额单位用万元表示）

（1）甲公司2016年1—11月的营业利润为（　　）万元。
A. 535　　　　　　B. 565　　　　　　C. 505　　　　　　D. 465

（2）根据资料（2），甲公司应该确认的收入为（　　）万元。
A. 0　　　　　　　B. 100　　　　　　C. 40　　　　　　 D. 80

（3）根据资料（2）~（4），甲公司应该计入销售费用的金额为（　　）万元。
A. 13.2　　　　　 B. 11.2　　　　　 C. 11　　　　　　 D. 3.2

（4）根据资料（1）~（6），甲公司12月应该计入营业外收入的金额为（　　）万元。
A. 9　　　　　　　B. 14　　　　　　 C. 11　　　　　　 D. 16

（5）根据资料（1）~（6），甲公司2016年的利润总额为（　　）万元。

A. 535　　　　　B. 565　　　　　C. 596.8　　　　　D. 601.8

3. 甲公司为增值税一般纳税人，适用的增值税税率为17%，2016年12月发生如下相关交易或事项：

（1）3日，甲公司采用托收承付方式向乙公司销售商品一批，增值税专用发票上注明售价200万元，增值税税额34万元，该批商品成本为120万元，双方签订合同时，甲公司得知乙公司资金流转暂时发生困难，但为了减少库存商品积压，仍将商品发出并办妥托收手续，同时纳税义务已发生。

（2）5日，甲公司向丙公司销售商品一批，该批商品的标价为200万元（不含增值税），实际成本为160万元，由于成批销售，甲公司给予丙公司10%的商业折扣，并在销售合同中规定现金折扣条件为2/10, 1/20, N/30，甲公司于当日发出商品同时开具增值税专用发票，符合商品销售收入确认条件，于当月20日收到丙公司支付的货款，计算现金折扣时考虑增值税。

（3）15日，甲公司将仓库积压的原材料一批出售，开具的增值税专用发票上注明的售价为20万元，增值税税额为3.4万元，款项已存入银行。该批原材料的计划成本为18万元，材料成本差异率为-2%。

（4）31日，确认劳务收入，本月月初与乙公司签订一项安装工程合同，合同总价款为160万元，合同签订时预收劳务款50万元，至月末累计发生劳务支出60万元，工程尚未完工，预计至完工还需要发生劳务支出40万元，当年年末乙公司发生财务困难，余款能否支付难以确定。

（5）12月发生相关税费如下：增值税56万元，营业税10万元，消费税5万元，印花税2万元，适用的城市维护建设税税率为7%，教育费附加费率是3%。

要求：假定不考虑其他因素，分析回答下列问题。（答案中的金额单位用万元表示）

（1）根据资料（1），下列选项中正确的是（　　）。

A. 主营业务成本120万元　　　　B. 发出商品120万元
C. 应收账款234万元　　　　　　D. 主营业务收入200万元

（2）根据资料（2），下列各项中，关于甲公司会计处理结果正确的是（　　）。

A. 20日，"财务费用"科目借方登记2.34万元
B. 20日，"财务费用"科目借方登记2.106万元
C. 5日，"主营业务收入"科目贷方登记200万元
D. 5日，"主营业务收入"科目贷方登记180万元

（3）根据资料（3），甲公司应结转的原材料实际成本是（　　）万元。

A. 18　　　　　B. 17.64　　　　　C. 18.36　　　　　D. 20

（4）根据资料（4），甲公司安装工程业务的会计处理正确的是（　　）。

A. 结转劳务成本60万元　　　　B. 确认劳务收入50万元
C. 确认劳务收入96万元　　　　D. 结转劳务成本31.25万元

（5）根据上述资料，甲公司12月的营业利润是（　　）万元。

A. 68.26　　　　B. -11.74　　　　C. -13.846　　　　D. 66.154

模块三

其他事项的会计处理

项目17　借款费用的核算

技能目标

掌握借款费用的内容及确认原则；了解借款费用开始资本化、暂停资本化及停止资本化的条件；掌握借款费用资本化期间的确定及借款费用资本化金额的计量，能够对借款费用进行正确会计处理。

基础训练

一、单项选择题

1. A 公司于 2015 年 7 月 1 日正式动工兴建一栋办公楼，预计工期为 1 年零 7 个月，工程采用出包方式进行建造。为建造该办公楼，A 公司向银行专门借款 2 000 万元。2016 年 7 月 10 日，工程按照合同要求提前全部完工。2016 年 7 月 20 日工程验收合格，7 月 31 日办理工程竣工结算，8 月 11 日完成全部资产移交手续，9 月 1 日办公楼正式投入使用。则 A 公司借款利息停止资本化的时点为（　　）。

A. 2016 年 7 月 10 日　　　　　　　B. 2016 年 7 月 20 日
C. 2016 年 7 月 31 日　　　　　　　D. 2016 年 9 月 1 日

2. 在资本化期间内，对于专门借款闲置资金产生的利息收入或投资收益应（　　）。

A. 计入营业外收入　　　　　　　　B. 计入投资收益
C. 冲减财务费用　　　　　　　　　D. 冲减借款费用资本化的金额

3. 下列借款费用在满足资本化条件进行资本化时，应当考虑累计资产支出加权平均数的是（　　）。

A. 专门借款的借款利息　　　　　　B. 一般借款的借款利息
C. 外币专门借款汇兑差额　　　　　D. 专门借款的辅助费用

4. 2015 年 1 月 1 日，A 公司开工建造的一座厂房，工期预计为 2 年。2015 年工程建设期间共占用了两笔一般借款,两笔借款的具体情况如下:向某银行长期贷款 1 000 万元,贷款期限为 2014 年 12 月 1 日至 2016 年 12 月 1 日,年利率为 8%,按年支付利息;按面值发行公司债券 4 000 万元,于 2015 年 7 月 1 日发行,期限为 5 年,年利率为 10%,按年支付利息。A 企业无其他一般借款。不考虑其他因素,则该企业 2015 年为该厂房所占用的一般借款适用的资本化率为( )。

  A. 8.5%   B. 10.3%   C. 9.6%   D. 9.3%

5. 2016 年 1 月 1 日,甲公司取得专门借款 2 000 万元直接用于当日开工建造的厂房,2016 年累计发生建造支出 1 800 万元,2017 年 1 月 1 日,该企业又取得一般借款 500 万元,年利率为 6%,当天发生建造支出 300 万元,以借入款项支付(甲企业无其他一般借款)。不考虑其他因素,甲企业按季计算利息费用资本化金额。2017 年第一季度该企业应予资本化的一般借款利息费用为( )万元。

  A. 1.5   B. 3   C. 4.5   D. 7.5

6. 2015 年 3 月 11 日,A 公司取得 3 年期专门借款 1 500 万元直接用于当日开工建造的办公楼,年利率为 8%。2008 年累计发生建造支出 1 500 万元,2016 年 1 月 1 日,该公司又取得一般借款 2 000 万元,年利率为 7%,2016 年 3 月 1 日发生建造支出 600 万元,7 月 1 日发生建造支出 900 万元,上述支出均以借入款项支付(A 公司无其他一般借款)。因工程施工质量问题该项工程于 2016 年 8 月 1 日至 11 月 30 日停工 4 个月,截至 2016 年年底工程尚未完工。不考虑其他因素,2016 年借款费用的资本化金额为( )万元。

  A. 31.5   B. 186.5   C. 111.5   D. 66.5

二、多项选择题

1. 下列项目中,属于借款费用的有( )。
  A. 应付公司债券的利息   B. 发行公司债券的手续费
  C. 发行股票的发行费用   D. 外币借款本金发生的汇兑差额

2. 借款费用资本化必须同时满足的条件有( )。
  A. 已使用借款购入工程物资
  B. 借款费用已经发生
  C. 为使资产达到预定可使用或者可销售状态所必要的购建或者生产活动已经开始
  D. 资产支出已经发生

3. 下列各项中,属于为购建或者生产符合资本化条件的资产而发生资产支出的有( )。
  A. 计提在建工程人员职工薪酬
  B. 以原材料换入工程项目所需用的工程物资
  C. 将自产产品用于工程项目
  D. 向客户赊购工程项目所需用的工程物资,形成的债务不带息

4. 下列情况中,属于非正常中断的有( )。
  A. 由于劳务纠纷而造成连续超过 3 个月的固定资产的建造中断
  B. 由于资金周转困难而造成连续超过 3 个月的固定资产的建造中断
  C. 由于发生安全事故而造成连续超过 3 个月的固定资产的建造中断
  D. 由于可预见的冰冻季节而造成连续超过 3 个月的固定资产的建造中断

5. 在符合借款费用资本化条件的会计期间,下列有关借款费用的会计处理中,符合现行

会计准则规定的有（　　）。

A. 为购建固定资产借入的外币专门借款发生的汇兑差额，应计入建造成本
B. 为购建固定资产借入专门借款发生的辅助费用，应计入建造成本
C. 为购建固定资产借款资本化的利息金额，不应超过当期相关借款实际发生的利息
D. 为购建固定资产活动发生正常中断且中断持续时间连续超过3个月的，中断期间的利息应计入建造成本

6. 企业为购建固定资产专门借入的款项所发生的借款费用，停止资本化的时点有（　　）。

A. 所购建固定资产与设计要求或合同要求相符或基本相符时
B. 固定资产的实体建造工作已经全部完成或实质上已经完成时
C. 继续发生在所购建固定资产上的支出金额很少或者几乎不再发生时
D. 需要试生产的固定资产在试生产结果表明资产能够正常生产出合格产品时

三、判断题（正确的在括号内打"√"，错误的打"×"）

1. 企业发生的借款费用，可直接归属于符合资本化条件的资产的购建或者生产的，应当予以资本化，否则应于发生时费用化。（　　）
2. 符合资本化条件的资产，是指需要经过相当长时间的购建或者生产活动才能达到预定可使用或者可销售状态的固定资产、投资性房地产等资产，但不包括存货。（　　）
3. 专门借款实际发生的借款利息减去闲置资金的利息收入或投资收益后的金额应全部资本化。（　　）
4. 企业用自产产品换取为建造或生产符合资本化条件的资产所需用的工程物资的，表明资产支出已经发生。（　　）
5. 专门借款，是指为购建固定资产而专门借入的款项。（　　）
6. 专门借款发生的辅助费用，在所购建或者生产的符合资本化条件的资产达到预定可使用或者可销售状态之前发生的，应当计入符合资本化条件的资产的成本。（　　）
7. 在借款费用资本化期间内，为购建或者生产符合资本化条件的资产占用了一般借款的，该一般借款的利息均应予以资本化。（　　）
8. 外币专门借款本金及利息的汇兑差额在发生时予以资本化。（　　）

综合技能训练

甲股份有限公司为上市公司（以下简称甲公司），为了扩大生产规模，经研究决定，采用出包方式建造生产厂房一栋。2016年7月至12月发生的有关借款及工程支出业务资料如下：

（1）7月1日，为建造生产厂房从银行借入三年期的专门借款3 000万元，年利率为7.2%，于每季度末支付借款利息。当日，该工程已开工。

（2）7月1日，以银行存款支付工程款1 900万元。暂时闲置的专门借款在银行的存款年利率为1.2%，于每季度末收取存款利息。

（3）10月1日，借入半年期的一般借款300万元，年利率为4.8%，利息于每季度末支付。

（4）10月1日，甲公司与施工单位发生纠纷，工程暂时停工。

(5) 11 月 1 日,甲公司与施工单位达成谅解协议,工程恢复施工,以银行存款支付工程款 1 250 万元。

(6) 12 月 1 日,借入 1 年期的一般借款 600 万元,年利率为 6%,利息于每季度末支付。

(7) 12 月 1 日,以银行存款支付工程款 1 100 万元。

假定工程支出超过专门借款时占用一般借款;仍不足的,占用自有资金。

要求:

(1) 计算甲公司 2016 年第三季度专门借款利息支出、暂时闲置专门借款的存款利息收入和专门借款利息支出资本化金额。

(2) 计算甲公司 2016 年第四季度专门借款利息支出、暂时闲置专门借款的存款利息收入和专门借款利息支出资本化金额。

(3) 计算甲公司 2016 年第四季度一般借款利息支出、占用一般借款工程支出的累计支出加权平均数、一般借款平均资本化率和一般借款利息支出资本化金额。

(一般借款平均资本化率的计算结果在百分号前保留两位小数,答案中的金额单位用万元表示)

项目 18 会计调整的核算

技能目标

掌握会计政策概念及特点;掌握资产负债表日后事项的概念与内容;了解会计政策变更及会计估计变更的条件,能够划分会计政策变更与会计估计变更,能够区分资产负债表日后调整事项与非调整事项;初步掌握对会计政策变更、会计估计变更与前期差错更正以及资产负债表日后调整事项会计处理方法。

基础训练

一、单项选择题

1. 会计政策是指(   )。
   A. 企业在会计确认、计量和报告中所采用的原则、基础和会计处理方法
   B. 企业在会计确认中所采用的原则、基础和会计处理方法
   C. 企业在会计计量中所采用的原则、基础和会计处理方法
   D. 企业在会计报告中所采用的原则、基础和会计处理方法

2. 下列会计核算的原则和方法中,不属于企业会计政策的是(   )。
   A. 存货期末计价采用成本和可变现净值孰低法核算
   B. 投资性房地产采用成本模式进行后续计量
   C. 实质重于形式要求
   D. 低值易耗品采用一次摊销法核算

3. 采用追溯调整法计算出会计政策变更的累积影响数,应当(   )。
   A. 只需要在报表附注中说明其累积影响

B. 调整变更当期期初留存收益以及会计报表其他相关项目的期初余额和上期金额
C. 重新编制以前年度会计报表
D. 调整或反映为变更当期及未来各期会计报表相关项目的数字

4. 某上市公司发生的下列交易或事项中，属于会计政策变更的是（　　）。
A. 固定资产预计净残值由1 000元改为2 000元
B. 本期发生的交易或事项与以前相比具有本质差别而采用新的会计政策
C. 发出存货的计价方法由先进先出法改为加权平均法
D. 交易性股票投资由成本模式改为公允价值模式

5. 下列各项中，属于会计估计变更的事项是（　　）。
A. 因固定资产扩建而重新确定其预计使用年限
B. 将存货的计价方法由加权平均法改为先进先出法
C. 变更固定资产的折旧年限
D. 由于经营指标的变化，缩短长期待摊费用的摊销年限

6. 某企业一台设备从2015年1月1日开始计提折旧，其原值为111 000元，预计使用年限为5年，预计净残值为1 000元，采用双倍余额递减法计提折旧。从2017年起，该企业将该固定资产的折旧方法改为平均年限法，设备的预计使用年限由5年改为4年，设备的预计净残值由1 000元改为600元。该设备2010年的折旧额为（　　）元。
A. 19 680　　　　B. 19 500　　　　C. 27 500　　　　D. 27 600

7. 某上市公司2014年度的财务会计报告于2015年4月30日批准报出，2015年12月31日，该公司发现了2013年度的一项非重大差错。该公司正确的做法是（　　）。
A. 调整2015年度会计报表的年初数和上年数
B. 调整2015年度会计报表的年末数和本年数
C. 调整2014年度会计报表的年末数和本年数
D. 调整2014年度会计报表的年初数和上年数

8. 甲公司2016年3月在上年度财务会计报告批准报出前发现一台管理用固定资产未计提折旧，属于重大差错。该固定资产系2014年6月接受乙公司捐赠取得。根据甲公司的折旧政策，该固定资产2014年应计提折旧100万元，2015年应计提折旧200万元。假定甲公司按净利润的10%提取法定盈余公积，不考虑所得税等其他因素，甲公司2015年度资产负债表"未分配利润"项目"年末数"应调减的金额为（　　）万元。
A. 90　　　　B. 180　　　　C. 200　　　　D. 270

9. 某上市公司在其年度资产负债表日后至财务报告批准报出日前发生的下列事项中，属于调整事项的是（　　）。
A. 董事会通过现金股利分配方案
B. 企业日后期间发现资产负债表日之前已经存在的一项合同在资产负债表日变为亏损合同而未做处理
C. 因报告年度走私而被罚款300万元
D. 企业在资产负债表日后期间与债务方达成债务重组协议

10. 资产负债表日后的非调整事项是指（　　）。
A. 资产负债表日后新发生的事项

B. 资产负债表日或以前已经存在，但资产负债表日后发生变化的事项
C. 资产负债表日后新发生的事项，且对理解和分析财务报告有重大影响的事项
D. 资产负债表日或以前已经存在，但对编制理解财务报告没有影响的事项

二、多项选择题

1. 下列各项中，属于会计政策项目的有（　　）。
   A. 收入的确认
   B. 坏账损失的核算方法
   C. 存货的计价方法
   D. 长期股权投资的核算方法

2. 下列各事项中，属于会计政策变更的有（　　）。
   A. 无形资产摊销年限从 15 年改为 8 年
   B. 固定资产的折旧年限发生改变
   C. 按规定存货期末计价的方法由成本法改为成本与可变现净值孰低法
   D. 建造合同的收入确认由完成合同法改为完工百分比法

3. 应采用未来适用法处理会计政策变更的情况有（　　）。
   A. 会计政策变更累积影响数能够合理确定，国家相关准则规定应追溯调整
   B. 企业因账簿超过法定保存期限而销毁，引起会计政策变更累积影响数无法确定
   C. 会计政策变更累积影响数能够确定，但法律或行政法规要求对会计政策的变更采用未来适用法
   D. 企业账簿因不可抗力而毁坏引起累积影响数无法确定

4. 企业对于发生的会计政策变更，应披露的内容有（　　）。
   A. 会计政策变更的原因、性质、内容
   B. 当期和各个列报前期财务报表中受影响的项目名称
   C. 当期和各个列报前期财务报表中受影响的项目调整金额
   D. 无法进行追溯调整的，说明该事实和原因以及开始应用变更后的会计政策的时点、具体应用情况

5. 会计估计的特点包括（　　）。
   A. 会计估计的存在是由于经济活动中内在的不确定性因素的影响
   B. 会计估计应当以最近可利用的信息或资料为基础
   C. 会计估计相应会削弱会计核算的可靠性
   D. 会计估计是企业进行会计核算的基础

6. 下列事项中，应采用追溯重述法处理的有（　　）。
   A. 由于客户财务状况改善，将坏账准备的计提比例由原来的 5%降为 1%
   B. 考虑到利润指标超额完成太多，根据谨慎性原则，多提了存货跌价准备
   C. 由于技术进步，将电子设备的折旧方法由直线法变更为年数总和法
   D. 由于经营指标的变化，缩短无形资产的摊销年限

7. 企业发生的下列事项中，不应作为重要差错更正的有（　　）。
   A. 鉴于当期利润完成状况不佳，将固定资产的折旧方法由双倍余额递减法改为直线法
   B. 根据规定对资产计提减值准备，考虑到利润指标超额完成太多，多计提了存货跌价

准备

    C. 由于出现新技术，将专利权的摊销年限由 8 年改为 5 年

    D. 由于地震使厂房使用寿命受到影响，调减了厂房的预计使用年限

8. 资产负债表日后发生的调整事项的处理原则，可能会涉及下列情况的处理（　　）。

    A. 不涉及损益以及利润分配的事项，直接调整相关科目

    B. 涉及损益的事项，通过"以前年度损益调整"科目核算

    C. 进行相关账务处理的同时，还应调整财务报表相关项目的数字

    D. 涉及利润分配调整的事项，通过"利润分配——未分配利润"科目核算

9. 甲股份有限公司 2015 年年度财务报告经董事会批准对外公布的日期为 2016 年 3 月 30 日，实际对外公布的日期为 2016 年 4 月 3 日。该公司 2016 年 1 月 1 日至 3 月 30 日发生的下列事项中，应当作为资产负债表日后事项中的调整事项的有（　　）。

    A. 3 月 1 日，发现 2015 年 10 月接受捐赠获得的一项固定资产尚未入账

    B. 2 月 25 日，发生火灾导致存货损失 100 万元

    C. 2016 年 1 月 29 日，得到法院通知，因 2015 年度为其他单位提供贷款担保应向银行支付贷款及罚息等共计 95 万元，2015 年年末已确认预计负债 80 万元

    D. 1 月 25 日，完成了 2015 年 12 月 20 日销售的必须安装设备的安装工作，并收到销售款 100 万元

10. 资产负债表日后非调整事项的特点为（　　）。

    A. 在资产负债表日或以前已经存在　　　B. 在资产负债表日并未发生或存在

    C. 资产负债表日得以证实　　　　　　　D. 期后发生的事项

三、判断题（正确的在括号内打"√"，错误的打"×"）

1. 企业将一项长期股权投资转为可供出售金融资产核算时，应当作为会计政策变更处理。（　　）

2. 有关在会计报表附注中披露会计估计变更的要求与披露会计政策变更的要求是有差别的。（　　）

3. 将经营性租赁的固定资产通过变更合同转为融资租赁固定资产，在会计上应当作为会计政策变更处理。（　　）

4. 如果以前期间的会计估计是错误的，则属于差错，按前期差错更正的规定进行会计处理。（　　）

5. 会计政策变更可以采用追溯调整法和未来适用法两种方法进行会计处理，采用哪种会计处理方法，应根据具体情况确定。（　　）

6. 企业难以对某项变更区分为会计政策变更或会计估计变更的，应将其作为会计政策变更处理。（　　）

7. 企业发现重要差错，无论是本期还是以前期间的差错，均应调整期初留存收益和其他相关项目。（　　）

8. 资产负债表日后，企业利润分配方案中拟分配的以及经审议批准宣告发放的股票股利属于非调整事项；但是批准宣告分配的现金股利属于调整事项，应当以此调整财务报表的相关项目。（　　）

9. 同样是资产负债表日至财务报告批准报出日之间发生资产减损事项，既可能是调整事

项，也可能是非调整事项。   （   ）

10. 资产负债表日后发生的调整事项如涉及现金收支项目，既不需要调整报告年度现金流量表正表，也不需要调整报告年度资产负债表的货币资金项目。   （   ）

综合技能训练

1. 甲公司是 2015 年 12 月 25 日改制的股份有限公司，所得税核算采用资产负债表债务法，所得税税率为 25%，每年按净利润的 10% 和 5% 分别计提法定盈余公积和任意盈余公积。为了提供更可靠、更相关的会计信息，经董事会批准，甲公司于 2016 年度对部分会计政策作了调整。有关会计政策变更及其他相关事项的资料如下：

（1）从 2016 年 1 月 1 日起，将行政管理部门使用的设备的预计使用年限由 12 年改为 8 年；同时，将设备的折旧方法由平均年限法改为年数总和法。根据税法规定，设备采用平均年限法计提折旧，折旧年限为 12 年，预计净残值为零。

上述设备已使用 3 年，并已计提了 3 年的折旧，尚可使用 5 年，其账面原价为 6 000 万元，累计折旧为 1 500 万元（未计提减值准备）。

（2）从 2016 年 1 月 1 日起，将无形资产的期末计价由账面摊余价值改为账面摊余价值与可收回金额孰低计价。甲公司 2014 年 1 月 20 日购入某项专利权，实际成本为 2 400 万元，预计使用年限为 16 年，按 16 年平均摊销（与税法一致）。2014 年年末、2015 年年末和 2016 年年末预计可收回金额分别为 2 100 万元、1 800 万元和 1 600 万元（假定预计使用年限不变）。

要求：

（1）计算甲公司 2016 年度应计提的设备折旧额。

（2）计算甲公司 2016 年度专利权的摊销额。

（3）计算甲公司会计政策变更的累积影响数，编制会计政策变更相关的会计分录。

（答案中金额单位用万元表示，计算结果保留两位小数。）

2. 甲公司 2015 年 11 月向乙企业销售其产品，销售价格 250 000 元（不含增值税），增值税税率 17%，销售成本 200 000 元。甲公司 12 月 20 日收到对方通知，乙企业因产品质量与合同不符要求退货。截至 12 月 31 日，甲公司未收到货款和退货。甲公司期末将上述货款和增值税一并计入应收账款，并按 5‰ 计提坏账准备。甲公司于 2016 年 3 月 10 日收到了全部退回的产品以及退回的增值税专用发票。甲公司财务报表批准报出日为 4 月 30 日，所得税税率 25%，期末按净利润的 10% 提取了盈余公积金。按照税法规定，如有证据表明资产已发生永久或实质性损害时，允许从应纳税所得额中扣除相关的损失，甲公司预计未来几年有足够的应纳税所得额用于抵减可抵扣暂时性差异。除应收乙企业账款计提的坏账准备外，无其他纳税调整事项。甲公司所得税采用资产负债表债务法核算，2016 年 2 月 15 日完成了 2015 年所得税汇算清缴。

要求：

（1）写出该调整事项的会计处理。

（2）将有关报表数字进行调整（计算结果保留两位小数）。

资产负债表部分项目科目余额　　　　　　元

资　产	调整前	调整后	负债及所有者权益	调整前	调整后
应收账款	796 000		应交税费	250 000	
存货	290 000		盈余公积	120 000	
递延所得税资产	50 000		未分配利润	680 000	

财务会计报告

项目 19　财务会计报告

技能目标

掌握资产负债表的内容、结构及其编制方法；掌握利润表的格式、内容及其编制方法；掌握现金流量表的格式、内容及其编制方法；掌握所有者权益变动表的格式和内容；掌握主要财务指标的概念和计算方法。

基础训练

一、单项选择题

1. 企业用于在建工程购入的材料，如果期末尚有结余，应在资产负债表（　　）项目下列示。
   A. 在建工程　　　B. 固定资产　　　C. 存货　　　D. 工程物资

2. 下列关于企业固定资产在资产负债表中填列方法的表述正确的是（　　）。
   A. 固定资产期末余额−累计折旧−固定资产减值准备期末余额
   B. 固定资产期末余额+固定资产清理期末余额
   C. 固定资产+在建工程期末余额
   D. 固定资产+工程物资期末余额

3. 下列各项中，可以按账户余额直接填列的是（　　）。
   A. 其他应收款　　B. 在建工程　　C. 应付票据　　D. 固定资产

4. 下列资产负债表项目中，其"期末余额"应根据总账科目余额直接填列的项目是（　　）。
   A. 固定资产　　　B. 在建工程　　C. 应付账款　　D. 短期借款

5. 如果企业有一年内到期的长期待摊费用，则应当在资产负债表（　　）项目下列示。
   A. 长期待摊费用　　　　　　　B. 其他流动资产

C. 一年内到期的非流动资产　　　　　　D. 一年内到期的非流动负债

6. W 公司 2016 年年末应收账款科目的借方余额为 500 万元，其中，应收账款明细账有借方余额 600 万元，贷方余额 100 万元，年末与应收账款相关的坏账准备科目的贷方余额为 50 万元，假设不考虑其他事项，W 公司 2016 年资产负债表中应收账款项目的金额为（　　）万元。

　　A. 400　　　　　　B. 450　　　　　　C. 550　　　　　　D. 600

7. A 公司 2016 年年末"预付账款"科目借方余额 5 万元，贷方余额 8 万元；"应付账款"科目借方余额 10 万元，贷方余额 30 万元；"预收账款"科目借方余额 2 万元，贷方余额 5 万元。与"预付账款"科目有关的"坏账准备"科目贷方余额为 6 万元，假定不考虑其他因素，A 公司 2016 年 12 月 31 日资产负债表中"预付款项"项目的期末余额是（　　）万元。

　　A. 9　　　　　　B. 7　　　　　　C. 1　　　　　　D. 15

8. A 公司 2016 年年末有关明细科目余额如下："应收账款——甲"科目借方余额 80 万元，"预收账款——丙"科目借方余额 20 万元，"预收账款——丁"科目贷方余额 35 万元，与"应收账款"科目有关的"坏账准备"科目贷方余额为 3 万元。假定不考虑其他因素，A 公司 2016 年 12 月 31 日资产负债表中"预收款项"项目的期末余额是（　　）万元。

　　A. 115　　　　　　B. 112　　　　　　C. 35　　　　　　D. 55

9. 在填列资产负债表时，根据总账科目余额进行填列的是（　　）。

　　A. 应收账款
　　B. 以公允价值计量且其变动计入当期损益的金融资产
　　C. 应收票据
　　D. 固定资产

10. 企业银行本票存款 10 万元，商业承兑汇票 8 万元，库存现金 15 万元，银行结算账户存款 40 万元，则企业资产负债表中"货币资金"项目的金额为（　　）万元。

　　A. 18　　　　　　B. 65　　　　　　C. 55　　　　　　D. 50

11. 关于资产负债表中，"预付款项"项目的填列的说法中，正确的是（　　）。

　　A. "预付账款"和"应付账款"科目所属明细科目期末借方余额合计数，减去预付账款计提的坏账准备
　　B. "预付账款"和"预收账款"科目所属明细科目期末借方余额合计数，减去预付账款计提的坏账准备
　　C. "预付账款"和"应付账款"科目所属明细科目期末借方余额合计数
　　D. "预付账款"和"预收账款"科目所属明细科目期末借方余额合计数

12. 下列各项中，期末不在资产负债表"存货"项目反映的是（　　）。

　　A. 周转材料　　　B. 委托加工物资　　　C. 工程物资　　　D. 在途物资

13. A 企业 2016 年 10 月 31 日生产成本借方余额 50 000 元，材料采购借方余额 30 000 元，材料成本差异贷方余额 500 元，委托代销商品借方余额 40 000 元，周转材料借方余额 10 000 元，存货跌价准备贷方余额 3 000 元，则资产负债表"存货"项目的金额为（　　）元。

　　A. 116 500　　　　B. 117 500　　　　C. 119 500　　　　D. 126 500

14. 下列各项中，不影响利润表中的营业利润的是（　　）。

　　A. 企业销售商品发生的现金折扣　　　　B. 行政管理部门的办公费

C. 出售固定资产的净收益　　　　　　D. 出售原材料的成本

15. 2016 年 10 月，A 公司销售产品实际应缴纳增值税 76 万元，消费税 40 万元，适用的城市维护建设税税率为 7%，教育费附加税率为 3%。假定不考虑其他因素，A 公司当月应列入利润表"税金及附加"项目的金额为（　　）万元。
　　A. 14.6　　　　　　B. 77　　　　　　C. 51.6　　　　　　D. 160.6

16. 下列各项中，不会影响现金流量变动的是（　　）。
　　A. 购买无形资产支付的现金　　　　　　B. 购买短期赚取差价的股票
　　C. 用现金支付在建工程人员工资　　　　D. 购买 2 个月到期的国债

17. 下列事项所产生的现金流量中，属于经营活动产生的现金流量的是（　　）。
　　A. 以现金支付的应由在建工程负担的职工薪酬
　　B. 因违反公司法而支付的罚款
　　C. 处置所属子公司所收到的现金净额
　　D. 分配股利支付的现金

18. 下列现金流量表列示的项目中，属于投资活动产生的现金流量的是（　　）。
　　A. 支付给生产工人的工资　　　　　　B. 收到的税费返还
　　C. 取得的投资收益　　　　　　　　　D. 收到的投资款

19. 下列各项中，会引起现金流量表"经营活动产生的现金流量净额"项目发生增减变动的是（　　）。
　　A. 偿还长期借款的现金流出　　　　　　B. 收取现金股利的现金流入
　　C. 购置固定资产的现金流出　　　　　　D. 购买日常办公用品的现金流出

20. 下列各项中，不属于筹资活动产生的现金流量的是（　　）。
　　A. 偿还债务　　　　　　　　　　　　B. 分配股利、利息
　　C. 吸收投资收到的现金　　　　　　　　D. 处置子公司

21. 2016 年，嘉陵公司发生如下经济业务：以银行存款购买 3 个月国债 250 万元，经营租入固定资产租金 150 万元，支付给生产工人工资 100 万元，购买商品支付的价款和增值税 234 万元，长期借款利息费用 50 万元。2016 年年末嘉陵公司现金流量表中"经营活动现金流出小计"项目金额为（　　）万元。
　　A. 234　　　　　　B. 484　　　　　　C. 784　　　　　　D. 734

22. 下列各项中，应列入"支付给职工以及为职工支付的现金"项目的是（　　）。
　　A. 支付现金股利　　　　　　　　　　B. 支付在建工程人员薪酬
　　C. 代扣代交个人所得税　　　　　　　D. 支付职工差旅费

23. A 公司 2016 年 10 月购买一项固定资产，支付购买价款 100 万元，用存货抵偿上个月欠 B 公司债务 50 万元，发行债券取得价款 500 万元。假定不考虑其他因素，A 公司 2016 年 10 月现金流量表中投资活动产生的现金流量净额为（　　）万元。
　　A. 50　　　　　　B. 150　　　　　　C. 600　　　　　　D. 100

24. 某企业 2016 年营业收入 1 000 万元，增值税销项税额为 170 万元，应收账款科目年初余额为 100 万元，年末余额为 120 万元，无其他事项，企业 2016 年现金流量表中销售商品提供劳务收到的现金应为（　　）万元。
　　A. 1 000　　　　　B. 1 150　　　　　C. 1 500　　　　　D. 1 750

25. W公司2016年度营业成本800万元，存货年初数200万元，期末数为260万元，购入存货增值税进项税额85万元。该企业2016年购买商品接受劳务支付的现金是（　　）万元。

　　A. 800　　　　　　　B. 850　　　　　　　C. 945　　　　　　　D. 1 050

26. 嘉陵公司2016年10月购买一项设备支付价款100万元，相关的增值税进项税额17万元，购买两个月到期的国债50万元，为购建厂房取得借款800万元，12月末用银行存款支付在建工程人员工资200万元，并支付借款利息15万元。假定不考虑其他因素，嘉陵公司2015年现金流量表中投资活动产生的现金流量净额为（　　）万元。

　　A. 332　　　　　　　B. 117　　　　　　　C. 300　　　　　　　D. 317

27. 下列各项中，应该作为现金流量表中筹资活动产生的现金流量的是（　　）。

　　A. 销售商品收到的现金　　　　　　　B. 购入固定资产支付的现金
　　C. 用现金购买2个月内到期的国债　　D. 清偿长期借款支付的现金

28. 2016年8月1日，嘉陵公司为购建仓库发行面值为200万元、票面利率为6%的三年期债券，每年年末支付利息，到期还本。9月17日，嘉陵公司以10%的股份接受乙公司投入的一批存货，该批存货账面价值为30万元，市场价值为50万元。假定嘉陵公司2016年度未发生其他与筹资活动有关的事项，且不考虑相关税费，则嘉陵公司2016年度现金流量表中"筹资活动产生的现金流量净额"为（　　）万元。

　　A. 196　　　　　　　B. 200　　　　　　　C. 250　　　　　　　D. 195

29. 下列关于财务报表的说法中，不恰当的是（　　）。

　　A. 一套完整的财务报表至少应当包括资产负债表、利润表、现金流量表和所有者权益变动表
　　B. 资产负债表反映企业在某一特定日期的财务状况
　　C. 利润表反映在一定会计期间的经营成果
　　D. 现金流量表反映企业在一定会计期间的现金和现金等价物流入和流出的报表

30. 下列各项中，关于财务报表附注的表述不正确的是（　　）。

　　A. 附注中包括财务报表重要项目的说明
　　B. 对未能在财务报表中列示的项目在附注中说明
　　C. 如果没有需要披露的重大事项，企业不必编制附注
　　D. 附注中包括会计政策和会计估计变更以及差错更正的说明

二、多项选择题

1. 下列关于流动资产的表述中，正确的有（　　）。

　　A. 在一个正常营业周期中变现、出售或耗用
　　B. 主要为交易目的而持有
　　C. 预计在资产负债表日起一年内（不含一年）变现
　　D. 自资产负债表日起一年内交换其他资产或清偿负债的能力不受限制的现金或现金等价物

2. 下列各项中，属于流动资产的有（　　）。

　　A. 存货　　　　　　　　　　　　　　B. 货币资金
　　C. 无形资产　　　　　　　　　　　　D. 一年内到期的非流动资产

3. 下列各项中，属于非流动资产的有（　　）。

A. 长期待摊费用 B. 工程物资
C. 固定资产清理 D. 一年内到期的非流动资产

4. 下列各项中，关于流动负债的说法中，正确的有（　　）。
A. 预计在一个正常营业周期中清偿
B. 主要为交易目的而持有
C. 自资产负债表日起一年内（不含一年）到期应予以清偿
D. 企业有权自主地将清偿推迟至资产负债表日后一年以上

5. 下列各项中，属于流动负债的有（　　）。
A. 应付票据 B. 一年内到期的非流动负债
C. 预收账款 D. 应付职工薪酬

6. 下列各项中需要在资产负债表"长期负债"项目列示的有（　　）。
A. 长期借款　　　B. 应付债券　　　C. 应付票据　　　D. 其他应付款

7. 资产负债表中"应收账款"项目的填列金额应根据（　　）。
A. 应收账款的账面原值 B. 应收账款的账面价值
C. 应收账款的账面余值 D. 应收账款减坏账准备后的金额

8. 下列各资产负债表项目中，需要根据账面价值列示的有（　　）。
A. 应收账款　　B. 其他应收款　　C. 预付账款　　D. 固定资产

9. 下列各项中，属于非流动资产的有（　　）。
A. 长期股权投资
B. 以公允价值计量且其变动计入当期损益的金融资产
C. 无形资产
D. 开发支出

10. 资产负债表中"货币资金"项目，需要根据（　　）项目填列。
A. 库存现金
B. 银行存款
C. 其他货币资金
D. 以公允价值计量且其变动计入当期损益的金融资产

11. 在填列资产负债表时，以下表达正确的有（　　）。
A. 应付账款项目=应付账款所属明细账贷方余额合计+预付账款所属明细账贷方余额
B. 预付账款项目=应付账款所属明细账借方余额合计+预付账款所属明细账借方余额-和预付账款相关的坏账准备期末余额
C. 应收账款项目=应收账款所属明细账借方余额合计+预收账款所属明细账借方余额-和应收账款有关的坏账准备余额
D. 预收账款项目=应收账款所属明细账贷方余额合计+预收账款所属明细账贷方余额

12. "应交税费"项目核算的内容包括（　　）。
A. 所得税　　　B. 资源税　　　C. 土地增值税　　　D. 耕地占用税

13. 下列各项中，属于利润表期间费用的有（　　）。
A. 制造费用　　B. 财务费用　　C. 销售费用　　D. 管理费用

14. 下列各项中，应列入利润表"营业收入"项目的有（　　）。

A. 营业外收入　　　B. 其他业务收入　　　C. 投资收益　　　D. 主营业务收入

15. 下列各项中，通常应列入利润表中"税金及附加"项目的有（　　）。
   A. 增值税　　　B. 消费税　　　C. 教育附加　　　D. 城市维护建设税

16. 下列各项中，属于现金流量表中的现金等价物特点的有（　　）。
   A. 期限短
   B. 易于转换成已知金额的现金
   C. 价值变动风险很小
   D. 流动性强

17. 下列各项中，需要反映在现金流量表中的情况有（　　）。
   A. 现金的流入
   B. 现金和现金等价物的转换
   C. 现金等价物的流出
   D. 现金的流出

18. 下列项目中，不属于现金或现金等价物的有（　　）。
   A. 银行汇票存款
   B. 三个月内到期的商业承兑汇票
   C. 三个月内到期的国库券
   D. 长期股权投资

19. 下列各项中，属于投资活动产生的现金流量的有（　　）。
   A. 支付的现金股利
   B. 支付的业务招待费
   C. 转让无形资产所有权收到的现金
   D. 支付给在建工程人员的职工薪酬

20. 下列各项中，应记入"支付的各项税费"项目的有（　　）。
   A. 期末支付的企业所得税
   B. 收回委托加工物资支付的消费税
   C. 月末支付的印花税
   D. 购买商品支付的增值税进项税额

21. 2015年12月31日嘉陵公司账上有三笔长期借款，具体情况如下表所示：

序号	借入时间	金额/万元	时间/年
（1）	2012年9月15日	100	4
（2）	2014年5月1日	200	3
（3）	2015年12月1日	150	5

假定嘉陵公司对于这些借款均不能自主地将清偿义务展期，则下列说法中正确的有（　　）。

   A. 长期借款属于非流动负债
   B. "长期借款"项目应根据"长期借款"总账科目余额填列
   C. 2015年12月31日，嘉陵公司资产负债表中"一年内到期的非流动负债"项目的列示金额为100万元
   D. 2015年12月31日，嘉陵公司资产负债表中"长期借款"项目的列示金额为350万元

22. 企业的现金流量通常分为（　　）。
   A. 筹资活动产生的现金流量
   B. 经营活动产生的现金流量
   C. 投资活动产生的现金流量
   D. 管理活动产生的现金流量

23. 企业在编制现金流量表时，以下项目应列示在筹资活动产生的现金流量中的有（　　）。
   A. 取得借款收到的现金
   B. 偿还债务支付的现金

C. 收到的现金股利 D. 向股东分配利润支付的现金

24. 下列各项中，应作为现金流量表中经营活动产生的现金流量的有（　　）。
A. 收到的税费返还 B. 支付给在建工程人员的工资
C. 购建固定资产支付的现金 D. 销售商品收到的现金

25. 下列各项中，应该在现金流量表中"经营活动产生的现金流量"项目中列示的有（　　）。
A. 以经营租赁方式租出固定资产所收到的现金
B. 企业收到的增值税税收返还
C. 以经营租赁方式租入固定资产所支付的现金
D. 以融资租赁方式租入固定资产支付的租赁费

26. 下列各项中，应列入现金流量表"支付给职工以及为职工支付的现金"项目的有（　　）。
A. 支付的行政管理部门人员的防暑降温费 B. 支付的专设销售机构人员的医疗保险费
C. 支付的在建工程人员的奖金 D. 支付的生产工人的计件工资

27. 在所有者权益变动表上，企业至少应当单独列示反映的信息有（　　）。
A. 综合收益总额 B. 向所有者分配利润
C. 所有者投入资本 D. 提取的盈余公积

三、判断题（正确的在括号内打"√"，错误的打"×"）

1. 财务报表使用者通常包括投资者、债权人、政府及其有关部门和社会公众等。（　　）

2. 一套完整的财务报表至少应当包括资产负债表、利润表、现金流量表、所有者权益（或股东权益）变动表。（　　）

3. 资产负债表反映企业特定日期所拥有的资产、需偿还的债务以及股东（投资者）拥有的净资产的情况。（　　）

4. 利润表反映企业一定期间的经营成果即利润或亏损的情况，表明企业拥有的净资产的情况。（　　）

5. 现金流量表反映企业在一定会计期间现金和现金等价物流入和流出的情况。（　　）

6. 一年内到期的长期借款需要列示在资产负债表中"短期借款"项目下。（　　）

7. 如果企业研发的无形资产在资产负债表日尚未达到预定用途，其中符合资本化条件支出的部分，记入资产负债表"开发支出"项目下。（　　）

8. 资产负债表中列示的是企业各项资产的本期发生额；利润表列示的是企业各项损益类科目的期初余额和期末余额。（　　）

9. 企业期末各项原材料、低值易耗品、包装物、在途物资、周转材料、工程物资都需要记入"存货"项目。（　　）

10. 如果"生产成本""制造费用"科目存在期末余额，则应在资产负债表"存货"项目下列示。（　　）

11. 企业缴纳的印花税通过"应交税费"科目核算。（　　）

12. 资产负债表中应付债券项目包括应付债券本金和应付债券利息。（　　）

13. 非流动资产包括长期股权投资、固定资产、在建工程、应收账款、长期待摊费用等。
（　　）
14. 利润表中营业收入项目是根据主营业务收入本年发生额和其他业务收入本年发生额的合计数填列的。
（　　）
15. "综合收益总额"项目，反映净利润和其他综合收益扣除所得税影响后的净额相加后的合计金额。
（　　）
16. 企业出售生产经营用固定资产实现的净收益，应计入利润表的"营业收入"项目。
（　　）
17. 现金流量是指一定会计期间内企业现金和现金等价物的流入和流出。企业从银行提取现金、用现金购买3个月内到期的国债等现金和现金等价物之间的转换均属于现金流量。
（　　）
18. 现金流量净额是现金流入量和现金流出量之间的差额。
（　　）
19. 现金等价物是指企业持有的期限短、流动性强、易于转换为已知金额现金、价值变动风险很小的投资。期限短，一般是指从购买日起一个月内到期。
（　　）
20. 以现金形式支付给在建工程人员的工资应该在"支付给职工以及为职工支付的现金"项目中反映。
（　　）
21. 企业购建固定资产支付的现金应列示在现金流量表"经营活动产生的现金流量"项目中。
（　　）
22. 利润表反映企业在某一特定日期所拥有的资产、需偿还的债务以及股东拥有的净资产情况。
（　　）
23. 为购建固定资产而发生的借款利息资本化金额，应列示在现金流量表"购建固定资产、无形资产和其他长期资产支付的现金"项目中。
（　　）
24. 企业用现金支付在建工程人员的薪酬属于投资活动产生的现金流量。
（　　）
25. 现金流量表中"偿还债务支付的现金"项目反映企业为偿还债务利息而支付的现金。
（　　）
26. 企业用现金支付采购人员的差旅费，应反映在现金流量表"购买商品、接受劳务支付的现金"项目。
（　　）
27. 所有者权益变动表是反映构成所有者权益各组成部分当期增减变动情况的报表。
（　　）
28. 所有者权益的内部结转项目，反映企业构成所有者权益组成部分之间的增减变动情况。
（　　）
29. 附注是财务报表不可或缺的组成部分，是对在资产负债表、利润表、现金流量表和所有者权益变动表等报表中列示项目的文字描述或明细资料，以及对未能在这些报表中列示项目的说明等。
（　　）

综合技能训练

一、不定项选择题

1. 嘉陵公司2014年至2016年发生如下交易或事项：

(1) 为募集扩大生产规模所需资金，2014 年 7 月 1 日，公司按面值发行总额为 2 000 万元的企业债券。该债券期限为 3 年，票面年利率为 6%（与实际利率一致），到期一次还本付息，年末计息（不计复利）。

(2) 2016 年 1 月 1 日，从银行借入 200 万元的长期借款，当日全部用于购建某生产线（该生产线建设工程当日开工，建造期为 2 年，工程建造期间的借款利息均符合资本化条件）。该借款期限为 3 年，年利率为 5.4%，分期付息到期一次还本，年末计息。

(3) 2016 年 9 月 1 日，从银行借入 100 万元的短期借款，以满足季节性生产对资金的需求。该借款期限为 6 个月，年利率为 3.6%（与实际利率一致），月末计息，分季付息。

(4) 2016 年 10 月 1 日，购入一台不需要安装的生产设备，增值税专用发票上注明的价款为 60 万元，增值税税额为 10.2 万元。同时，嘉陵公司开出银行承兑汇票一张，面值为 70.2 万元，期限 3 个月，缴纳银行承兑手续费 0.5 万元。

(5) 2016 年 12 月 31 日，嘉陵公司 10 月 1 日开出的商业汇票到期，无力支付票款。

要求：

根据上述资料，不考虑其他因素，分析回答下列小题（答案中的金额单位用万元表示）。

(1) 根据资料（1），2016 年 12 月 31 日，该公司"应付债券"科目余额是（　　）万元。

A. 2 000　　　　　B. 2 120　　　　　C. 2 300　　　　　D. 2 240

(2) 根据资料（2），该公司会计处理正确的是（　　）。

A. 2016 年 12 月 31 日，"在建工程"科目余额为 210.8

B. 2016 年 1 月 1 日，"长期借款"科目增加 200

C. 2016 年 12 月 31 日，"财务费用"科目增加 10.8

D. 2016 年 12 月 31 日，"长期借款——应计利息"科目增加 10.8

(3) 根据资料（3），下列各项中，该公司会计处理正确的是（　　）。

A. 2016 年 9 月 30 日，计提利息时：

借：财务费用　　　　　　　　　　　　　　　　　　　　　　　0.3

　　贷：短期借款　　　　　　　　　　　　　　　　　　　　　　　0.3

B. 2016 年 9 月 1 日，从银行借入短期借款时：

借：银行存款　　　　　　　　　　　　　　　　　　　　　　　100

　　贷：短期借款　　　　　　　　　　　　　　　　　　　　　　　100

C. 2016 年 9 月 30 日，计提利息时：

借：财务费用　　　　　　　　　　　　　　　　　　　　　　　0.3

　　贷：应付利息　　　　　　　　　　　　　　　　　　　　　　　0.3

D. 2016 年 9 月 30 日，计提利息时：

借：财务费用　　　　　　　　　　　　　　　　　　　　　　　0.9

　　贷：应付利息　　　　　　　　　　　　　　　　　　　　　　　0.9

(4) 根据资料（4），下列各项中，嘉陵公司的会计处理正确的是（　　）。

A. "应付票据"科目增加 70.2

B. "其他货币资金"科目增加 70.2

C. "财务费用"科目增加 0.5

D. "固定资产"科目增加 60

(5) 根据资料（3）～（5），下列各项中，2016 年 12 月 31 日嘉陵公司资产负债表"短期借款"项目期末余额为（　　）万元。

A. 170.2　　　　B. 70.2　　　　C. 100　　　　D. 100.12

2. A 公司属于工业企业，为增值税一般纳税人，适用 17%的增值税税率，售价中均不包含增值税，商品销售时，同时结转成本，本年利润采用表结法结转，2014 年年末未分配利润贷方余额为 150 万元，适用的所得税税率是 25%。

2015 年 11 月 30 日损益类有关科目累计发生额　　　　万元

科目名称	借方发生额	贷方发生额	科目名称	借方发生额	贷方发生额
主营业务收入		1 650	销售费用	42	
主营业务成本	1 320		管理费用	38	
其他业务收入		160	财务费用	19	
其他业务成本	85		营业外收入		90
税金及附加	26		营业外支出	78	

2015 年 12 月 A 公司发生如下交易或事项：

（1）12 月 5 日，向嘉陵公司销售商品一批，开出的增值税专用发票上注明的价款为 60 万元，增值税税额为 10.2 万元，销售商品实际成本为 45 万元，款项尚未收到。

（2）12 月 7 日，向乙公司销售材料一批，开出的增值税专用发票上注明的价款为 20 万元，增值税税额为 3.4 万元，销售材料实际成本为 18 万元，收到货款存入银行。

（3）12 月 20 日以自产的产品作为福利发放给职工，该批产品市场售价 5 万元（不含增值税），成本 3 万元。

（4）12 月 31 日，确认本月应交的城市维护建设税 2 万元，教育费附加 1 万元。

（5）12 月，用银行存款支付税收滞纳金 1 万元。

（6）2015 年，递延所得税负债发生额为 25 万元，递延所得税资产发生额为 10 万元。

（7）A 公司按照当年净利润的 10%提取法定盈余公积，按照 5%提取任意盈余公积。

要求：根据上述资料，不考虑其他因素，回答下列小题。（答案中金额单位用万元表示）

（1）A 公司 2015 年度营业收入总额是（　　）万元。

A. 1 890　　　　B. 1 735　　　　C. 1 895　　　　D. 1 985

（2）A 公司 12 月应确认的应付职工薪酬金额是（　　）万元。

A. 5　　　　B. 5.85　　　　C. 3　　　　D. 3.85

（3）A 公司 2015 年度营业利润是（　　）万元。

A. 206　　　　B. 296　　　　C. 297　　　　D. 307

（4）A 公司 2015 的所得税费用金额是（　　）万元。

A. 77　　　　B. 76.75　　　　C. 67　　　　D. 92

（5）该企业 2015 年年末分配利润金额为（　　）万元。

A. 365　　　　B. 332.75　　　　C. 182.75　　　　D. 330.75

3. 嘉陵公司为工业企业，2015 年有关资料如下：

（1）本年销售商品收入为1 200万元，应收账款期初余额200万元，期末余额150万元，预收账款期初余额40万元，期末余额90万元，本年发生的销货退回支付现金80万元。假定不考虑增值税和坏账准备等因素。

（2）本年购买商品支付现金1 000万元，支付前期的应付账款100万元，预付账款期初余额90万元，期末余额160万元，收到因购货退回现金160万元。

（3）本年实际支付职工工资共计800万元，其中生产人员的工资400万元，管理人员的工资100万元，销售人员的工资180万元，在建工程人员的工资120万元。

（4）本年购入乙公司的股票1 000万股，实际支付价款1 500万元，支付的价款中包含相关税费50万元。

要求：根据上述资料，不考虑其他因素，分析回答下列小题。（答案中金额单位用万元表示）

（1）关于现金流量表的下列说法中，正确的是（　　）。
A. 现金流量表是反映企业在某个时点现金和现金等价物流入和流出的报表
B. 从银行提取现金或者用现金购买短期到期的国债等现金和现金等价物的转换不属于现金流量
C. 现金包括库存现金、银行存款和其他货币资金等
D. 三个月内到期的债券投资属于现金等价物

（2）根据资料（1），本年"销售商品、提供劳务收到的现金"项目金额为（　　）万元。
A. 1 280　　　　B. 1 220　　　　C. 1 180　　　　D. 1 200

（3）根据资料（2），本年"购买商品、接受劳务支付的现金"项目金额为（　　）万元。
A. 1 100　　　　B. 1 170　　　　C. 940　　　　D. 1 010

（4）根据资料（3），本年"支付给职工以及为职工支付的现金"项目金额为（　　）万元。
A. 680　　　　B. 800　　　　C. 400　　　　D. 500

（5）根据资料（4），本年"投资支付的现金"项目金额为（　　）万元。
A. 1 000　　　　B. 1 500　　　　C. 950　　　　D. 1 450

二、案例分析

绿大地造假案"触目惊心"　财报前后相差数亿元

3月的春城昆明，阳光明媚。密密藤蔓"封闭"的绿大地总部，却阴云笼罩。2011年3月17日，云南绿大地生物科技股份有限公司（下称"绿大地"）董事长何学葵被依法逮捕。

证券监管机构从绿大地去年一季度"恶搞"的一份季报入手，顺藤摸瓜，查出了该公司原董事长何学葵涉嫌刑事犯罪等事宜。

荒山围墙：每米1 268元

绿大地总部位于昆明经济技术开发区（下称"昆明开发区"），隐藏在密不透风的藤蔓植物编织的围墙内，绕着围墙走，依稀可以看到楼内几个工人搬弄一些盘子，盘子中有一些口径约10厘米的玻璃罐。这些玻璃罐中还没有装入培养土或培养液，是空的。

因目前相关各方均拒绝接受采访，因此暂难确定何学葵犯案的具体事宜。不过，仔细阅读绿大地2007年上市时的招股说明书，其中多项资产的实际价值存在疑问。

说明书显示，截至 2007 年 6 月 30 日，绿大地的固定资产净额为 5 066.35 万元，该公司在昆明开发区内的办公楼等固定资产额为 942.59 万元，总共 26.5 亩土地，其总部所在地除房屋、道路及庭前绿化外的"外地坪、沟道"，也作价 107.66 万元。本报记者 3 月 22 日在现场看到，其办公楼后有几个育苗塑料大棚，这些大棚之间有 1.3 米左右的间隔，部分沟道深约 25 厘米。

另一处固定资产"马鸣基地"围墙的固定资产值为 686.9 万元，其招股说明书上显示的该基地 4 块地（原为荒山）共 3 500 亩，如果其围墙只围地块的周长，折算下来，其每米围墙的价格高达 1 268.86 元。

此外，马鸣基地的 3 口深水井也造价惊人，计入固定资产 216.83 万元，每口价值 72.27 万元。而该招股说明书上的另一口深井，金殿基地深水井却只值 8.13 万元，价格相差近 10 倍。

财务报表：前后相差数亿元

证监会的官方信息称绿大地还涉嫌虚增收入、虚增利润。

令绿大地被查的导火线，是该公司 2010 年 3 月的一季报。这是一份令人叹为观止的季度报告：2010 年 4 月 28 日预告基本每股收益 0.27 元，4 月 30 日正式出台的一季报每股收益竟然只有 0.1 元。两天之差，营业总收入、净利润、每股收益"暴跌"。

由于绿大地近年来在季报、年报上多次出现"抽筋"症状，证券监管部门自其 2010 年 3 月的一季报披露后介入调查，结果令人"大开眼界"，财务报告竟可如此随意。

绿大地 2010 年 6 月 17 日发布的《关于 2010 年一季度报表更正差异的专项说明》显示，其原一季报的营业收入少计 10 万元，营业利润多计 67.57 万元，净利润多计 52.57 万元。

其 2010 年第一季度的固定资产多计 5 983.67 万元，应付款多计 6 295.75 万元。绿大地对此的解释是，固定资产的差异原因在于"因工作失误"，将北京分公司的固定资产已包含在本部报表中，又将其列入合并报表（即计算 2 次），造成该项目虚增。但上述重大失误、错误似乎还不够，现金流量表则错得离谱。

其 2010 年一季报中仅合并现金流量项目，就有多达 27 项差错，其中有 8 项差错为几千万元，几亿元的差错多达 12 项。

另一个疑点是，绿大地在 2010 年一季度的销售额仅为 5 989.35 万元，为何缴纳的税费高达 3.02 亿元？

其现金流中的另一类重大差异在"筹资活动产生的现金流量"项下：取得借款收到的现金、筹资活动现金流入小计、偿还债务支付的现金分别为 1.57 亿元、1.57 亿元、6.14 亿元，更正后均为空白。

绿大地到底借到 1.57 亿元现金了没？6.14 亿元债务究竟还了还是没还？为何会有巨额虚构数据？原因不得而知。

此外，该公司此间的筹资活动现金流出小计差异 6.08 亿元，筹资活动产生的现金流量净额差异 4.52 亿元，现金及现金等价物净增加额差异 7.05 亿元，这三项在被查后都修正为几千万元。

疑虑重重

绿大地从被查至今，一直使用"涉嫌信息披露违规"这一说法来界定其近期在财务报告及年报上的表现。不过证监会及公安部门目前对其定性是，涉嫌刑事犯罪。

目前的信息显示，该公司并不只有 2010 年一季报出现类似问题。最近 3 年来，该公司的年度报告，也接连出现类似状况。

深交所曾在2010年7月9日的《关于对云南绿大地生物科技股份有限公司及相关当事人给予处分的公告》中称，该公司的"2008年年度报告存在重大会计差错，对销售退回未进行账务处理"。绿大地没有把2008年的退货计入年报。

经查，该公司在2010年4月30日披露的2009年年报中对前期重大会计差错进行了如下更正：追溯调整减少2008年度合并及母公司营业收入2 348.52万元，当然，该年度未分配利润也随之减少1 038.40万元。

绿大地的财务手段，到2009年时已经玩到一个全新的高度，创下中国证券市场年报变脸新纪录：2009年10月—2010年4月，绿大地披露的业绩预告和快报曾五度反复，由之前的预增过亿，变更为最后的巨亏1.5亿元。

2009年10月30日，该公司发布2009年三季报称，预计2009年度净利润同比增长20%~50%（其2008年度净利润为8 677万元）。2010年1月30日，该公司公告称，将2009年净利润增幅修正为较上年下降30%以内，来了个大转折。

但该公司2010年2月27日第三次发布2009年度业绩快报时，净利润却又变为6 212万元。2010年4月28日，绿大地又将净利润修正为亏损1.279 6亿元，再次大逆转一回。2010年4月30日正式公布2009年年度报告时，该公司2009年净利润定格为亏损1.512 3亿元。

目前证监会对绿大地的"信息披露违规"，公安部门对绿大地的"因涉嫌违规披露、未披露重要信息"正展开调查，何学葵持有的绿大地4 325.798 5万股限售流通股也于2010年12月20日被公安机关依法冻结。

上市链条难脱干系

"系统作假很难发现，但是如果是明显的话，会计师是可以发现的。保荐人和律师发现财务报表虚假的可能性相对较小。所以如果造假，那么公司和会计师联合作假的概率较大。"一位投行人士说。

绿大地一案中的保荐人、保荐机构、最近三年来几乎每年在年报前定时更换的会计师事务所均保持缄默，不过，如果何学葵及绿大地案的"三宗罪"最终定案，则这些中介机构也难逃干系。

（资料来源：摘自新华网 2011.3.24）

请思考：

1. "绿大地"案给我们财务人员带来哪些启示？
2. "绿大地"案中"各链条"能逃脱干系吗？

下篇

模拟检测

模拟检测试题一

一、单项选择题

1. 下列各项中，不属于投资性房地产的是（   ）。
   A. 已出租的建筑物
   B. 已出租的土地使用权
   C. 以经营租赁方式租入的建筑物再转租给其他单位
   D. 持有并准备增值后转让的土地使用权

2. 甲企业为增值税一般纳税人，因管理不善导致一批库存材料被盗。该批原材料实际成本为20 000元，保险公司赔偿11 600元。该企业购入材料的增值税税率为17%，该批毁损原材料造成的非正常损失净额是（   ）元。
   A. 8 400   B. 19 600   C. 9 200   D. 11 800

3. 某企业购建厂房过程中耗用工程物资50万元，支付在建工程人员工资20万元，支付耕地占用税1.18万元，领用本企业生产经营用材料6万元，该批材料增值税为1.02万元。该厂房完工后，其入账价值为（   ）万元。
   A. 73.2   B. 76   C. 78.2   D. 77.02

4. 下列固定资产减少业务不应通过"固定资产清理"科目核算的是（   ）。
   A. 固定资产的出售   B. 固定资产的报废
   C. 固定资产的毁损   D. 固定资产的盘亏

5. 下列各项中，一般不会引起无形资产账面价值发生增减变动的是（   ）。
   A. 无形资产可收回金额大于账面价值   B. 对无形资产计提减值准备
   C. 摊销无形资产   D. 转让无形资产所有权

6. A公司长期持有B公司10%的股权，采用成本法核算。2011年1月1日，该项投资账面价值为1 300万元。2011年度B公司实现净利润2 000万元，宣告发放现金股利1 200万元。假设不考虑其他因素，2011年12月31日该项投资账面价值为（   ）万元。
   A. 1 300   B. 1 380   C. 1 500   D. 1 620

7. 某公司2011年购入A上市公司股票并划分为交易性金融资产，共支付款项2 030万元，其中包括已宣告但尚未发放的现金股利100万元，相关交易费用10万元。2011年12月31日，该项交易性金融资产的公允价值为2 000万元。假定不考虑其他因素，该公司2011年度该项交易性金融资产影响当期损益的金额为（   ）万元。
   A. 80   B. 70   C. 90   D. 60

8. A公司于2013年1月5日从证券市场上购入B公司发行在外的股票100万股作为可供出售金融资产，每股支付价款6元（含已宣告但尚未发放的现金股利0.5元），另支付相关费用12万元，不考虑其他因素，则A公司可供出售金融资产取得时的入账价值为（   ）万元。
   A. 600   B. 612   C. 550   D. 562

9. M企业在存货发出时,采用月末一次加权平均法核算,该企业2013年10月初库存材料60件,每件为1 000元,月中又购进两批,一批200件,每件950元,另一批100件,每件1 046元,则月末该材料的加权平均单价为(　　)元/件。

　　A. 980　　　　　　B. 985　　　　　　C. 990　　　　　　D. 1 182

10. 甲公司将其持有的交易性金融资产全部出售,售价为2 500万元,出售时,"交易性金融资产——成本"科目为借方余额2 400万元,"交易性金融资产——公允价值变动"科目为借方余额5万元,求出售时影响利润的金额为(　　)万元。

　　A. 100　　　　　　B. 95　　　　　　C. 75　　　　　　D. 85

11. 资产按照实物形态划分,可以划分的分类为(　　)。

　　A. 固有资产　　　　B. 有形资产　　　　C. 流动资产　　　　D. 自有资产

12. 2013年10月5日,甲公司将一项投资性房地产出售给乙公司,出售价款为1 500万元,甲公司该项投资性房地产采用成本模式计量。2013年10月5日,该项投资性房地产的成本为2 000万元,已计提折旧1 100万元。不考虑其他因素,则甲公司处置该投资性房地产对其2013年度营业利润的影响为(　　)万元。

　　A. 600　　　　　　B. -500　　　　　C. 1 500　　　　　D. 400

13. 下列各项中,应计入税金及附加的是(　　)。

　　A. 应上交的城市维护建设税
　　B. 转让无形资产所有权应交的增值税
　　C. 增值税一般纳税人销售产品应交的增值税
　　D. 委托加工物资收回后用于连续生产应税消费品代扣代交的消费税

14. 某商业企业采用售价金额核算法计算期末存货成本。2013年10月初,存货成本为900万元,售价总额为1 350万元;本月购入存货成本为4 500万元,相应的售价总额为5 400万元;本月销售收入为4 500万元。该企业本月销售成本为(　　)万元。

　　A. 3 600　　　　　B. 9 000　　　　　C. 2 175　　　　　D. 450

15. 下列各项中,不属于资本公积来源的是(　　)。

　　A. 资本溢价　　　　　　　　　　　　B. 股本溢价
　　C. 处置无形资产形成的利得　　　　　D. 资本公积——其他资本公积

16. 对于企业已经发出商品但不符合收入确认条件尚未确认销售收入的商品成本,应作出的会计分录是(　　)。

　　A. 借记应收账款,贷记库存商品　　　B. 借记应收账款,贷记主营业务收入
　　C. 借记主营业务成本,贷记库存商品　D. 借记发出商品,贷记库存商品

17. 下列各项中不属于收入的是(　　)。

　　A. 销售商品收入　　　　　　　　　　B. 提供劳务收入
　　C. 出售原材料收入　　　　　　　　　D. 出售无形资产收入

18. 下列各项中,应计入管理费用的是(　　)。

　　A. 汇兑损益　　　　　　　　　　　　B. 印花税
　　C. 无形资产处置净损失　　　　　　　D. 预计产品质量保证损失

19. 某企业年初未分配利润为贷方余额100万元,本年净利润为1 000万元,按10%计提法定盈余公积,按5%计提任意盈余公积,宣告发放现金股利为80万元,该企业期末未分

配利润为（　　）万元。
A. 855　　　　　　B. 867　　　　　　C. 870　　　　　　D. 874

20. 下列各项中，不属于现金流量表"筹资活动产生的现金流量"的是（　　）。
A. 分配股利支付的现金　　　　　　B. 吸收投资收到的现金
C. 偿还债券利息支付的现金　　　　D. 清偿应付账款支付的现金

21. 下列资产负债表项目中，需要根据相关总账所属明细账户的期末余额分析填列的是（　　）。
A. 预收款项　　　B. 固定资产　　　C. 应付利息　　　D. 长期借款

二、多项选择题

22. 某公司出纳小王在现金清查中，发现短缺 50 元，经查明系业务员李某报销时计算错误导致多支付的金额，经批准后由李某偿还。则在发现现金短缺和批准后的处理为（　　）。
A. 借：库存现金　　　　　　　　　　　　　　　　　　50
　　　贷：待处理财产损溢　　　　　　　　　　　　　　　　50
B. 借：待处理财产损溢　　　　　　　　　　　　　　　　50
　　　贷：库存现金　　　　　　　　　　　　　　　　　　　　50
C. 借：其他应收款　　　　　　　　　　　　　　　　　　50
　　　贷：待处理财产损溢　　　　　　　　　　　　　　　　50
D. 借：营业外支出　　　　　　　　　　　　　　　　　　50
　　　贷：待处理财产损溢　　　　　　　　　　　　　　　　50

23. 下列税金中，应计入存货成本的有（　　）。
A. 委托加工物资收回后直接用于对外出售，由受托方代收代交的消费税
B. 委托加工物资收回后用于连续生产应税消费品，由受托方代收代交的消费税
C. 进口原材料缴纳的进口关税
D. 一般纳税人进口原材料缴纳的增值税

24. 下列各项中，应列入资产负债表"其他应收款"项目的有（　　）。
A. 应收的各种赔款、罚款　　　　　B. 应收的出租包装物租金
C. 为职工垫付的水电费　　　　　　D. 租入包装物支付的押金

25. 下列各项中，关于长期借款利息费用会计处理表述正确的有（　　）。
A. 筹建期间不符合资本化条件的借款利息费用计入管理费用
B. 生产经营期间不符合资本化条件的借款利息费用计入财务费用
C. 为购建固定资产发生的符合资本化条件的借款利息费用计入在建工程
D. 为购建厂房发生的借款利息费用在所建厂房达到预定可使用状态后的部分计入管理费用

26. 下列各项中，年度终了需要转入"利润分配——未分配利润"科目的有（　　）。
A. 本年利润　　　　　　　　　　　B. 利润分配——应付现金股利
C. 利润分配——盈余公积补亏　　　D. 利润分配——提取法定盈余公积

27. 下列各科目中，能够反映已经发出但尚未确认销售收入的商品成本的有（　　）。
A. 生产成本　　　B. 委托代销商品　　　C. 发出商品　　　D. 库存商品

28. 下列各项中，不列入利润表"管理费用"项目的有（　　）。

A. 支付中介机构的咨询费　　　　　　B. 计提的坏账准备
C. 处置固定资产的净损失　　　　　　D. 出租无形资产的摊销额

29. 下列各项中，影响利润表中"营业利润"项目金额的有（　　）。
A. 无形资产处置净损失　　　　　　　B. 支付合同违约金
C. 出售原材料损失　　　　　　　　　D. 交易性金融资产公允价值变动损失

30. 下列各项中，属于现金流量表中投资活动产生的现金流量的有（　　）。
A. 外购无形资产支付的现金　　　　　B. 转让固定资产所有权收到的现金
C. 购买三个月内到期的国库券支付的现金　D. 收到分派的现金股利

31. 资产负债表中的"应收账款"项目应根据（　　）分析计算填列。
A. 应收账款所属明细账借方余额合计
B. 预收账款所属明细账借方余额合计
C. 按应收账款余额一定比例计提的坏账准备科目的贷方余额
D. 应收账款总账科目借方余额

三、判断题（正确的在括号内打"√"，错误的打"×"）

32. 对于因未达账项而使企业银行存款日记账余额和银行对账单余额出现的差异，无须作账面调整，待结算凭证到达后再进行账务处理，登记入账。（　　）

33. 劳务的开始和完成分属不同的会计期间，如果资产负债表日能对交易的结果作出可靠估计，应按已经发生并预计能够补偿的劳务成本确认收入，并按相同金额结转成本。（　　）

34. 企业提取的盈余公积经批准可用于弥补亏损，转增资本，但是不得用于发放现金股利或利润。（　　）

35. 企业在确认商品销售收入后发生的销售折让，应在实际发生时记入"财务费用"。（　　）

36. 企业专设销售机构的固定资产修理费用应当记入"销售费用"。（　　）

37. 企业当期所得税可能等于所得税费用。（　　）

38. 现金流量表能提供企业一定会计期间内现金和现金等价物流入和流出的信息，有助于使用者了解和评价企业获取现金和现金等价物的能力。（　　）

四、不定项选择题

1. 甲公司为增值税一般纳税人，适用的增值税税率为17%，所得税税率为25%，商品、材料销售价格均不含增值税，商品、材料销售成本随销售收入的确认逐笔结转。甲公司 2013 年发生的部分经济业务事项如下：

（1）甲公司委托乙公司代为加工一批应交消费税的材料（非金银首饰）。甲公司发出的材料成本为 200 万元，加工费为 40 万元。由乙公司代收代交的消费税为 16 万元。材料已加工完成，并由甲企业收回验收入库，加工费已支付。甲公司收回的委托加工物资用于继续生产应税消费品。甲公司采用实际成本法进行原材料的核算。

（2）甲公司为高级管理人员提供汽车免费使用，同时为生产工人租赁三套住房，免费提供给生产工人住宿。相关汽车在 2013 年共计提折旧 6 万元，相关住房在 2013 年的租金共计 11 万元。

（3）2013 年 5 月 5 日，甲公司委托丙公司销售商品 150 件，商品已于当日发出，每件成本为1万元。合同约定丙公司应按每件1.2万元的价格对外销售。甲公司按照不含税售价的5%向丙公司支付手续费。截至2013年年底，丙公司已对外销售100件，开出的增值税专用发票上注明的销售价格为120万元，增值税税额为20.4万元。甲公司在2013年12月31日收到代销清单时，向丙公司开具一张相同金额的增值税专用发票。

（4）2013年12月31日，甲公司库存A产品的账面余额为300万元，由于市场价格下跌，预计其可变现净值为280万元。按照税法规定，资产减值损失在实际发生前不得税前扣除。

（5）甲公司2013年共取得国债利息收入30万元，发生税收滞纳金40万元。甲公司2013年全年利润总额为1 200万元。

要求：根据上述资料，回答下列第①~⑤题：

① 甲公司委托乙公司加工的物资，加工完成收回后的入账价值（　　）万元。

A. 274　　　　　　B. 290　　　　　　C. 240　　　　　　D. 256

② 对于甲公司向职工提供的非货币性职工薪酬，下列说法中正确的有（　　）。

A. 提供给管理人员的汽车的折旧费应计入管理费用

B. 提供给生产工人的住房的租赁费用应计入生产成本

C. 甲公司向职工提供的非货币性职工薪酬对其2013年损益的影响金额为17万元

D. 提供给生产工人的住房的租赁费用应计入营业外支出

③ 对于资料（3），下列说法中不正确的有（　　）。

A. 甲公司在2013年应确认收入180万元，结转成本150万元

B. 甲公司在2013年不应确认收入、结转成本

C. 甲公司在2013年应确认销售费用6万元

D. 甲公司应在收到代销清单时确认销售商品收入

④ 对于资料（4），下列说法中正确的有（　　）。

A. 甲公司应计提存货跌价准备20万元，并计入管理费用

B. 2013年12月31日，甲公司库存A产品在资产负债表"存货"项目中列示的金额为280万元

C. 甲公司计提的存货跌价准备在以后期间不得转回

D. 甲公司对库存A产品不需要计提跌价准备

⑤ 甲公司2013年的应纳税所得额为（　　）万元。

A. 1 230　　　　　B. 1 210　　　　　C. 1 260　　　　　D. 1 200

2. Y公司为增值税一般纳税人，增值税税率17%，只生产和销售A产品，原材料采用实际成本核算，发出计价采用先进先出法。A产品成本采用品种法，月末在产品按所耗用直接材料成本计算，材料在生产开始一次投入，生产车间产生的费用通过制造费用核算。12月，有关成本费用资料如下：

（1）月初结存B材料1 500千克，每千克100元，5日，购入B材料3 000千克，增值税专用发票上注明价款36万元，增值税6.12万元，全部价款已用转账支票付讫，材料尚未到达。15日，所购B材料入库。

（2）17日，生产A产品领用B材料3 250千克，领用作为产品组成部分的包装物实际成本2万元。

(3) 分配当月职工薪酬 32 万元，其中：生产工人 20 万元，车间管理人员 5 万元，行政管理人员 7 万元。

(4) 当月计提折旧 18 万元，其中：车间折旧 12 万元，行政管理部门折旧 6 万元。

(5) 月初无在产品，当月 A 产品完工 2 000 件，月末在产品 500 件。

要求：根据上述资料，回答下列第①～⑤题：

① 根据资料（1）(2)，会计处理正确的是（　　）。

A. 领用包装物，借记"销售费用"，贷记"周转材料"

B. 采购材料时，借记"材料采购""应交税费"，贷记"银行存款"

C. 产品领用材料，借记"生产成本"，贷记"原材料"

D. 材料入库时，借记"原材料"，贷记"在途物资"

② 根据资料（1）(2)，Y 公司生产 A 产品领用材料和包装物的成本是（　　）万元。

A. 38　　　　　　B. 35　　　　　　C. 40　　　　　　D. 42

③ 根据资料（3），Y 公司当月分配职工薪酬的处理正确的是（　　）。

A. 管理费用增加 7 万元　　　　　　B. 生产成本增加 20 万元

C. 制造费用增加 5 万元　　　　　　D. 应付职工薪酬增加 32 万元

3. 甲企业为增值税一般纳税人，适用的税率为 17%，该企业 2013 年有关情况如下：

(1) 本年销售商品收到货款 2 200 万元，以前年度销售商品本年收回货款 200 万元，本年预收下年度款项 100 万元，本年销售本年退回商品支付退货款 200 万元，以前年度销售本年退回商品支付退货款 60 万元。

(2) 本年购买商品支付 1 500 万元，本年支付以前年度购买商品所欠的款项 60 万元，本年预付下年货款 200 万元，本年发生购货退回收到 40 万元。

(3) 本年确认生产人员的职工薪酬 400 万元，管理人员的职工薪酬 200 万元，"应付职工薪酬"年初贷方余额和年末贷方余额分别为 30 万元和 200 万元，假定应付职工薪酬本期减少数均为本年支付的现金。

(4) 本年处置固定资产收益 120 万元，长期股权投资收益 100 万元，经营租赁租金收入 50 万元，发行债券筹资 200 万元，支付在建工程人员工资 250 万元。

(5) 本年度利润表中的所得税费用为 250 万元（均为当期应交所得税产生的所得税费用），"应交税费——应交所得税"科目年初数为 10 万元，年末数为 60 万元。本期实际缴纳营业税 70 万元，增值税 120 万元。假定不考虑其他税费。

要求：根据上述资料，不考虑其他因素，分析回答下列第①～⑤题。

① 根据资料（1），填列现金流量表中"销售商品、提供劳务收到的现金"项目金额，说法正确的是（　　）。

A. "销售商品、提供劳务收到的现金"的填列金额为 2 200 万元

B. "销售商品、提供劳务收到的现金"的填列金额为 2 000 万元

C. "销售商品、提供劳务收到的现金"的填列金额为 200 万元

D. "销售商品、提供劳务收到的现金"的填列金额为 2 240 万元

② 根据资料（2），填列现金流量表中"购买商品、接受劳务支付的现金"项目金额为（　　）万元。

A. 1 520　　　　　B. 1 760　　　　　C. 1 720　　　　　D. 1 660

③ 根据资料（3），填列现金流量表中"支付给职工以及为职工支付的现金"项目金额为（　　）万元。
   A. 630   B. 600   C. 430   D. 400

④ 根据资料（4），投资活动产生的现金流量为（　　）万元。
   A. 220   B. -30   C. -150   D. 470

⑤ 根据资料（5），填列现金流量表中"支付的各项税费"项目金额为（　　）万元。
   A. 450   B. 380   C. 320   D. 390

模拟检测试题二

一、单项选择题

1. 应收票据贴现时，贴现息应计入（　　）。
   A. 银行存款　　　　B. 应收票据　　　　C. 财务费用　　　　D. 库存现金

2. 2015年1月1日，嘉陵公司购入乙公司同日发行的面值为1 000万元的3年期公司债券作为交易性金融资产核算，该债券票面利率为5%，每年年末计提利息，于次年1月5日支付。购买价款为1 050万元，另支付交易费用5万元，2015年12月31日，该债券的公允价值为980万元。嘉陵公司于2016年6月30日将其全部出售，取得价款1 280万元，则嘉陵公司出售该债券应确认的投资收益为（　　）万元。
   A. 275　　　　　　B. 230　　　　　　C. 300　　　　　　D. 225

3. 嘉陵公司采用移动加权平均法计算发出材料的成本，2015年2月1日，结存材料300千克，每千克实际成本10元，2月27日，发出材料350千克，则2月末该企业材料的期末结存成本为（　　）元。
   A. 450　　　　　　B. 440　　　　　　C. 500　　　　　　D. 325

4. 嘉陵公司采用毛利率法核算库存商品，2015年9月初库存商品为60万元，本月购进商品100万元，本月销售收入为150万元，上季度该类商品毛利率为20%，则嘉陵公司月末库存商品的实际成本为（　　）万元。
   A. 10　　　　　　　B. 40　　　　　　　C. 120　　　　　　D. 150

5. 嘉陵公司2016年6月30日，结存甲半成品实际成本100万元，加工该半成品至完工产成品预计还将发生成本30万元，估计的销售费用和相关税费为5万元，估计该半成品生产的产成品售价为130万元，则2016年6月30日甲半成品应计提的存货跌价准备为（　　）万元。
   A. −5　　　　　　　B. 5　　　　　　　C. −10　　　　　　D. 10

6. 采用成本法核算的长期股权投资，被投资单位宣告发放现金股利时，应贷记（　　）。
   A. 长期股权投资——损益调整　　　　B. 应收股利
   C. 投资收益　　　　　　　　　　　　D. 银行存款

7. 2016年2月14日，嘉陵公司购入X设备实际支付的购买价款为430万元，预计使用年限5年，预计净残值率为4%，采用年数总和法计提折旧。则2016年嘉陵公司应计提的累计折旧金额为（　　）万元。
   A. 114.67　　　　　B. 119.44　　　　　C. 126.13　　　　　D. 131.39

8. 下列关于短期借款的说法中，不正确的是（　　）。
   A. 企业向银行或其他金融机构等借入的期限在1年以下（含一年）的各种款项
   B. 短期借款利息按季度支付且数额较大的，采用月末预提方式核算利息
   C. 短期借款利息按月支付且数额不大的，在实际收到时计入当期损益
   D. 短期借款利息属于筹资费用的，计入管理费用

9. 应付商业汇票到期，企业无力支付票款时，应将应付票据按账面余额转入（　　）。
   A. 应收账款　　　　B. 应付账款　　　　C. 预计负债　　　　D. 营业外支出

10. 对于设定提存计划，企业应当根据在资产负债表日为换取职工在会计期间提供的服务而应向单独主体缴存的提存金，确认为（　　）。
    A. 应付职工薪酬资产　　　　　　　　B. 应付职工薪酬负债
    C. 生产成本　　　　　　　　　　　　D. 管理费用

11. 下列关于消费税的说法中，正确的是（　　）。
    A. 销售应税消费品应交的消费税计入销售商品成本
    B. 领用自产应税消费品建造厂房应交的消费税计入税金及附加
    C. 收回委托加工物资（继续用于生产应税消费品）代收代交的消费税计入委托加工物资成本
    D. 进口环节应税物资在进口环节应交的消费税计入物资成本

12. 嘉陵公司销售甲产品每件售价100元，成本为80元，若客户购买100件以上（含100件）可享受20%的商业折扣。2016年2月1日，嘉陵公司向A公司销售甲产品150件，尚未收到货款。双方约定的现金折扣条件为：2/10，1/20，N/30（假定计算现金折扣时不考虑增值税）。A公司于2016年2月9日付款，则嘉陵公司实际收到的价款为（　　）元。
    A. 17 750　　　　B. 17 250　　　　C. 14 040　　　　D. 13 800

13. 嘉陵公司和J公司签订协议，采用预收款方式向J公司销售一批商品，该批商品实际成本为200万元。协议约定，该批商品销售价格为351万元（不含增值税），适用的增值税税率为17%，J公司在协议签订时预付60%货款（按售价计算），剩余款项于嘉陵公司发出商品时支付。下列关于嘉陵公司收到60%预付款的会计处理中正确的是（　　）。（单位：万元）
    A. 借：银行存款　　　　　　　　　　　　　　　　　　　　　　　210.6
          贷：预收账款　　　　　　　　　　　　　　　　　　　　　　210.6
    B. 借：银行存款　　　　　　　　　　　　　　　　　　　　　　　210.6
          贷：主营业务收入　　　　　　　　　　　　　　　　　　　　210.6
    C. 借：银行存款　　　　　　　　　　　　　　　　　　　　　　　210.6
          贷：主营业务收入　　　　　　　　　　　　　　　　　　　　180
              应交税费——应交增值税（销项税额）　　　　　　　　　30.6
    D. 借：预收账款　　　　　　　　　　　　　　　　　　　　　　　210.6
          贷：主营业务收入　　　　　　　　　　　　　　　　　　　　180
              应交税费——应交增值税（销项税额）　　　　　　　　　30.6

14. 下列各项中，不影响利润总额的是（　　）。
    A. 交易性金融资产公允价值上升
    B. 可供出售金融资产公允价值发生暂时性下跌
    C. 应收账款发生减值
    D. 长期股权投资发生减值

15. 嘉陵公司2016年度营业收入为5 000万元，营业成本为3 500万元，税金及附加为612万元，资产减值损失为60万元，营业外收入为10万元，营业外支出为30万元（其中税收滞纳金为5万元），适用的所得税税率为25%，则嘉陵公司应当确认的应交所得税为（　　）

万元。

  A. 203.25   B. 202   C. 609.75   D. 606

16. 下列关于资产负债表中"预付款项"项目的填列方法，正确的是（　　）。

  A. 预付账款明细账借方余额+应付账款明细账借方余额

  B. 预付账款明细账借方余额+预收账款明细账借方余额–与预付账款有关的"坏账准备"

  C. 预付账款明细账借方余额+应付账款明细账借方余额–与预付账款有关的"坏账准备"

  D. 预付账款明细账借方余额+预收账款明细账借方余额

17. 下列各项中，关于无形资产在资产负债表中填列方法的表述正确的是（　　）。

  A. 无形资产账面余额–累计摊销   B. 无形资产账面余额–减值准备

  C. 无形资产账面价值–累计摊销–减值准备 D. 无形资产账面余额–累计摊销–减值准备

18. 2015年12月31日，嘉陵公司账上有三笔长期借款：① 2012年9月15日，借入4年期借款100万元；② 2014年5月1日，借入3年期借款200万元；③ 2015年12月1日，借入5年期借款150万元。则嘉陵公司2015年12月31日资产负债表中列示"长期借款"项目的金额为（　　）万元。

  A. 150   B. 300   C. 350   D. 450

19. 下列各项中，应通过工业企业"其他业务成本"科目核算的是（　　）。

  A. 销售商品结转的成本   B. 出售原材料结转的成本

  C. 债务重组发生的损失   D. 购买机器设备收到的政府补助

二、多项选择题

1. 下列关于现金清查的说法中，正确的有（　　）。

  A. 如为现金短缺，属于保险公司赔偿的部分，应计入其他应收款

  B. 如为现金短缺，属于无法查明原因的，应计入营业外支出

  C. 如为现金溢余，属于应付给有关人员的，应计入其他应付款

  D. 如为现金溢余，属于无法查明原因的，应计入营业外收入

2. 下列各项中，应计入存货成本的有（　　）。

  A. 购买产品发生的运输费

  B. 为特定客户设计产品发生的设计费用

  C. 自然灾害导致的存货毁损

  D. 存货入库后为达到下一生产阶段所必需的储存费用

3. 下列关于固定资产清查的说法中，正确的有（　　）。

  A. 盘亏的固定资产应计入营业外支出

  B. 盘亏的固定资产应计入资产减值损失

  C. 盘盈的固定资产应计入营业外收入

  D. 盘盈的固定资产应计入以前年度损益调整

4. 下列各项中，应做进项税额转出处理的有（　　）。

  A. 购进的存货由于管理不善发生毁损 B. 购进的货物由于暴雨发生毁损

  C. 购进的货物用于建造厂房   D. 购进的货物用于建造机器设备

5. 下列各项中，应通过"其他应付款"科目核算的有（　　）。

  A. 应付融资租赁固定资产租金   B. 应付经营租赁固定资产租金

C. 应付租入包装物租金 D. 其他企业存入本单位的保证金

6. 下列各项中，会影响留存收益总额发生增减变动的有（　　）。
   A. 用法定盈余公积转增资本 B. 用未分配利润弥补以前年度亏损
   C. 用资本公积转增资本 D. 宣告用盈余公积分配现金股利

7. 下列各项中，应通过"管理费用"科目核算的有（　　）。
   A. 签订合同缴纳的印花税 B. 计提管理人员的职工薪酬
   C. 购买交易性金融资产支付的交易费用 D. 宣传产品发生的广告费

8. 下列各项中，应通过"营业外收入"科目核算的有（　　）。
   A. 收到无形资产处置收益 B. 出售原材料确认的收益
   C. 债务重组收益 D. 收到的政府补助

9. 下列各项中，属于非流动资产的有（　　）。
   A. 长期股权投资
   B. 以公允价值计量且其变动计入当期损益的金融资产
   C. 固定资产清理
   D. 工程物资

10. 下列各项中，属于经营活动产生的现金流量的有（　　）。
    A. 购买商品支付的现金 B. 收到返还的增值税
    C. 支付给职工的工资 D. 支付的经营租赁租金

11. 下列关于成本和费用的说法中，正确的有（　　）。
    A. 费用的涵盖范围比成本大 B. 费用着重于按会计期间进行归集
    C. 成本着重于按产品进行归集 D. 产品成本是费用总额的一部分

三、判断题（正确的在括号内打"√"，错误的打"×"）

1. 预付款项不多的企业，可以不设置"预付账款"科目，而将预付的款项通过"预收账款"科目核算。（　　）
2. 委托加工物资收回后用于继续加工的，代收代交的消费税应计入委托加工物资成本。（　　）
3. 过去已经估价单独入账的土地通过"固定资产"科目核算。（　　）
4. 采用公允价值模式计量的投资性房地产出现减值迹象时，减值金额应计入资产减值损失。（　　）
5. 无形资产研究阶段发生的支出通过"管理费用"科目核算。（　　）
6. 提供劳务交易结果不能可靠估计的，已经发生的劳务成本预计能够得到补偿，应按能够得到补偿的劳务成本金额确认提供劳务收入，并结转已经发生的劳务成本。（　　）
7. 一套完整的财务报表至少应当包括资产负债表、利润表、现金流量表和所有者权益（或固定权益）变动表。（　　）
8. 清查产品时，在产品发生盘盈经批准后转入"制造费用"科目。（　　）
9. 事业单位的利息支出、捐赠支出、现金盘亏损失等都通过"其他支出"科目核算。（　　）

四、不定项选择题

1. 甲公司为增值税一般纳税人，适用的增值税税率为17%，原材料采用实际成本核算。

2015 年 5 月发生的与 A 材料有关的事项如下：

（1）1 日，A 材料结存 200 千克，每千克实际成本 300 元。

（2）4 日，购入 A 材料 350 千克，每千克实际成本 210 元。

（3）15 日，发出 A 材料 300 千克。

（4）20 日，购入 A 材料 400 千克，每千克实际成本 290 元。

（5）24 日，发出 A 材料 400 千克。

要求：根据上述资料，假定不考虑其他因素，分析回答下列小题。（答案中金额单位用元表示）

（1）企业采用实际成本核算购入材料成本时，不会涉及的会计科目是（　　）。

A. 原材料　　　　　　B. 在途物资　　　　　C. 材料采购　　　　　D. 应付账款

（2）下列关于发出存货的计价方法的描述中，正确的是（　　）。

A. 采用个别计价法计算发出存货成本的前提是假定存货具体项目的实物流转与成本流转相一致

B. 采用先进先出法，在物价持续上升时，期末存货成本接近于市价，而发出成本偏低，会高估企业当期利润和库存存货价值

C. 月末一次加权平均法只需计算月末一次加权平均单价，比较简单，有利于简化成本计算工作，但由于平时无法从账上提供发出和结存存货的单价及金额，因而不利于存货成本的日常管理与控制

D. 移动加权平均法能够使企业管理层及时了解存货的结存情况，计算的平均单位成本以及发出和结存的存货成本比较客观，所以为所有企业所采用

（3）如果采用先进先出法核算发出存货成本，则甲公司月末结存 A 材料成本为（　　）元。

A. 177 000　　　　　B. 72 500　　　　　C. 65 657.5　　　　　D. 67 955

（4）如果采用月末一次加权平均法核算发出存货成本，则甲公司月末结存 A 材料成本为（　　）元。

A. 183 841　　　　　B. 72 500　　　　　C. 65 657.5　　　　　D. 67 955

（5）如果采用移动加权平均法核算发出存货成本，则甲公司月末结存 A 材料成本为（　　）元。

A. 181 547　　　　　B. 72 500　　　　　C. 65 657.5　　　　　D. 67 955

2. 嘉陵公司为增值税一般纳税人，固定资产和投资性房地产相关业务如下：

（1）2012 年 1 月 1 日，开始建造办公楼，领用工程物资 58 500 元（含增值税）。领用本公司资产商品一批，成本为 80 000 元，计税价格为 100 000 元，增值税税率为 17%，通过银行存款支付工资 100 000 元，支付其他费用 50 000 元。

（2）2012 年 12 月 20 日，该办公楼达到预定可使用状态，作为管理部门办公楼，预计使用年限 40 年，预计净残值为 0，采用直线法摊销。

（3）2013 年 12 月 31 日，对该办公楼进行更新改造，共计发生费用 67 900 元，假定全部为在建工程人员工资。

（4）2014 年 1 月 1 日，该办公楼更新改造完毕。

（5）2014年1月11日，嘉陵公司将原来用作办公的一栋写字楼出租（非上述更新改造办公楼），采用公允价值模式计量，原来账面余额为400 000元，已计提折旧50 000元，2014年1月11日该写字楼的公允价值为350 000元。

（6）2014年12月31日，该写字楼公允价值为400 000元。

（7）2015年12月31日，该写字楼公允价值为280 000元。

（8）2016年1月31日，将写字楼出售，取得价款250 000元。

要求：根据上述资料，不考虑其他相关因素，分析回答下列小题（答案中金额单位用元表示）。

（1）关于固定资产的下列说法中正确的是（　　）。

A. 一般纳税人购入机器设备等固定资产的增值税应作为进项税额抵扣，不计入固定资产成本

B. 已提足折旧仍继续使用的固定资产继续计提折旧

C. 企业至少应当于每年年度终了，对固定资产的使用寿命、预计净残值和折旧方法进行复核

D. 固定资产盘盈收入计入营业外收入

（2）根据资料（1）和（2），下列会计处理中正确的是（　　）。

A. 建造办公楼领用的工程物资的进项税额不能计入在建工程

B. 按照自产商品成本及计税价格计算的销项税额计入在建工程

C. 计入固定资产金额为305 500元

D. 支付的职工薪酬和其他费用均计入在建工程成本

（3）根据资料（3）和（4），下列会计处理中正确的是（　　）。

A. 2013年12月31日，转入在建工程的金额为297 862.5元

B. 在建工程人员工资需要计入在建工程，最后转入固定资产成本中

C. 该办公大楼的日常修理费用需计入固定资产成本

D. 2014年1月31日，转入固定资产的金额为365 762.5元

（4）根据资料（5）、（6）和（7），下列会计处理中正确的是（　　）。

A. 2014年1月11日，计入投资性房地产的金额为350 000元

B. 2014年12月31日，计入投资性房地产——公允价值变动的金额为50 000元

C. 2015年12月31日，计入投资性房地产——公允价值变动的金额120 000元

D. 在2014年年末和2015年年末不需对该投资性房地产进行减值测试，计提减值准备

（5）下列关于2016年1月31日处置办公楼的会计处理中正确的是（　　）。

A. 计入营业外收入的金额为250 000元

B. 计入其他业务收入的金额为250 000元

C. 计入其他业务成本的金额为210 000元

D. 需将2014年年末和2015年年末计入公允价值变动损益的金额转入营业外支出

3. 嘉陵股份有限公司（以下简称嘉陵公司），2015年6月30日有关所有者权益各科目期末余额如下表所示：

有关所有者权益各科目余额

项　　　　目	期末余额/万元
股本	60 000
资本公积	5 000
——其他资本公积	2 000
——股本溢价	3 000
盈余公积	8 000
未分配利润	4 500

2015 年 7—12 月发生如下事项：

(1) 7 月 3 日，接受乙公司作为股本投入的不需要安装的一台机器设备，全部确认为股本，不产生股本溢价，该机器设备账面价值为 180 万元，已计提折旧额为 20 万元，合同约定该机器设备的公允价值为 200 万元，增值税税额为 34 万元。

(2) 8 月 16 日，确认持有 A 公司长期股权投资除净损益、其他综合收益和利润分配以外所有者权益的其他变动 120 万元。

(3) 9 月 20 日，在证券市场购入一项债券 500 万元（包含支付的相关手续费 20 万元），作为可供出售金融资产核算。

(4) 10 月 8 日，向 B 公司销售一批商品，取得价款 100 万元，增值税税额 17 万元，该商品成本 70 万元。为了尽早收回货款，嘉陵公司提供的现金折扣条件为 2/10，1/20，N/30，B 公司于 10 月 15 日支付货款。（假定计算现金折扣时不考虑增值税）

(5) 11 月 26 日，销售原材料，取得价款 80 万元，增值税税额 13.6 万元，成本为 50 万元，款项已存入银行。

(6) 12 月 1 日，出售一项无形资产，该无形资产成本为 300 万元，已累计摊销 230 万元，转让过程中的应交税费 5 万元，实际取得的转让价款为 110 万元，款项已存入银行。

(7) 12 月 3 日，召开的股东大会上通过了增资扩股的方案，拟增发普通股股票 5 000 万股，每股面值 1 元，每股发行市价 2 元，支付证券机构的佣金按照发行收入的 3%计算，从发行收入中扣除。假定款项已全部收到并存入银行。

(8) 12 月 10 日，股东大会批准董事会提交的利润分配方案：按照净利润的 10%提取法定盈余公积，按照 5%提取任意盈余公积，宣告每 10 股分配 0.1 元的现金股利。

其他资料：嘉陵公司 2015 年 1—6 月实现主营业务收入 500 万元，主营业务成本 400 万元，其他业务收入 150 万元，其他业务成本 80 万元，税金及附加 30 万元，销售费用 50 万元，计提的固定资产减值损失 20 万元，适用的企业所得税税率为 25%。

要求：根据上述资料，假定不考虑其他因素，分析回答下列小题。（结算结果保留两位小数，金额单位为万元）

(1) 根据资料（1）～（4），下列会计处理中正确的是（　　）。

A. 接受乙公司投入的机器设备：

借：固定资产　　　　　　　　　　　　　　　200
　　应交税费——应交增值税（进项税额）　　34

贷：股本　　　　　　　　　　　　　　　　　　　　　　　　　　　234
B. 确认长期股权投资的其他权益变动：
借：长期股权投资——其他权益变动　　　　　　　　　　　　　　　120
　　　贷：资本公积——其他资本公积　　　　　　　　　　　　　　　120
C. 购入可供出售金融资产：
借：可供出售金融资产——成本　　　　　　　　　　　　　　　　　500
　　　贷：其他货币资金　　　　　　　　　　　　　　　　　　　　　500
D. 向B公司销售一批商品：
借：应收账款　　　　　　　　　　　　　　　　　　　　　　　　　117
　　　贷：主营业务收入　　　　　　　　　　　　　　　　　　　　　100
　　　　　应交税费——应交增值税（销项税额）　　　　　　　　　　 17
借：银行存款　　　　　　　　　　　　　　　　　　　　　　　　　115
　　　财务费用　　　　　　　　　　　　　　　　　　　　　　　　　 2
　　　贷：应收账款　　　　　　　　　　　　　　　　　　　　　　　117

（2）2015年12月31日，嘉陵公司实现的利润总额是（　　）万元。
　　A. 70　　　　　　　B. 128　　　　　　C. 163　　　　　　D. 122.25

（3）2015年12月31日，嘉陵公司实现的净利润是（　　）万元。
　　A. 70　　　　　　　B. 128　　　　　　C. 163　　　　　　D. 122.25

（4）根据资料（8），相关的会计处理正确的是（　　）。
A. 提取法定盈余公积：
借：利润分配——提取法定盈余公积　　　　　　　　　　　　　　12.23
　　　贷：盈余公积——法定盈余公积　　　　　　　　　　　　　　12.23
B. 提取任意盈余公积：
借：利润分配——提取任意盈余公积　　　　　　　　　　　　　　 6.11
　　　贷：盈余公积——任意盈余公积　　　　　　　　　　　　　　 6.11
C. 宣告分配现金股利：
借：利润分配——应付现金股利　　　　　　　　　　　　　　　　652.34
　　　贷：应付股利　　　　　　　　　　　　　　　　　　　　　　652.34
D. 宣告分配现金股利：
借：应付股利　　　　　　　　　　　　　　　　　　　　　　　　652.34
　　　贷：利润分配——应付现金股利　　　　　　　　　　　　　　652.34

（5）2015年12月31日，嘉陵公司的所有者权益总额是（　　）万元。
　　A. 65 234　　　　　B. 87 023.91　　　C. 77 500　　　　 D. 87 687.95

模拟检测试题三

一、单项选择题

1. 下列各项中，不通过"其他货币资金"科目核算的是（   ）。
   A. 银行本票存款   B. 备用金   C. 信用卡存款   D. 存储投资款

2. 某企业（增值税一般纳税人）销售商品一批，增值税专用发票上注明的价款为500万元，适用的增值税税率为17%，为购买方代垫运杂费20万元，款项尚未收回。该企业应确认的应收账款为（   ）万元。
   A. 605   B. 585   C. 520   D. 500

3. 甲公司2015年7月1日购入乙公司2015年1月1日发行的债券，支付价款为1 600万元（含已到付息期但尚未领取的债券利息30万元），另支付交易费用15万元。该债券面值1 500万元。票面年利率为4%（票面利率等于实际利率），每半年付息一次，甲公司将其划分为交易性金融资产。甲公司 2015 年度该项交易性金融资产应确认的投资收益为（   ）万元。
   A. 15   B. 30   C. –15   D. 65

4. 某商场采用售价金额核算法对库存商品进行核算。1月月初库存商品进价成本总额20万元，售价总额42万元；本月购进商品进价成本总额60万元，售价总额86万元，本月销售商品售价总额70万元，假设不考虑相关税费，该商场1月结存商品的实际成本为（   ）万元。
   A. 43.75   B. 36.25   C. 26.25   D. 53.75

5. 2016年1月1日，A企业从上海证券交易所购入W上市公司2015年1月1日发行的5年期分期付息、到期还本公司债券18万张，以银行存款支付价款1 500万元（含已到期付息期但尚未领取的利息50万元），另支付相关交易费用24万元。该债券面值100元，票面年利率为5%，W公司于每年年末支付年度利息。A公司拟持有该债券至到期。则A公司该债券投资的入账价值是（   ）万元。
   A. 1 500   B. 1 474   C. 1 450   D. 1 800

6. 2015年1月3日，甲上市公司购入乙公司股票580万股，占乙公司有表决权股份的25%，对乙公司的财务和经营决策具有重大影响，甲公司将其作为长期股权投资核算，每股购入价8元，每股价格中包含已宣告但尚未发放的现金股利0.25元，另外支付相关税费7万元。款项均以银行存款支付。同日，乙公司所有者权益的账面价值（与其公允价值不存在差异）为19 000万元。下列会计处理中不正确的是（   ）。
   A. 长期股权投资入账价值为4 502万元   B. 计入应收股利145万元
   C. 计入营业外收入248万元   D. 银行存款减少4 647万元

7. 甲公司2015年10月25日支付价款1 840万元从二级市场取得一向股权投资（含已宣告但尚未发放的现金股利40万元），另支付交易费用20万元，甲公司将其划分为可供出售金融资产。2015年12月28日，收到购买价款中包含的现金股利40万元。2015年12月31

日，该项股权投资的公允价值为 2 020 万元，假定不考虑所得税等其他因素。甲公司 2015 年度的该项股权投资应计入（　　）。

　　A. 资本公积 200 万元　　　　　　　　B. 其他综合收益 200 万元
　　C. 公允价值变动损益 220 万元　　　　D. 投资收益 180 万元

8. 甲企业出售一幢办公楼，该办公楼账面原价 680 万元，累计折旧 225 万元，未计提减值准备。出售取的价款 550 万元，发生清理费用 20 万元，支付营业税 38 万元。假定不考虑其他相关税费。该企业出售该幢办公楼应确认的净收益为（　　）万元。

　　A. 20　　　　　　B. 37　　　　　　C. 75　　　　　　D. 85

9. 2015 年 1 月 5 日，某公司自行研发的一项非专利技术已达到预定可使用状态，累积研究指出 240 万元，累计开发支出 360 万元（其中不符合资本化条件的支出 80 万元）。该项非专利技术使用寿命不能合理确定。2015 年 12 月 31 日，该项非专利技术的可收回金额为 260 万元。假定不考虑相关税费，该公司应就该项非专利技术计提的减值准备金额为（　　）万元。

　　A. 20　　　　　　B. 0　　　　　　C. 100　　　　　　D. 340

10. 丙公司为增值税一般纳税人。2016 年 6 月 2 日，从甲公司购入一批生产用材料并已验收入库，增值税专用发票注明该批材料的价款 180 万元，增值税额 30.6 万元，对方代垫运杂费 10 万元，合同中规定的现金折扣条件为 2/10，1/20，N/30。假定计算现金折扣时不考虑增值税。丙企业在 2016 年 6 月 11 日付清贷款。则丙企业购入材料应确认的应付账款的入账价值为（　　）万元。

　　A. 190　　　　　B. 217　　　　　C. 210.6　　　　　D. 220.6

11. 某羽绒服生产企业为增值税一般纳税人，适用的增值税税率为 17%，年末将本企业生产的一批羽绒服发放给销售分支机构人员作为福利。该批羽绒服市场售价为 15 万元（不含增值税），实际成本为 12 万元。假定不考虑其他因素，该企业应确认的销售费用为（　　）万元。

　　A. 15　　　　　　B. 0　　　　　　C. 12　　　　　　D. 17.55

12. 某企业为增值税一般纳税人，2017 年实际已缴纳税金情况如下：增值税 750 万元，消费税 50 万元（进口应税物资在进口环节缴纳的），城市维护建设税 40 万元，车船税 0.5 万元，印花税 1.5 万元，耕地占用税 2 万元（企业为构建土地而缴纳的），企业所得税 120 万元。上述各项税金中应记入"税金及附加"科目的金额是（　　）万元。

　　A. 190　　　　　B. 40　　　　　C. 144　　　　　D. 1 064

13. 甲股份有限公司委托某证券公司发行普通股股票 1 000 万股，每股面值 3 元，发行总价款 15 000 万元，发行费按发行总价款的 2% 计算（不考虑其他因素），股票发行净收益全部收到。甲股份有限公司因该笔业务记入"资本公积"科目的金额为（　　）万元。

　　A. 3 000　　　　B. 11 700　　　　C. 12 000　　　　D. 15 000

14. 甲公司是增值税一般纳税人。2016 年 3 月 1 日，委托乙公司销售商品 180 件，商品已经发出，每件成本为 70 元。合同约定乙公司对外销售价格为每件 120 元，甲公司按不含增值税的销售价款的 10% 向乙公司支付手续费。3 月 20 日，乙公司对外实际销售 100 件。3 月 25 日，甲公司收到代销清单，开出的增值税专用发票注明的销售价款 12 000 元，增值税税额为 2 040 元。3 月 31 日，甲公司收到扣除手续费后的价款并存入银行。甲公司实际收到的价款为（　　）万元。

A. 14 040　　　　　B. 12 840　　　　　C. 12 636　　　　　D. 12 000

15. ABC 企业 2015 年 10 月承接一项电梯安装劳务，劳务合同总收入为 800 万元，预计合同总成本为 640 万元，合同价款在签订合同时已收取，采用完工百分比法确认劳务收入。2015 年已确认劳务收入 180 万元，截至 2016 年 12 月 31 日，该劳务的累计完工进度为 75%。2016 年该企业应确认的劳务收入为（　　）万元。

A. 800　　　　　B. 420　　　　　C. 640　　　　　D. 600

16. 甲公司为增值税一般纳税人，2016 年度发生如下交易或事项：出租非专利技术使用权取得的价款 100 万元；出租设备取得价款 150 万元；处置仓库取得净收益 20 万元；国债利息收入 20 万元；收到财政贴息 40 万元，取得非货币资产交换净收益 1.7 万元。不考虑其他相关税费。甲公司应确认的让渡资产使用权收入为（　　）万元。

A. 61.7　　　　　B. 331.7　　　　　C. 270　　　　　D. 290

17. 下列各项中，应计入财务费用的是（　　）。

A. 企业筹建期间发生的办公费

B. 已售商品预计质量保修费用

C. 固定资产达到预定可使用状态后发生的专门借款费用

D. 车间机器设备的日常修理费

18. 某企业 2016 年 2 月主营业务收入 100 万元，其他业务收入 20 万元，主营业务成本 80 万元，其他业务成本 10 万元，营业外支出 40 万元，税金及附加 5 万元，管理费用 5 万元，资产减值损失 2 万元，公允价值变动收益 10 万元。适用的所得税税率 25%，假定不考虑其他因素，该企业当月的营业利润为（　　）万元。

A. 21　　　　　B. 18　　　　　C. −12　　　　　D. 28

19. 某企业 2015 年度利润总额为 220 万元，其中国债利息收入 15 万元，因合同违约赔款 10 万元，缴纳行政罚款 20 万元，假定不考虑其他因素，适用的所得税税率为 25%。该企业 2015 年度所得税费用为（　　）万元。

A. 56.25　　　　　B. 58.75　　　　　C. 55　　　　　D. 62.5

20. 下列各项中，属于资产负债表中"流动资产"项目的是（　　）。

A. 工程物资　　　　　B. 应收票据　　　　　C. 预收账款　　　　　D. 开发支出

21. 乙企业 2015 年年末"原材料"科目余额 300 万元，"材料成本差异"科目借方余额 50 万元，"周转材料"科目余额 5 万元，"工程物资"科目余额 200 万元，"生产成本"科目余额 150 万元，"发出商品"科目余额 100 万元，受托代销商品 80 万元。假定不考虑其他因素，该企业年末资产负债表中"存货"项目的金额为（　　）万元。

A. 650　　　　　B. 605　　　　　C. 350　　　　　D. 550

22. 甲公司 2016 年度发生如下事项：支付车间管理人员工资 500 万元，存货盘亏净损失（管理不善引起）18 万元，支付经营租入厂房的租金 100 万元，缴纳消费税 20 万元，支付差旅费 5 万元，业务招待费支出 2 万元。假定不考虑其他因素，甲公司 2016 年度现金流量表中"支付其他与经营活动有关的现金"项目的金额为（　　）万元。

A. 140　　　　　B. 107　　　　　C. 127　　　　　D. 627

23. 所有者权益变动表中，企业至少应当单独列示反映的项目不包括（　　）。

A. 综合收益总额

B. 净利润

C. 提取的盈余公积

D. 未分配利润的期初和期末余额及其调节情况

二、多项选择题

1. 下列各项中，符合企业资产定义的有（　　）。
   A. 约定未来购入的商品　　　　　　B. 半成品
   C. 经营租入的机器设备　　　　　　D. 委托代销商品

2. 下列各项中，不属于其他应收款核算内容的有（　　）。
   A. 应收保险公司赔款
   B. 出租包装物收取的押金
   C. 代购货单位垫付的包装费
   D. 以经营租赁方式租入固定资产发生的改良支出

3. 下列各项中，减值损失一经计提，以后期间不得转回的有（　　）。
   A. 存货
   B. 采用成本模式进行后续计量的投资性房地产
   C. 持有至到期投资
   D. 长期股权投资

4. 下列各项中，应作为应付职工薪酬核算的有（　　）。
   A. 为鼓励职工自愿接受裁减而给予职工的补偿金
   B. 向职工提供异地安家费
   C. 提供给职工的以现金形式结算但以权益工具公允价值为基础确定的现金股票增值权
   D. 将自有的小汽车无偿提供给高级管理人员使用

5. 下列各项中，不会引起所有者权益总额发生增减变动的有（　　）。
   A. 当期发生净亏损　　　　　　　　B. 实际发放股票股利
   C. 盈余公积转增资本　　　　　　　D. 注销库存股

6. 下列各项中，关于收入确认时点的表述正确的有（　　）。
   A. 采用托收承付方式销售商品，在发出商品并办妥托收手续时确认收入
   B. 采用交款提货方式销售商品，通常在发出商品时确认收入
   C. 采用支付手续费委托代销方式销售商品，在收到代销清单时确认收入
   D. 采用分期收款方式销售商品，在开出发票账单收到贷款时确认收入

7. 下列各项中，应作为工业企业其他业务收入核算的有（　　）。
   A. 提供劳务安装工程取得的收入　　B. 随同商品对外销售单独计价的包装物
   C. 无法查明原因的现金溢余　　　　D. 出租无形资产使用权取得的收入

8. 下列各项中，应通过"营业外支出"科目核算的有（　　）。
   A. 机器设备处置净损失　　　　　　B. 公益性捐赠支出
   C. 地震导致的净损失　　　　　　　D. 税务罚款

9. 下列各项现金流出中，属于企业现金流量表中"筹资活动产生的现金流量"的有（　　）。
   A. 发放现金股利　　B. 偿还短期借款　　C. 偿还应付票据　　D. 支付借款利息

10. 下列交易或事项中,会引起现金流量表"投资活动产生的现金流量净额"发生变化的有(　　)。
　　A. 取得可供出售金融债券支付的价款　　B. 购建生产线支付的专门借款利息
　　C. 接受劳务安装支付的现金　　D. 收到被投资单位分配的现金股利
11. 下列各项中,关于事业收入说法正确的有(　　)。
　　A. 核算事业单位开展专业业务活动及辅助活动取得的收入
　　B. 无法偿付的应付及预收款项计入事业收入
　　C. 核算事业单位从同级财政部门取得的各类财政拨款
　　D. 期末本科目发生额中的专项资金收入需结转至非财政补助结转

三、判断题(正确的在括号内打"√",错误的打"×")

1. 股份有限公司在财产清查时发现存货盘亏、盘盈,应当于年末结账前处理完毕,如果确实尚未报经批准,可先保留在"待处理财产损溢"科目中,待批准再进行处理。(　　)
2. 因进行大修理而停用的机器设备,应当照提折旧,计提的折旧应计入相关成本费用。(　　)
3. 分期付款方式购入机器设备发生的应付款项,应通过"长期应付款"科目核算。(　　)
4. 企业增加资本的途径包括:接受投资者追加投资、资本公积转增资本、盈余公积转增资本、回购本公司股票。(　　)
5. 劳务的开始和完成分属不同的会计期间,且提供劳务交易结果不能可靠估计的,已发生成本预计全部不能得到补偿的,应将已发生成本计入当期损益,不确认收入。(　　)
6. 采用成本模式进行后续计量的投资性房地产,其房产的折旧额,应计入其他业务成本;其地产的摊销额,应计入管理费用。(　　)
7. 企业确认与资产相关的政府补助,应直接计入当其营业外收入。(　　)
8. 财务报表附注提供了对资产负债表、利润表、现金流量表和所有者权益变动表中未列示项目的详细或明细说明。(　　)

四、不定项选择题

1. 为提高闲置资金的使用效率,嘉陵公司2015年度进行了如下投资:

(1) 1月1日,购入A公司同日发行的5年期公司债券100万张,共支付价款9 500万元,另支付手续费90.12万元。该债券期限为5年,每张面值为100元,实际年利率为7%,票面年利率为6%,于每年12月31日支付当年度利息。管理层拟持有该至到期。
12月31日,预计未来现金流量现值为8 983.88万元。

(2) 1月15日,委托证券公司从二级市场购入B公司股票400万股,支付价款1 220万元(含已宣告但尚未发放的现金股利24万元),另支付相关交易费用8万元。嘉陵公司取得B公司股票后,对丁公司不具有控制、共同控制或重大影响。嘉陵公司管理层拟随时出售B公司股票以赚取差价。

(3) 2月3日,购入C公司股票580万股,支付价款4 600万元,每股价格中包含已宣告但尚未发放的现金股利0.25元,另支付相关税费7万元,占C公司有表决权股份的25%,对公司的财务和经营决策具有重大影响,嘉陵公司将其作为长期股权投资核算。同日C公司所有者权益的账面价值(与其公允价值不存在差异)为18 000万元。

2015年度，C公司实现净利润600万元，其可供出售金融资产公允价值增加了400万元。

（4）4月10日，购入D公司首次公开发行的股票100万股，支付价款800万元，另支付相关交易费用4万元。嘉陵公司取得D公司股票后，对D公司不具有控制、共同控制或重大影响，取得D公司股票时没有近期出售该股票的计划。

12月31日。D公司股票公允价值为每股10.2元。

要求：根据上述资料，不考虑其他相关因素，分析回答下列小题（答案中金额单位用万元表示）（保留至小数点后两位）。

（1）下列各项中，有关金融资产核算的说法中正确的是（　　）。

A. 债券投资不可以作为可供出售金融资产核算
B. 持有至到期投资核算包括衍生金融资产
C. 交易性金融资产无须计提减值准备
D. 长期股权投资处置时只需结转原计入资本公积的金额

（2）根据资料（1），下列账务处理中正确的是（　　）。

A. 持有至到期投资初始账面价值10 000万元
B. 应确认投资收益600万元
C. 12月31日摊余成本为9 661.43万元
D. 期末应确认减值损失677.55万元

（3）根据资料（2），针对B公司股权投资说法正确的是（　　）。

A. 应作为交易性金融资产核算　　　　B. 入账价值1 206万元
C. 应确认投资收益40万元　　　　　　D. 应确认公允价值变动损益324万元

（4）根据资料（3），针对C公司股权投资说法正确的是（　　）。

A. 应采用成本法核算　　　　　　　　B. 应确认投资收益143万元
C. 应确认其他综合收益100万元　　　 D. 12月31日账面价值4 712万元

（5）根据资料（4），针对D公司股权投资说法正确的是（　　）

A. 应作为交易性金融资产核算　　　　B. 应确认投资收益4万元
C. 应确认资本公积216万元　　　　　 D. 12月31日账面价值1 020万元

2. 甲公司为增值税一般纳税人，适用的增值税税率为17%。该公司按毛利率法月末一次结转商品销售成本，上季度毛利率为30%，假定销售产品符合收入确认条件。2016年12月发生的有关经济业务如下：

（1）1日，预收乙公司货款200万元，存入银行。25日，向乙公司发出商品，开出的增值税专用发票注明的价款为500万元，增值税税额为85万元，当日通过银行收妥剩余款项。

（2）8日，向丙公司销售一批商品，开出的增值税专用发票上注明的价款为300万元，增值税税额为51万元，商品已发出，款项至月末尚未收到。

（3）11日，向丁公司销售商品2万件，每件商品的标价为200元（不含增值税）。由于成批销售，甲公司给予丁公司10%的商业折扣。增值税专用发票已开出，货款已收到。

（4）15日，收到因质量原因被戊公司退回的商品，甲公司按规定向戊公司开具了增值税专用发票（红字）并退回相应款项。该批退回商品系2016年11月8日出售给戊公司，已于当月确认主营业务收入100万元，结转主营业务成本70万元。

要求：根据上述资料，不考虑其他因素，分析回答下列小题（答案中金额单位用万元

表示)

(1) 根据资料(1),下列各项中,甲公司采用预收款方式销售商品说法正确的是( )。

A. 12月1日,确认商品销售收入200万元

B. 12月25日,确认商品销售收入300万元

C. 12月25日,确认增值税销项税额85万元

D. 12月1日,确认预收账款200万元

(2) 根据资料(3),甲公司下列会计处理结果中正确的是( )。

A. 商品销售收入增加400万元　　　　B. 销售费用增加40万元

C. 商品销售收入增加360万元　　　　D. 财务费用增加40万元

(3) 根据资料(4),下列各项中,关于甲公司接受退货会计处理结果正确的是( )。

A. "以前年度损益调整"科目借方增加30万元

B. 冲减本期销售收入100万元

C. 冲减本期主营业务成本70万元

D. 库存商品增加70万元

(4) 根据资料(1)至(4),甲公司12月营业成本的金额是( )万元。

A. 560　　　　　　B. 602　　　　　　C. 742　　　　　　D. 812

(5) 根据资料(1)至(4),甲公司应列入2016年度现金流量表中"销售商品、提供劳务收到的现金"项目的本期金额是( )万元。

A. 1 006.2　　　　B. 900　　　　　　C. 889.2　　　　　D. 906.2

模拟检测试题四

一、单项选择题

1. 下列关于其他货币资金的说法中,正确的是（　　）。
   A. 外埠存款账户的存款不计利息、只付不收、付完清户,除了采购人员可以支取少量现金外,一律采用转账结算
   B. 其他货币资金包括商业汇票、银行本票存款、信用卡存款等
   C. 销货企业收到银行汇票,根据进账单及销货发票等,借记"其他货币资金——银行本票"科目,贷记"主营业务收入""应交税费——应交增值税（销项税额）"等科目
   D. 企业向证券公司划出资金时,按实际划出的金额,借记"交易性金融资产"等科目,贷记"其他货币资金——存出投资款"科目

2. 下列经济业务中,不属于其他应收款核算内容的是（　　）。
   A. 现金短缺,属于应由责任人赔偿或保险公司赔偿的部分
   B. 为职工家属代垫的医药费
   C. 企业出口产品按规定退税的,应收的出口退税额
   D. 出租包装物收取的押金

3. 甲公司为增值税一般纳税人,适用的增值税税率为17%。2015年6月9日,赊销商品一批,销售数量为2 000件,单价为1 000元。由于是成批销售,甲公司给予购货方10%的商业折扣,并在合同中规定现金折扣条件为2/10, 1/20, N/30（假定计算现金折扣时不考虑增值税）。以银行存款垫付运杂费500元。该商品于6月9日发出,符合收入确认条件。6月20日货到后购货方发现商品质量不符合合同要求,要求给予价格5%销售折让,甲公司同意并办妥了相关手续。开具了增值税专用发票（红字）,发生的销售折让允许扣减当期增值税销项税额。则6月9日应收账款的入账价值为（　　）元。
   A. 1 989 500　　B. 2 340 500　　C. 2 106 500　　D. 2 006 500

4. 嘉陵公司2015年7月10日,以每股10元的价格从上海证券交易所购入丙公司股票10万股作为交易性金融资产,其中包含已宣告但尚未发放的现金股利0.15元/股,另支付相关交易费用0.8万元,于8月15日收到现金股利,8月31日该股票收盘价格为每股9元,9月25日以每股9.5元的价格将股票全部售出,则出售该交易性金融资产对9月份投资收益的影响金额为（　　）万元。
   A. -5　　B. 8.5　　C. -3.5　　D. 3.5

5. 某企业材料采用计划成本核算。月初结存材料计划成本为130万元,材料成本差异为节约20万元。当月购入材料一批,实际成本110万元,计划成本120万元,领用材料的计划成本为100万元。该企业当月结存材料的实际成本为（　　）万元。
   A. 132　　B. 96　　C. 100　　D. 112

6. 甲公司委托乙公司加工产品一批（属于应税消费品）1 000件,1月20日发出材料一批,计划成本60 000元,材料成本差异率为-3%。2月20日,支付加工费12 000元,支付应

当缴纳的消费税 6 600 元，该商品收回后用于直接销售，甲公司和乙公司均为增值税一般纳税人，适用增值税税率为 17%，不考虑其他相关税费。加工完成的委托加工物资的实际成本为（　　）元。

  A. 70 200   B. 73 800   C. 76 800   D. 78 600

  7. 2015 年 12 月 31 日，甲公司 A 商品的账面余额（成本）为 20 000 元，由于市场价格下跌，预计其可变现净值为 18 000；2016 年 3 月 31 日，对外销售 A 商品的 30%，并同时结转了相应的销售成本。假定 2016 年 6 月 30 日，由于市场价格上升，使得 A 商品的预计可变现净值为 13 000 元，则 2016 年 6 月 30 日转回存货跌价准备的金额为（　　）元。

  A. 1 000   B. 400   C. 600   D. 0

  8. 2015 年 1 月 1 日，甲公司购入 B 公司发行的公司债券，该笔债券于 2014 年 7 月 1 日发行，面值为 2 500 万元，票面利率为 4%。上年债券利息于下年年初支付。甲公司将其划分为可供出售金融资产，支付价款 2 600 万元（其中包含已到付息期但尚未领取的债券利息 50 万元），另支付交易费用 30 万元。2015 年 1 月 8 日，甲公司收到该笔债券利息 50 万元。假定 2015 年 12 月 31 日公允价值为 2 780 万元。则 2015 年 12 月 31 日，该项可供出售金融资产的账面价值为（　　）万元。

  A. 2 550   B. 2 780   C. 2 500   D. 2 630

  9. 甲公司为增值税一般纳税人，适用增值税税率 17%。2015 年 8 月 15 日，购入一台需要安装的用于集体福利的设备，增值税专用发票上注明的价款为 180 000 元，增值税税额 30 600 元，全部款项以银行存款支付。因安装该设备，从仓库领用原材料 6 000 元，购入原材料时支付的增值税为 1 020 元。假设不考虑其他相关税费。安装完毕后，则该固定资产的入账价值为（　　）元。

  A. 186 000   B. 216 600   C. 187 020   D. 217 620

  10. 甲公司 2015 年 4 月 30 日购入一台不需安装的设备，该设备入账价值为 100 万元，预计使用寿命为 5 年，预计净残值 15 万元，假设按双倍余额递减法计提折旧，该设备 2015 年应计提折旧额为（　　）万元。

  A. 40   B. 34   C. 22.67   D. 26.67

  11. 某企业为增值税一般纳税人，2015 年实际已缴纳税金情况如下：增值税 850 万元，消费税 150 万元，城市维护建设税 70 万元，车船使用税 0.5 万元，印花税 1.5 万元，所得税 120 万元。上述各项税金中应记入"应交税费"科目借方的金额是（　　）万元。

  A. 1 190   B. 1 190.5   C. 1 191.5   D. 1 192

  12. 某企业年初未分配利润借方余额为 100 万元，本年实现净利润 500 万元，经股东大会批准，该公司按 10% 提取法定盈余公积，按 5% 提取任意盈余公积，则该企业年末可供投资者分配的利润为（　　）万元。

  A. 400   B. 340   C. 325   D. 425

  13. 甲公司为增值税一般纳税人，2015 年 9 月 1 日销售 A 商品 1 000 件，每件商品的标价为 50 元（不含增值税），每件商品的实际成本为 30 元，A 商品适用的增值税税率为 17%；由于是成批销售，甲公司给予购货方 10% 的商业折扣，并在销售合同中规定现金折扣条件为 2/10，1/20，N/30；A 商品于 9 月 1 日发出，符合收入确认条件，购货方于 9 月 9 日付款。假定计算现金折扣时不考虑增值税。假定不考虑其他相关税费。则该笔业务对甲公司 9 月营业利润的影响金额为（　　）元。

A. 14 100　　　　　B. 13 947　　　　　C. 15 000　　　　　D. 13 830

14. 甲公司于2016年9月30日与乙公司签订一项为期6个月安装劳务合同，合同总价款60万元，当日收到乙公司预付合同价款25万元，余款在安装完成时收回，当年实际发生成本25万元，估计还将发生成本15万元。2016年12月31日，经专业测量后，该项劳务合同的完工程度为60%。假定不考虑相关税额，该项劳务影响该公司2016年度的利润总额的金额为（　　）万元。

A. 0　　　　　　　B. 12.5　　　　　　C. 10　　　　　　　D. 12

15. 2016年2月，丙公司为宣传新产品发生广告费80 000元，销售过程中发生运输费5 000元，支付销售产品保险费1 500元，支付代销手续费1 800元。销售原材料一批，该批材料的成本为9 000元，为销售商品领用单独计价的包装物的计划成本为5 000元，该包装物的材料成本差异率为3%。则丙公司当月计入销售费用的金额为（　　）元

A. 88 300　　　　　B. 97 300　　　　　C. 93 450　　　　　D. 93 00

16. 甲公司2015年按企业会计准则计算的会计税前利润为1 500万元，所得税税率为25%。其中包括本年支付的税收滞纳金12万元、本年收到的国债利息收入5万元。假定无其他纳税调整事项。甲公司递延所得税负债年初数为40万元、年末数为50万元，递延所得税资产年初数为25万元、年末数为20万元。则下列说法正确的是（　　）。

A 当期所得税376.75万元　　　　　B. 当期所得税费用386.75万元

C. 当期所得税费用396.75万元　　　　D. 递延所得税5万元

17. 娇娇公司为增值税一般纳税人，适用的增值税税率为17%。2016年3月20日，销售商品一批开出的增值税专用发票上注明的售价为500万元，增值税税额为85万元，甲公司已收到货款585万元；12月20日，预收款方式销售商品一批，该批商品的售价为80万元，收到预付款60%，外购生产设备一台，取得增值税专用发票上注明的价款为300万元，增值税税额51万元，另支付包装费2万元，款项已用银行存款支付。不考虑其他相关税费。则娇娇公司2016年度现金流量表中"经营活动产生的现金流量"项目的金额应为（　　）万元。

A. 665　　　　　　B. 633　　　　　　C. 282　　　　　　D. 232

18. 甲公司2015年年末"发出商品"科目的余额为30万元，"原材料"科目的余额为20万元，"工程物资"科目的余额为150万元，"材料成本差异"科目的贷方余额为10万元，存货跌价准备贷方余额5万元，假定不考虑其他因素，该公司资产负债中"存货"项目的金额为（　　）万元。

A. 185　　　　　　B. 180　　　　　　C. 35　　　　　　　D. 40

19. 2016年2月5日，财政局拨付丙企业300万元补助款（同日到账），用于购买环保设备，并规定若有结余，留归企业自行分配。2016年2月15日该企业购入设备并同时投入使用，该设备的实际成本为240万元，使用寿命5年，不考虑净残值。按直线法计提折旧。该企业2016年2月应确认的营业外收入是（　　）万元。

A. 0　　　　　　　B. 60　　　　　　　C. 12　　　　　　　D. 5

二、多项选择题

1. 下列关于财产清查的会计处理，正确的有（　　）。

A. 现金的溢余，按管理权限报经批准后，计入营业外收入

B. 盘盈的固定资产，按管理权限报经批准后，计入营业外收入
C. 存货盘盈，按管理权限报经批准后，冲减管理费用
D. 在产品发生盘盈，按管理权限报经批准后，计入制造费用

2. 对于增值税一般纳税人，下列各项中不能计入收回委托加工物资成本的有（　　）。
A. 支付的加工费
B. 随同加工费支付的增值税
C. 支付的收回后继续加工的委托加工物资的消费税
D. 支付的收回后用于直接销售的委托加工物资的消费税

3. 下列业务事项，应计入营业外收入的有（　　）。
A. 企业确认的捐赠利得
B. 企业确实无法支付的应付账款
C. 处置投资性房地产实际收到的金额
D. 权益法下，长期股权投资的初始投资成本小于投资时应享有被投资单位可辨认净资产公允价值份额的差额

4. 下列关于固定资产的账务处理，正确的有（　　）。
A. 固定资产的报废，通过"固定资产清理"科目核算
B. 固定资产的盘盈，通过"以前年度损益调整"科目核算
C. 固定资产的盘亏，通过"待处理财产损溢"科目核算
D. 因遭受自然灾害而对毁损的固定资产进行处理，通过"待处理财产损溢"科目核算

5. 甲公司为增值税一般纳税人，在（　　）情况下，存货增值税进项税额应通过"应交税费——应交增值税（进项税额转出）"科目核算。
A. 因管理不善造成的损失　　　　　B. 因自然灾害造成的损失
C. 将购进货物用于非增值税应税项目　D. 将购进货物用于集体福利

6. 企业缴纳的下列税费中，可以计入税金及附加的有（　　）。
A. 城市维护建设税　　　　　　　　B. 土地增值税
C. 城镇土地使用税　　　　　　　　D. 教育费附加

7. 关于减值损失的确认，下列说法不正确的有（　　）。
A. 企业应当在资产负债表中对应收款项的账面价值进行检查，有客观证据表明应收款项发生减值的，应当将应收款项的账面价值减记至预计未来现金流量，减记的金额确认为减值损失
B. 在资产负债表中，当持有至到期投资的账面价值高于预计未来现金流量，企业应当按照持有至到期投资账面价值高于预计未来现金流量的差额，确认为减值损失
C. 当存货成本低于其可变现净值时，表明存货可能发生损失，应在存货销售之前确认减值损失，计入当期损益
D. 无形资产在资产负债表日存在可能发生减值的迹象时，其账面价值低于可收回金额的，企业应当将该无形资产账面价值减记至可收回金额，减记的金额确认为减值损失

8. 下列经济业务中，记入"其他综合收益"科目的有（　　）。
A. 权益法下投资企业在持有长期股权投资期间，应享有或分担被投资单位实现其他综合收益的份额

B. 资产负债表日，可供出售金融资产的公允价值正常波动导致的差额

C. 企业自用的建筑物等转换为以公允价值计量的投资性房地产的，转换日的公允价值小于转换日的账面价值的差额

D. 企业将作为存货的房地产转换为以公允价值计量的投资性房地产的，转换日的公允价值小于转换日的账面价值的差额

9. 投资企业通常可以通过以下（　　）情形来判断是否对被投资单位具有重大影响。

A. 参与被投资单位财务和经营政策制定过程

B. 与被投资单位之间发生重要交易

C. 在被投资单位的股东大会或类似机构派有代表

D. 向被投资单位提供技术资料

三、判断题（正确的在括号内打"√"，错误的打"×"）

1. 已确认并转销的应收账款以后又收回的，应当按照实际收到的金额减少坏账准备的账面余额。　　　　　　　　　　　　　　　　　　　　　　　　　　　（　　）

2. 企业设计产品发生的设计费用通常应计入当期损益，但是为特定客户设计产品所发生的、可直接确定的设计费用应计入存货的成本。　　　　　　　　　（　　）

3. 如果企业的商品进销差价率各期是比较均衡的，也可以采用上期商品进销差价率分摊本期的商品进销差价。年度终了，应对商品进销差价进行核实调整。（　　）

4. 持有至到期投资为一次还本付息债券的，企业应当在资产负债表日按照持有至到期投资的面值和票面利率确定的利息收入，借记"持有至到期投资——应计利息"科目。
　　　　　　　　　　　　　　　　　　　　　　　　　　　　　　　　　（　　）

5. 企业根据董事会或类似机构审议批准的利润分配方案，确认应付给投资者的现金或利润时，借记"利润分配——应付现金股利或利润"科目，贷记"应付股利"科目。（　　）

6. 企业购买资产有可能延期支付有关价款，如果延期支付的购买价款超过正常信用条件，实质上具有融资的，所购资产的成本应当按延期支付购买价款的现值为基础确定。
　　　　　　　　　　　　　　　　　　　　　　　　　　　　　　　　　（　　）

7. 在账结法下，平时无须将各损益类科目余额结转至本年利润，只有在年末时才将其全年累计余额转入本年利润中，本年利润年末无余额。　　　　　　　（　　）

8. 对于一项劳务其开始和完成在同一会计期间的，应在收到劳务款项时确认收入。
　　　　　　　　　　　　　　　　　　　　　　　　　　　　　　　　　（　　）

四、不定项选择题

1. 甲公司为增值税一般纳税人，适用的增值税税率为17%，商品销售价格不含增值税。确认销售收入时逐笔结转销售成本。

2015年12月，甲公司发生如下经济业务：

（1）2日，向乙公司销售A产品，销售价格为600万元，实际成本为540万元。产品已发出，款项存入银行。销售前，该产品已计提存货跌价准备5万元。

（2）3日，甲公司向戊公司销售一批商品，开出的增值税专用发票上注明的价款为30万元，增值税税额为5.1万元，款项尚未收到。这批商品的成本为20万元。戊公司收到商品后，经过验收发现，该批商品存在一定的质量问题，外观存在瑕疵，但基本上不影响使用，因此，12月20日戊公司要求甲公司在价格上（含增值税税额）给予一定的折让，折让率为10%，

甲公司表示同意。假定甲公司已经确认收入，与折让有关的增值税税额、税务机关允许的扣减。并于 12 月 30 日收到款项。

（3）8 日，收到丙公司退回的 B 产品并验收入库，当日支付退货款并收到经税务机关出具的《开具红字增值税专用发票通知单》。该批产品系当年 8 月售出并已确认销售收入，销售价格为 200 万元，实际成本为 120 万元。

（4）10 日，与丁公司签订为期 6 个月的劳务合同，合同总价款为 400 万元，待完工时一次性收取。至 12 月 31 日，实际发生劳务成本 50 万元（均为职工薪酬），估计为完成该合同还将发生劳务成本 150 万元。假定该项劳务交易的结果能够可靠估计，甲公司按实际发生的成本占估计总成本的比例确定劳务的完工进度。该劳务不属于增值税应税劳务。

（5）31 日，将本公司生产的 C 产品作为福利发放给生产工人，市场销售价格为 80 万元，实际成本 50 万元。

要求：根据上述资料，不考虑其他因素，分析回答下列问题。（答案中的金额单位用万元表示）

（1）根据资料（1），下列说法不正确的是（　　）。

A. 确认主营业务收入 600 万元

B. 确认主营业务成本 540 万元

C. 企业结转销售成本时，对于已计提的存货跌价准备，不一并结转

D. 确认主营业务成本 535 万元

（2）根据资料（2），下列说法正确的是（　　）。

A. 销售折让如发生在确认销售收入之前，也应在确认销售收入时直接按扣除销售折让后的金额确认。

B. 12 月 3 日，确认主营业务收入 30 万元

C. 12 月 20 日，发生销售折让时，冲减应收账款的金额为 3.51 万元

D. 12 月 30 日，收到款项的金额为 31.59 万元

（3）根据资料（3），下列说法不正确的是（　　）。

A. 退回时，借记"主营业务收入"科目 200 万元

B. 退回时，贷记"发出商品"科目 120 万元

C. 尚未确认销售收入的销售商品退回，应当冲减"发出商品"科目，同时增加"库存商品"科目

D. 已确认收入的售出商品发生销售退回的，除资产负债日后事项外，一般应在发生时冲减当期销售商品收入，同时冲减销售商品成本

（4）根据资料（4），下列说法不正确的是（　　）。

A. 按实际发生的成本占估计总成本的比例确定劳务的完工进度为 25%

B. 主营业务成本金额为 50 万元

C. 计算确定的主营业务收入为 100 万元

D. 如果劳务的开始和完成分属不同的会计期间，应当采用完工百分比确认劳务收入

（5）根据资料（5），下列说法不正确的是（　　）。

A. 以自产产品作为福利发放给职工，视同销售缴纳增值税

B. 借记"应付职工薪酬"科目的金额为 63.6 万元

C. 借记"应付职工薪酬"科目的金额为 93.6 万元

D. 本业务对营业利润的影响金额为 30 万元

2. 嘉陵公司 2016 年发生的部分经济业务如下：

（1）3 月 15 日，嘉陵公司与乙公司签订代销协议，协议约定嘉陵公司委托乙公司销售一批成本价为 500 万元的产品，嘉陵公司与乙公司结算价格为 700 万元，并按结算价格的 10% 向乙公司支付代销手续费。当日嘉陵公司将产品发给乙公司。

（2）1 月 15 日，支付 5 000 万元，购入丙公司股票 500 万股，占丙公司有表决权股份的 30%，对丙公司具有重大影响，嘉陵公司将其作为长期股权投资核算。每股价格中包含已宣告但尚未发放的现金股利 0.2 元，另外支付相关税费 10 万元。款项均以银行存款支付。当日，丙公司所有者权益的账面价值（与所有者权益公允价值相等）为 20 000 万元。

（3）从 2016 年 1 月 1 日起，该公司实行累积带薪休假制度。该制度规定，每个职工每年可享受 5 个工作日带薪休假。使用的年休假只能向后结转一个公历年度，超过 1 年未使用的权利作废，在职工离开企业时也无权获得现金支付。职工休年假时，首先使用当年可享受的权利，再从上年结转的带薪年休假中扣除。

2016 年 12 月 31 日，嘉陵公司预计 2017 年有 950 名职工将享受不超过 5 天的带薪年休假，剩余 50 名职工每人将平均享受 7 天带薪年休假，假定这 50 职工全部为总部各部门经理，该公司平均每名职工每个工作日工资为 300 元。

（4）4 月，开始自行研发某项非专利技术，发生研究阶段支出 100 万元，截至 4 月 30 日研究阶段结束，5 月 1 日开始进入开发阶段，截至 9 月 21 日开发阶段完成，共发生开发支出 200 万元，假定符合《企业会计准则第 6 号——无形资产》规定的开发支出资本化条件。因嘉陵公司无法可靠确定经济利益的预期实现方式，所以不能合理确定其使用寿命。

（5）9 月 5 日，接受一项设备安装任务，假定安装业务属于该公司的主营业务，该公司在安装完成时收到款项，不考虑相关税费。合同总价款 10 万元，9 月 10 日第一次发生劳务支出 2 万元，10 月 6 日发生劳务支出 5 万元，10 月 15 日安装完成并交付使用。

要求：根据上述资料，不考虑其他因素，分析回答下列问题。

（1）根据资料（1），下列关于嘉陵公司与乙公司签订代销协议的表述中不正确的是（　　）。

A. 嘉陵公司发出代销商品时不会减少企业的存货

B. 嘉陵公司应在收到乙公司开具的代销清单时确认收入

C. 嘉陵公司应当在发出商品时确认收入

D. 嘉陵公司支付给乙公司的手续费应计入管理费用

（2）根据资料（2），1 月 15 日，该项长期股权投资的账面价值为（　　）万元。

A. 5 000　　　　B. 6 000　　　　C. 4 900　　　　D. 5 100

（3）根据资料（3），该企业 12 月应确认的应付职工薪酬是（　　）元。

A. 0　　　　B. 10 000　　　　C. 20 000　　　　D. 30 000

（4）根据资料（4），下列表述中正确的是（　　）。

A. 研究阶段的支出全部计入管理费用

B. 开发阶段的支出全部计入无形资产

C. 无形资产当年无须计提摊销

D. 该无形资产要定期进行减值测试

（5）根据资料（5），下列说法中正确的是（　　）。

A. 第一次发生劳务支出时，借记"劳务成本"科目2万元，贷记"银行存款"等科目2万元

B. 10月15日安装完成并交付使用时，确认主营业务收入10万元

C. 10月15日安装完成并交付使用时，确认主营业务成本7万元

D. 安装劳务需要在同一会计期间才能完成，则应在发生劳务相关支出时，先记入"劳务成本"科目，安装劳务完成时，再转入"主营业务成本"科目

3. 甲企业为增值税一般纳税人，生产市场畅销的C产品。其适用的增值税税率为17%，2015年度有关经济业务如下：

（1）甲公司于2015年10月2日从乙公司购入一批生产物资L材料并已应验收入库。增值税专用发票上注明的该批物资的价款为1 000万元，增值税税额170万元。计划成本为200万元。按照购货协议的约定，甲公司如在5天内付款，将获得1%的现金折扣（假定计算现金折扣时需考虑增值税）。甲公司于2015年10月10日，付清了所欠B公司的货款。

（2）2015年10月1日结存L材料的计划成本为100万元，成本差异为超支20万元。根据"发料凭证汇总表"的记录，该月L材料的消耗（计划成本）为：基本生产车间领用500万元，企业行政管理部门领用25万元，车间管理部门领用20万元。

（3）2015年10月应付工资总额为200万元。"工资费用分配表"中列示的产品生产工人工资为100万元，车间管理人员工资25万元，企业行政管理人员工资50万元，专设销售机构人员工资25万元。根据所在地政府规定，按照职工工资总额的12%计提基本养老费，按职工工资总额的2%和2.5%的计提标准，确认应付工会经费和职工教育经费。本月生产设备折旧金额为200万元。

（4）2015年10月31日，甲公司与丙公司签订协议，采用预收款方式销售C产品150件。协议约定，该批商品销售价格为800万元，增值税税额136万元。乙公司在签订协议时已预付60%货款（按销售价格计算），剩余款项于1个月后支付。

要求：根据上述资料，不考虑其他因素，分析回答下列问题。（答案中的金额单位用万元表示）

（1）根据资料（1），下列表述中不正确的是（　　）。

A. 外购L材料的实际成本为1 000万元

B. 外购L材料验收入库时，借记"原材料"科目的金额为1 200万元

C. 2015年10月10日，支付货款，借记"财务费用"科目的金额为11.7万元

D. 外购L材料验收入库时，借记"材料成本差异"科目的金额为200万元

（2）根据（1）、（2），下列表述中正确的是（　　）。

A. L材料成本差异率为-13.85%

B. 基本生产车间领用L材料负担的成本差异金额为69.25万元

C. 车间管理部门领用L材料负担的成本差异金额为2.77万元

D. 发出材料应负担的成本差异应当按期（月）分摊，不得在季末或年末一次计算

（3）根据资料（3），下列表述中正确的是（　　）。

A. 按照职工工资总额的12%计提的基本养老费计入当月管理费用

B. 按照职工工资总额的 2%和 2.5%的计提标准，确认的应付工会经费和职工教育经费，按照受益对象计入当期损益或相关资产成本

C. 本月记入"生产成本"科目的职工薪酬金额为 116.5 万元

D. 本月记入"制造费用"科目的职工薪酬金额为 29.13 万元

（4）根据材料（4），下列表述中正确的是（   ）。

A. 2015 年 10 月 31 日，确认主营业务收入 800 万元

B. 2015 年 10 月 31 日，确认主营业务收入 480 万元

C. 2015 年 10 月 31 日，结转主营业务成本 271.8 万元

D. 2015 年 10 月 31 日，收到 60%的货款时，借记"银行存款"，贷记"预收账款"

模拟检测试题五

一、单项选择题

1. 甲公司为增值税一般纳税人，适用的增值税税率为17%。2015年11月15日赊销一批商品给丙公司，销售数量为1 500件，单价为200元。由于是成批销售，甲公司给予丙公司10%的商品折扣。甲公司以银行存款垫付运杂费1 500元。2015年12月31日该应收账款的账面价值为（　　）元。

　　A. 336 000　　　　　B. 302 400　　　　　C. 352 500　　　　　D. 337 500

2. 下列关于周转材料会计处理表述中，不正确的是（　　）。

　　A. 随同商品出售而不单独计价的包装物，应于包装物发出时，按其实际成本计入销售费用

　　B. 随同商品出售而单独计价的包装物，按其实际成本计入其他业务成本

　　C. 生产领用包装物，应按照领用包装物的实际成本，借记"生产成本"等科目

　　D. 低值易耗品等企业的周转材料金额较小的，可在领用时一次计入成本费用，无须备查登记

3. 某企业为增值税一般纳税人，购入材料一批，增值税专用发票上标明的价款为25万元，增值税税额为4.25万元，另支付材料的保险费2万元，包装物押金0.2万元。该批材料的采购成本为（　　）万元。

　　A. 27　　　　　B. 27.5　　　　　C. 29.5　　　　　D. 27.7

4. 某商场采用毛利率法进行核算。2015年4月1日，甲商品库存余额200 000元，本月购进100 000元，本月销售收入300 000元，上季度该商品毛利率为20%。则月末该库存商品的实际成本为（　　）元。

　　A. 0　　　　　B. 60 000　　　　　C. 240 000　　　　　D. 180 000

5. 甲公司2015年8月10日因管理不善毁损材料一批，有关增值税专用发票注明的购入价款为20 000元，增值税税额为3 400元，按规定由其保管人员赔偿10 000元，残料已办理入库手续，价值1 200元。假定不考虑其他相关税费，则材料毁损的净损失应计入管理费用的金额为（　　）元。

　　A. 8 800　　　　　B. 12 200　　　　　C. 13 400　　　　　D. 10 000

6. 甲公司2015年1月5日支付价款2000万元购入乙公司30%的股份，准备长期持有，另支付相关税费20万元，购入时乙公司可辨认净资产公允价值为12 000万元。甲公司取得投资后对乙公司具有重大影响。假定不考虑其他因素，甲公司因确认投资而影响利润的金额为（　　）万元。

　　A. 2 020　　　　　B. 3 600　　　　　C. 1 580　　　　　D. 2 000

7. 2015年5月20日，甲公司以银行存款300万元（其中包括乙公司已宣告但尚未发放的现金股利6万元）从二级市场购入乙公司10万股普通股股票，另支付相关交易费用2万元。甲公司将该股票投资划分为可供出售金融资产。2015年年末该股票公允价值上升至310万元，2015年甲公司应确认的其他综合收益的金额为（　　）万元。

A. 14　　　　　B. 10　　　　　C. 24　　　　　D. 8

8. 甲公司从乙公司一次购进了三台不同型号且有不同生产能力的设备A，B，C，增值税专用发票上注明支付款项10 000万元，增值税税额为1 700万元，包装费75万元，全部以银行存款转账支付；假设设备A，B，C的公允价值分别为4 500万元，3 850万元和1 650万元；不考虑其他相关税费，甲公司为增值税一般纳税人，增值税进项税额可以在销项税额中抵扣，则设备A的入账成本为（　　）万元。

　　A. 4 500　　　　B. 5 265　　　　C. 4 533.75　　　　D. 4 525

9. 甲公司为增值税一般纳税人，适用增值税税率17%。该公司自建仓库一栋，购入工程物资200万元，增值税税额为34万元，已全部用于建造仓库；耗用库存材料50万元，增值税税额为8.5万元；领用本企业自产产品一批，成本100万元，计税价格120万元。支付建筑工人工资36万元。假定不考虑其他相关税费。该仓库建造完成并达到预定可使用状态时，其入账价值为（　　）万元。

　　A. 350　　　　　B. 328.5　　　　C. 468.9　　　　D. 448.9

10. 甲公司出售一栋建筑物，原价150万元，已计提折旧100万元，未计提减值准备，实际出售价格80万元，已通过银行收回价款。按规定适用的营业税税率为5%。假定不考虑其他相关税费，则出售该固定资产对营业利润的影响金额为（　　）万元。

　　A. 30　　　　　B. 26　　　　　C. 4　　　　　D. 0

11. 2015年3月，某企业开始自行研发一项非专利技术，至2015年12月31日累计研究支出为160万元，累计开发支出为500万元（假定符合资本化条件）。2016年2月25日，该项研发活动结束，最终开发出一项非专利技术。该非专利技术使用寿命不能合理确定，假定不考虑其他因素，该业务导致企业2015年度利润总额减少（　　）万元。

　　A. 160　　　　　B. 0　　　　　C. 660　　　　　D. 500

12. 某企业以350万元的价格转让一项无形资产，适用的营业税税率为5%。该无形资产原购入价为450万元，预计净残值为0，合同规定的受益年限为十年，法律规定的有效使用年限为12年，转让已使用4年。不考虑减值准备及其他相关税费。该企业在转让无形资产时确认的净收益为（　　）万元。

　　A. 32.5　　　　　B. 50　　　　　C. 62.5　　　　　D. 80

13. 2015年7月1日，甲公司将一项自用的固定资产转换为采用公允价值模式进行后续计量的投资性房地产。该固定资产在转换日前的账面价值为4 000万元，已计提折旧200万元，已计提减值准备100万元，转换日的公允价值为3 850万元，假定不考虑其他因素，转换日甲公司应借记"投资性房地产——成本"科目的金额为（　　）万元。

　　A. 3 700　　　　B. 3 800　　　　C. 3 850　　　　D. 4 000

14. 甲公司为一家电生产企业。2015年12月25日，甲公司以其生产的每台成本为1 000万元的电暖器作为福利发放给总部各部门经理级别的职工，甲公司总部共有各部门经理级别职工20名。该型号的电暖器销售价格为1 500元，甲公司适用的增值税税率为17%。假定不考虑其他相关税费。则该事项对2015年12月营业利润的影响金额为（　　）元。

　　A. 10 000　　　　B. –25 100　　　　C. –5 100　　　　D. 11 700

15. 甲股份有限公司委托A证券公司发行普通股1 000万股，每股面值1元，每股发行价格为4元。根据规定，股票发行成功后，甲股份有限公司应按发行收入的2%向A证券公司支付发行费。假定不考虑其他因素,股票发行成功后,甲股份有限公司记入"资本公积"科目的金额为（　　）万元。

　　A. 20　　　　　　B. 80　　　　　　C. 2 920　　　　　D. 3 000

16. 甲公司在2015年10月5日向丙公司销售一批商品,开出的增值税专用发票上注明的售价为50 000元,增值税为8 500元,该批商品成本为30 000元。为及早收回货款,甲公司和丙公司约定的现金折扣条件为:2/10,1/20,N/30。丙公司在2015年10月14日支付货款,甲公司确认了销售收入。2015年12月6日,该批商品因质量有问题被丙公司退回,甲公司开具了增值税专用发票（红字）并于当日支付有关退货款。假定计算现金折扣时不考虑增值税。下列甲公司的会计处理正确的是（　　）。

　　A. 实际退货款为58 500元
　　B. 冲减退回当期的主营业务收入49 000元
　　C. 冲减退回当期的财务费用1 170元
　　D. 冲减退回当期的主营业务成本30 000元

17. 2015年4月,甲公司当月实际应交增值税350 000元,应交消费税150 000元,应交营业税100 000元（其中,出售一栋办公楼应交营业税50 000元）；城市维护建设税税率为7%,教育费附加费费率为3%。则甲公司当月计入税金及附加的金额为（　　）元。

　　A. 660 000　　　B. 605 000　　　C. 275 000　　　D. 255 000

18. 2015年12月初,某企业"应收账款"科目借方余额为300万元,相应的"坏账准备"科目贷方余额为15万元,本月实际发生坏账损失10万元。2015年12月31日,经减值测试,该企业应补提坏账准备20万元。假定不考虑其他因素,2015年12月31日该企业资产负债表"应收账款"项目的金额为（　　）万元。

　　A. 265　　　　　B. 290　　　　　C. 285　　　　　D. 295

19. 甲公司2015年库存现金盘亏2万元（无法查明原因）,管理不善造成存货毁损净损失20万元,对外公益性捐赠支出50万元,支付乙公司违约金10万元,支付诉讼费15万元,固定资产盘亏净损失25万元。假设不考虑相关税费,则甲公司2015年应计入营业外支出的金额为（　　）万元。

　　A. 85　　　　　　B. 87　　　　　　C. 97　　　　　　D. 112

20. 甲公司以融资租赁方式租入生产用机器设备一台,该设备的公允价值为160万元,最低租赁付款额的现值为180万元,甲公司在租赁谈判和签订合同过程中发生手续费、律师费等合计为10万元。则该项融资租入固定资产的入账价值为（　　）万元。

　　A. 170　　　　　B. 190　　　　　C. 160　　　　　D. 180

21. 甲公司2015年年初购入乙公司35%的有表决权股份,对乙公司能够施加重大影响,采用权益法核算。实际支付价款300万元,投资当日乙公司可辨认净资产公允价值为800万元。2015年乙公司实现净利润80万元,发放现金股利40万元。2015年年末甲公司的长期股权投资账面余额为（　　）万元。

　　A. 314　　　　　B. 256　　　　　C. 300　　　　　D. 340

二、多项选择题

1. 关于持有至到期投资,下列说法中不正确的有（　　）。

　　A. 应按照实际利率与摊余成本计算确定应收未收利息

B. 应按照票面利率计算确定利息收入

C. 资产负债表日，持有至到期投资的账面价值高于预计未来现金流量现值的，企业应当将该持有至到期投资的账面价值减记至预计未来现金流量的现值

D. 企业取得持有至到期投资时应当按照公允价值计量

2. 下列关于无形资产的摊销处理，说法正确的有（　　）。

A. 使用寿命不确定的无形资产，不应进行摊销

B. 企业自用的无形资产，其摊销额计入管理费用

C. 出租的无形资产，其摊销计入其他业务成本

D. 使用寿命有限的无形资产，其残值为零

3. 下列关于利息费用的处理，正确的有（　　）。

A. 短期借款利息属于筹资费用，应当于发生时直接计入当期财务费用

B. 长期借款利息费用应当在资产负债日按照实际利率法计算确定

C. 对于按照面值发行的债券，每期采用票面利率法计提的利息费用计入有关成本费用

D. 对于一次还本付息的债券，其按票面利率计算确定的应付未付利息通过"应付利息"科目核算

4. 下列有关收入确认的表述中，正确的有（　　）。

A. 销售商品采用托收承付方式的，在发出商品并办妥托收手续时确认收入

B. 预收款销售方式下，收到货款时确认收入

C. 如劳务的开始和完成分属于不同的会计期间，应按完工百分比法确认收入

D. 在收取手续费方式下，委托代销方式销售商品时，应在收到受托方开具的代销清单时确认收入

5. 下列各项中，减值准备一经计提不得转回的有（　　）。

A. 可供出售金融资产——减值准备　　B. 长期股权投资减值准备

C. 无形资产减值准备　　D. 在建工程减值准备

6. 下列选项中，不会引起现金流量表中现金流量增减变动的有（　　）。

A. 转销确实无法支付的应付账款　　B. 接受投入的固定资产

C. 将款项汇往外地成立采购专户　　D. 用银行存款交企业所得税

7. 下列选项中，属于确认让渡资产使用权的使用费收入需要满足的条件有（　　）。

A. 交易中已发生和将发生的成本能够可靠地计量

B. 交易的完工程度能够可靠地确定

C. 相关的经济利益很可能流入企业

D. 收入的金额能够可靠地计量

8. 下列属于其他应付款核算内容的有（　　）。

A. 应付融资租赁款

B. 租入包装物租金

C. 现金溢余，按管理权限经批准后，属于应支付给有关人员或单位的

D. 存出保证金

9. 劳务交易的结果能够可靠计量，需同时满足的条件包括（　　）。

A. 收入的金额能够可靠地计量

B. 相关的经济利益可能流入企业
C. 交易的完工程度能够可靠地确定
D. 交易中已发生和将发生的成本能够可靠地计量

10. 下列说法中，正确的有（　　）。
A. 固定资产的使用寿命，预计净残值一经确定，不得随便变更
B. 发出存货的计价方法，一经确定，不得随意变更
C. 制造费用的分配方法，由企业自行决定，分配方法一经确定，不得随意变更
D. 为了使各期成本、费用资料可比，制造费用项目一经确定，不应随便变更

11. 下列说法中，说法正确的有（　　）。
A. 企业发出存货可以按实际成本核算，也可以按计划成本核算。如采用计划成本核算，会计期末应调整为实际成本
B. 材料采用计划成本核算的，材料的收发及结存，无论总分类核算还是明细分类核算，均按照计划成本计价
C. 在计划成本法下，购入材料无论是否验收入库，都要先通过"材料采购"科目进行核算
D. 发出材料应负担的材料成本差异应当按期（月）分摊，不得在季末或年末一次计算

三、判断题（正确的在括号内打"√"，错误的打"×"）

1. 产值成本率和营业收入成本率高的企业经济效益好。（　　）
2. 对于已确认减值损失的可供出售金融资产，在随后会计期间内公允价值已上升且与确认原减值损失事项有关的，应当在原已确认的减值损失范围内按已恢复的金额，借记"可供出售金融资产——减值准备"，贷记"资产减值损失"。（　　）
3. 已达到预定可使用状态但尚未办理竣工结算的固定资产，应当按照固定价值确定成本，并计提折旧；待办理竣工结算后，再按实际成本调整原来的暂估价值，并调整原已计提的折旧额。（　　）
4. 投资性房地产通常采用成本模式计量，满足特定条件时可以采用公允价值模式计量。但是，同一企业只能采用一种模式对所需投资性房地产进行后续计量，不得同时采用两种模式。（　　）
5. 无形资产是指企业拥有或者控制的没有实物形态的不可辨认非货币性资产。（　　）
6. 现金流量表中"投资支付的现金"项目，反映企业取得除现金等价物以外的对其他企业的长期股权投资等所支付的佣金、手续费等附加费用。不包括取得子公司及其他营业单位支付的现金净额。（　　）
7. 融资租入固定资产时，在租赁期开始日，固定资产成本的金额为租赁资产公允价值与最低租赁付款额两者中较低者，加上初始直接费用。（　　）

四、不定项选择题

1. 2015年度嘉陵公司发生如下交易或事项：
（1）1月1日，自建办公楼，购入为工程准备得各种物资3 000万元，支付的增值税税额为510万元，全部用于工程建设。领用本公司生产的水泥一批，实际成本为200万元，税务部门确定的计税价格为250万元，增值税税率为17%，支付工程人员工资50万元，支付其他费用20万元，于6月20日工程完工并达到可使用状态。

(2) 2月1日，对厂房进行更新改造，该厂房原值500万元，累计折旧为200万元。嘉陵公司将2月1日从银行借入200万元的长期借款，当日全部用于厂房改造（工程建造期间的借款利息均符合资本化条件）。该借款期限为1.5年，年利率为4.2%，分期付息一次还本，年末计息（不计复利）。工程项目于12月31日完工并达到预定可使用状态。

(3) 10月5日，嘉陵公司出售自建的办公楼，实际收取款项4 000万元存入银行，该办公楼采用直线法按10年计提折旧，预计净残值为4%，未计提减值准备。按规定适用的营业税税率为5%。

(4) 11月5日，嘉陵公司将闲置的临街自用的门面房对外营业出租，并转作投资性房地产（采用公允价值模式计量）。该房屋的原价为150万元，已计提折旧为90万元。转换日的公允价值为200万元。

(5) 12月31日，进行财产清查时发现2014年购入的一台设备尚未入账，重置成本为200万元，假定嘉陵公司按净利润的10%提取法定盈余公积。

要求：根据上述资料，不考虑其他因素，分析回答下列小题。（答案中的金额单位用万元表示）

(1) 根据资料（1），与自建办公楼相关的表述正确的是（　　）。

A. 购入工程物资时，计入工程物资成本的金额为3 510万元
B. 工程领用本公司生产的水泥，确定计入在建工程成本的金额为242.5万元
C. 支付的工程人员工资，属于经营活动产生的现金流量
D. 工程完工转入固定资产成本的金额为3 822.5万元

(2) 根据资料（2），嘉陵公司会计处理结果正确的是（　　）。

A. 2015年2月1日，"长期借款"科目增加200万元
B. 2015年12月31日，"长期借款——应计利息"科目增加7.7万元
C. 2015年12月31日，"财务费用"科目增加7.7万元
D. 2015年12月31日，"在建工程"科目余额为7.7万元

(3) 根据资料（3），嘉陵公司出售该办公楼会计处理正确的是（　　）。

A. 收到出售办公楼价款时：
借：银行存款　　　　　　　　　　　　　　　　　4 000
　　贷：固定资产清理　　　　　　　　　　　　　　　　4 000

B. 将出售办公楼转入清理时：
借：固定资产清理　　　　　　　　　　　　　　　3 455.54
　　累计折旧　　　　　　　　　　　　　　　　　　366.96
　　贷：固定资产　　　　　　　　　　　　　　　　　3 822.5

C. 计算销售该固定资产应缴纳的营业税：
借：固定资产清理　　　　　　　　　　　　　　　　200
　　贷：应交税费——应交营业税　　　　　　　　　　　200

D. 结转清理净损益时：
借：固定资产清理　　　　　　　　　　　　　　　299.26
　　贷：营业外收入　　　　　　　　　　　　　　　　299.96

(4) 根据资料（4），嘉陵公司出租门面房会计处理正确的是（　　）

A. 借：投资性房地产　　　　　　　　　　　　　　　　　　　150
　　　　　累计折旧　　　　　　　　　　　　　　　　　　　　　 90
　　　　　　贷：固定资产　　　　　　　　　　　　　　　　　　 150
　　　　　　　　投资性房地产——累计折旧　　　　　　　　　　 90
　　B. 借：投资性房地产　　　　　　　　　　　　　　　　　　　 60
　　　　　　贷：固定资产清理　　　　　　　　　　　　　　　　 60
　　C. 借：投资性房地产——成本　　　　　　　　　　　　　　　 90
　　　　　累计折旧　　　　　　　　　　　　　　　　　　　　　 60
　　　　　　贷：固定资产　　　　　　　　　　　　　　　　　　 150
　　D. 借：投资性房地产——成本　　　　　　　　　　　　　　　200
　　　　　累计折旧　　　　　　　　　　　　　　　　　　　　　 90
　　　　　　贷：固定资产　　　　　　　　　　　　　　　　　　 150
　　　　　　　　其他综合收益　　　　　　　　　　　　　　　　 140

（5）根据资料（5），2015年12月31日嘉陵公司固定资产盘盈的会计处理正确的是（　　）。

　　A. 借：固定资产　　　　　　　　　　　　　　　　　　　　 200
　　　　　　贷：营业外收入　　　　　　　　　　　　　　　　　 200
　　B. 借：固定资产　　　　　　　　　　　　　　　　　　　　 200
　　　　　　贷：营业外收入　　　　　　　　　　　　　　　　　 180
　　　　　　　　盈余公积——法定盈余公积　　　　　　　　　　 20
　　C. 报经批准前：
　　　　借：固定资产　　　　　　　　　　　　　　　　　　　　 200
　　　　　　贷：以前年度损益调整　　　　　　　　　　　　　　 200
　　D. 报经批准后：
　　　　借：以前年度损益调整　　　　　　　　　　　　　　　　 200
　　　　　　贷：盈余公积——法定盈余公积　　　　　　　　　　 20
　　　　　　　　利润分配——未分配利润　　　　　　　　　　　 180

2. 甲公司为增值税一般纳税人，有关无形资产的业务资料如下：

（1）甲公司于2014年1月1日购入一项专利权，实际支付款项200万元，按10年的预计使用寿命采用直线法摊销。2014年年末，该无形资产的可收回金额为150万元，2015年1月1日，对无形资产的使用寿命和摊销方法进行复核，该无形资产的尚可使用寿命为4年，摊销方法仍采用直线法。

（2）2015年1月5日，以200万元购入一项专利权，另支付相关税费20万元、为推广由该专利权生产的产品，甲公司发生广告宣传费10万元。该专利权预计使用5年，预计净残值5万元，采用直线法摊销。假设不考虑其他因素。

（3）2015年6月1日，甲公司开始研究开发一项新技术，当月共发生研究支出300万元。其中，费用化的金额100万元，符合资本化条件的金额200万元。6月末，研发活动尚未完成。

（4）2015年12月，甲公司转让一项商标权，与此有关的资料如下：该商标权的账面余额40万元,已摊销10万元,计提资产减值准备2万元,取得转让价款25万元。假设不考虑相关税费。

要求:根据上述资料,不考虑其他因素,分析回答下列小题。(答案中的金额单位用万元表示)

(1)根据资料(1),该专利权2015年应摊销的金额为(　　)万元。
A. 20　　　　　B. 25　　　　　C. 30　　　　　D. 37.5

(2)根据资料(2),2015年12月31日该专利权的账面价值为(　　)万元。
A. 200　　　　B. 177　　　　C. 190　　　　D. 185

(3)根据资料(3),甲公司2015年6月应计入当期利润总额的研发支出为(　　)万元。
A. 0　　　　　B. 200　　　　C. 100　　　　D. 300

(4)根据资料(4),应确认的转让无形资产净收益为(　　)万元。
A. −3　　　　B. −1　　　　C. −5　　　　D. 25

(5)根据上述资料,有关无形资产的下列业务中,影响当期利润表中的营业利润的是(　　)。
A. 摊销对外出租无形资产的成本
B. 计提无形资产减值准备
C. 处置无形资产取得净收益
D. 无形资产研究阶段发生的研究人员工资

3. 2015年,甲公司发生如下与投资有关的交易或事项:

(1)2015年1月5日,甲公司从上海证券交易所购入东方公司发行的股票50万股,并将其划分为交易性金融资产,每股买入价4元,另外购买股票时发生相关税费5万元,支付的价款中包含已宣告但尚未发放的现金股利,每股0.12元。款项均以银行存款支付。2015年6月30日,购买的东方公司股票的公允价值为210万元;2015年11月25日,出售所持有的东方公司股票50%,售价120万元。2015年12月31日,持有的该股票的公允价值为150万元。

(2)2015年1月6日,从深圳证券交易所购入南方公司同日发行的3年期债券,支付价款200万元,该项债券的面值为250万元,票面利率为4.72%,实际利率为10%,按年支付利息,甲公司将其划分为持有至到期投资。

(3)2015年1月7日,甲公司从深圳证券交易所购入西方公司同日发行的3年期公司债券,面值总额为1 000万元,票面利率为4%。实际利率为3%,债券利息于年初支付。甲公司将其划分为可供出售金融资产,支付购买价款1 008.24万元,另支付交易费用20万元,2015年12月31日,该债券的公允价值(市价)为1 200万元。

(4)2015年1月15日,甲公司在上海证券交易所购买北方公司发行的股票500万股准备长期持有,占北方公司有表决权股份30%,每股买入价6元,支付的价款中包含已宣告但尚未发放的现金股利,每股0.2元,另外购买股票时发生相关税费50万元。当日,北方公司所有者权益的账面价值(与其公允价值不存在差异)10 000万元。2015年3月16日,收到购买价款中包含的现金股利。2015年,北方公司实现净利润1 000万元,一项可供出售金融资产公允价值增加200万元,除净损益、其他综合收益和利润分配外所有者权益的其他变动金额为100万元。2015年12月31日,北方公司宣告分派现金股利,每10股派0.1元。

(5) 2015年12月31日，甲公司对持有北方公司的长期股权投资进行减值测试，可收回金额为2 900万元，甲公司购入的南方公司的债券期末预计的未来现金流量的现值为185万元。

要求：根据上述资料，不考虑其他因素，分析回答下列问题。（答题中的金额单位用万元表示）

(1) 根据资料（1）～（4），下列会计处理不正确的是（　　）。
A. 交易性金融资产入账价值的金额为199万元
B. 持有至到期投资入账价值的金额为200万元
C. 可供出售金融资产入账价值的金额为1 028.24万元
D. 长期股权投资入账价值的金额为2 950万元

(2) 根据资料（1）～（4），下列会计处理正确的是（　　）。
A. 出售50%的交易性金额资产时应确认的投资收益金额为23万元
B. 期末持有至到期投资应确认的投资收益金额为20万元
C. 期末可供出售金融资产应确认的投资收益金额为30.85万元
D. 2015年度北方公司实现净利润，该长期股权投资应确认的投资收益金额为300万元

(3) 根据资料（1）～（3），2015年12月31日，下列会计处理正确的是（　　）。
A. 借：公允价值变动损益　　　　　　　　　　　　　60
　　　贷：交易性金融资产——公允价值变动　　　　　　60
B. 借：交易性金融资产——公允价值变动损益　　　　45
　　　贷：公允价值变动损益　　　　　　　　　　　　45
C. 借：可供出售金融资产——公允价值变动　　　　180.91
　　　贷：公允价值变动损益　　　　　　　　　　　180.91
D. 借：可供出售金融资产——公允价值变动　　　　171.76
　　　贷：其他综合收益　　　　　　　　　　　　　171.76

(4) 根据资料（2）、（4）、（5），下列会计处理正确的是（　　）。
A. 借：资产减值损失　　　　　　　　　　　　　　23.2
　　　贷：持有至到期投资减值准备　　　　　　　　23.2
B. 借：资产减值损失　　　　　　　　　　　　　　15
　　　贷：持有至到期投资减值准备　　　　　　　　15
C. 借：资产减值损失　　　　　　　　　　　　　　485
　　　贷：持有至到期投资减值准备　　　　　　　　485
D. 借：资产减值损失　　　　　　　　　　　　　　395
　　　贷：持有至到期投资减值准备　　　　　　　　395

(5) 根据上述资料，下列资产负债表项目期末列示金额正确的是（　　）。
A. "交易性金融资产"项目的金额为150万元
B. "持有至到期投资"项目的金额为185万元
C. "可供出售金融资产"项目的金额为1 200万元
D. "长期股权投资"项目的金额为2 900万元

2014年会计专业技术资格考试《初级会计实务》真题

一、单项选择题

（本题型共24题，每小题1.5分，共36分。每小题备选答案中，只有一个符合题意的正确答案。多选、错选、不选均不得分。）

1. 下列各项中，不属于政府补助的是（　　）。
   A. 企业因购买环保设备取得的财政补助拨款
   B. 企业享受的地方财政贴息补助
   C. 小微企业获得的财政扶持资金
   D. 企业收到政府作为所有者的资本投入

2. 下列各项中，应根据相应总账科目的余额直接在资产负债表中填列的是（　　）。
   A. 短期借款　　　B. 固定资产　　　C. 长期借款　　　D. 应收账款

3. 下列各项中，不应计入企业管理费用的是（　　）。
   A. 计提的生产车间职工养老保险费　　　B. 发生的内部控制建设咨询费用
   C. 应向董事会成员支付的津贴　　　　　D. 发生的会计师事务所审计费

4. 下列各项中，事业单位按规定对无形资产进行摊销的会计处理正确的是（　　）。
   A. 借记"事业支出"科目，贷记"无形资产"科目
   B. 借记"非流动资产基金——无形资产"科目，贷记"累计摊销"科目
   C. 借记"非流动资产基金——无形资产"科目，贷记"无形资产"科目
   D. 借记"事业支出"科目，贷记"累计摊销"科目

5. 下列各项中，事业单位经批准对现金短缺的会计处理正确的是（　　）。
   A. 借记"事业支出"科目，贷记"库存现金"科目
   B. 借记"其他支出"科目，贷记"库存现金"科目
   C. 借记"经营支出"科目，贷记"库存现金"科目
   D. 借记"事业收入"科目，贷记"库存现金"科目

6. 下列各项中，影响利润表中"营业利润"项目的是（　　）。
   A. 盘亏固定资产净损失　　　　　　B. 计提固定资产减值准备
   C. 发生的所得税费用　　　　　　　D. 转让无形资产的净收益

7. 2013 年 3 月 20 日，甲公司从深交所购买乙公司股票 100 万股，将其划分为交易性金融资产，购买价格为每股 8 元，另支付相关交易费用 25 000 元。6 月 30 日，该股票公允价值为每股 10 元，当日该交易性金融资产的账面价值应确认为（　　）万元。
   A. 802.5　　　　　B. 800　　　　　C. 1 000　　　　　D. 1 000.5

8. 下列各项资产中，已计提减值准备后其价值又得以恢复，可以在原计提减值准备金额内予以转回的是（　　）。
   A. 长期股权投资　　　　　　　　　B. 无形资产
   C. 持有至到期投资　　　　　　　　D. 采用成本模式计量的投资性房地产

9. 2013 年年初，某公司"盈余公积"余额为 120 万元，当年实现利润总额 900 万元，所得税费用 300 万元，按净利润的 10%提取法定盈余公积，经股东大会批准将盈余公积 50 万元转增资本，2013 年 12 月 31 日，该公司资产负债表中"盈余公积"项目年末余额为（　　）万元。
   A. 180　　　　　B. 120　　　　　C. 70　　　　　D. 130

10. 下列各项中，不应列入利润表中"财务费用"项目的是（　　）。
    A. 计提的短期借款利息　　　　　　B. 筹建期间发生的长期借款利息
    C. 销售商品发生的现金折扣　　　　D. 经营活动中支付银行借款的手续费

11. 某企业只生产一种产品，采用约当产量比例法将生产费用在完工产品与在产品之间进行分配，材料在产品投产时一次投入，月初在产品直接材料成本为 10 万元，当月生产耗用材料的成本为 50 万元，当月完工产品 30 件，月末在产品 30 件，完工程度 60%，本月完工产品成本中直接材料成本为（　　）万元。
    A. 30　　　　　B. 22.5　　　　　C. 37.5　　　　　D. 25

12. 2012 年 7 月 1 日，某公司按面值发行 5 年期、到期一次还本付息的公司债券，该债券面值为 10 万元，票面年利率为 4%（不计复利），假定不考虑相关税费，2013 年 12 月 31 日该应付债券的账面价值为（　　）万元。
    A. 10.4　　　　　B. 10.2　　　　　C. 10.6　　　　　D. 10

13. 下列各项中，关于企业无形资产表述不正确的是（　　）。
    A. 使用寿命不确定的无形资产不应摊销
    B. 研究阶段和开发阶段的支出应全部计入无形资产成本
    C. 无形资产应当按照成本进行初始计量
    D. 出租无形资产的摊销额应计入其他业务成本

14. 下列各项中，应列入资产负债表"资本公积"项目的是（　　）。
    A. 采用权益法核算的长期股权投资按持股比例享有被投资单位实现净利润的份额
    B. 将存货转换为以公允价值模式计量的投资性房地产，其公允价值高于账面余额的差额
    C. 可供出售金融资产发生的公允价值变动
    D. 注销回购价值低于面值总额的库存股，其账面余额与所冲减股本的差额

15. 某企业库存商品采用售价金额法核算。2013 年 5 月初，库存商品售价总额为 14.4 万

元，进销差价率为15%，本月购入库存商品进价成本总额为18万元，售价总额为21.6万元，本月销售商品收入为20万元，该企业本月销售商品的实际成本为（　　）万元。

A. 20　　　　　B. 16.8　　　　　C. 17　　　　　D. 16

16. 2013年4月12日，某企业与客户签订一项工程劳务合同，合同期为一年，合同收入总额为3 000万元，预计合同总成本为2 100万元，至2013年12月31日，该企业实际发生总成本为1 400万元，但提供的劳务交易结果不能可靠估计，估计只能从工程款中收回成本1 050万元，2013年度该企业应确认的该劳务收入为（　　）万元。

A. 1 400　　　　B. 2 100　　　　C. 2 900　　　　D. 1 050

17. 某企业以现金支付行政管理人员生活困难补助2 000元，下列各项中，会计处理正确的是（　　）。

A. 借：其他业务成本　　　　　　　　　　　　　　　　　　　2 000
　　　贷：库存现金　　　　　　　　　　　　　　　　　　　　　　　2 000
B. 借：营业外支出　　　　　　　　　　　　　　　　　　　　2 000
　　　贷：库存现金　　　　　　　　　　　　　　　　　　　　　　　2 000
C. 借：管理费用　　　　　　　　　　　　　　　　　　　　　2 000
　　　贷：库存现金　　　　　　　　　　　　　　　　　　　　　　　2 000
D. 借：应付职工薪酬——职工福利　　　　　　　　　　　　　2 000
　　　贷：库存现金　　　　　　　　　　　　　　　　　　　　　　　2 000

18. 2013年度某企业实现利润总额200万元，其中国债利息收入2万元，税收滞纳罚款10万元，该企业所得税税率为25%，假定不考虑其他因素，2013年度该企业应确认的所得税费用为（　　）万元。

A. 49.5　　　　B. 47.5　　　　C. 50　　　　D. 52

19. 某企业采用成本法核算长期股权投资，被投资单位宣告发放现金股利时，投资企业应按所得股份份额进行的会计处理正确的是（　　）。

A. 冲减投资收益　　　　　　　　B. 增加资本公积
C. 增加投资收益　　　　　　　　D. 冲减长期股权投资

20. 企业将房地产存货转换为采用公允价值模式计量的投资性房地产，转换日存货公允价值小于原账面价值的差额应记入的会计科目是（　　）。

A. 营业外支出　　　　　　　　　B. 公允价值变动损益
C. 资本公积　　　　　　　　　　D. 其他业务成本

21. 2013年1月1日，甲公司购入5年期的公司债券，该债券于2012年7月1日发行，面值为2 000万元，票面利率为5%，债券利息于每年年初支付，甲公司将其划分为可供出售金融资产，支付价款为2 100万元（其中包含已到付息期但尚未领取的债券利息），另支付交易费用30万元，甲公司该可供出售金融资产的入账价值为（　　）万元。

A. 2 000　　　　B. 2 080　　　　C. 2 050　　　　D. 213

22. 某企业只生产和销售甲产品，2013年4月初，在产品成本为3.5万元。4月发生如下费用：生产耗用材料6万元，生产工人工资2万元，行政管理部门人员工资1.5万元，制造费用1万元，月末在产品成本为3万元。该企业4月完工甲产品的生产成本为（　　）万元。

A. 11　　　　　B. 9.5　　　　　C. 9　　　　　D. 12.5

23. 甲公司委托乙证券公司代理发行普通股2 000万股，每股面值1元，每股发行价值4元，按协议约定，乙证券公司从发行收入中提取2%的手续费，甲公司发行普通股应计入资本公积的金额为（　　）万元。

A. 6 000　　　　　　B. 5 840　　　　　　C. 5 880　　　　　　D. 6 160

24. 下列关于企业辅助生产费用分配方法的表述中，正确的是（　　）。

A. 采用直接分配法，辅助生产费用需要进行对外和对内分配

B. 采用计划成本分配法，辅助生产车间实际发生的费用与分配转出的计划费用之间的差额计入制造费用

C. 采用顺序分配法，辅助生产车间受益多的先分配，受益少的后分配

D. 采用交互分配法，辅助生产费用需要经过两次分配完成

二、多项选择题

（本题型共12题，每小题2分，共24分。每小题备选答案中，至少有两个符合题意的正确答案。多选、错选、不选均不得分。）

1. 下列关于企业销售商品收入确认时点的表述中，正确的有（　　）。

A. 采用支付手续费委托代销方式销售商品，应在收到代销清单时确认收入

B. 采用预收货款方式销售商品，应在收到货款时确认收入

C. 采用交款提货方式销售商品，应在开出发票收到货款时确认收入

D. 采用托收承付方式销售商品，应在发出商品并办妥托收手续时确认收入

2. 下列各项中，应计入长期应付款的有（　　）。

A. 应付租入包装物租金

B. 具有融资性质的分期付款方式购入固定资产的应付款项

C. 因债权人单位撤销而长期无法支付的应付账款

D. 应付融资租入固定资产的租赁费

3. 下列各项中，应通过"其他货币资金"科目核算的有（　　）。

A. 银行汇票存款　　B. 信用卡存款　　C. 外埠存款　　D. 存出投资款

4. 下列关于结转本年利润账结法的表述中，正确的有（　　）。

A. "本年利润"科目本年余额反映本年累计实现的净利润或发生的亏损

B. 各月均可通过"本年利润"科目提供当月及本年累计的利润（或亏损）额

C. 年末时需将各损益类科目的全年累计余额结转入"本年利润"科目

D. 每月月末各损益类科目需将本月的余额结转入"本年利润"科目

5. 下列各项中，影响企业现金流量表中"现金及现金等价物净增加额"项目金额变化的有（　　）。

A. 以货币资金购买3个月内到期的国库券　　B. 以银行存款支付职工工资、奖金、津贴

C. 将库存现金存入银行　　　　　　　　　　D. 收到出租资产的租金

6. 下列各项中，会引起企业实收资本金额发生增减变动的有（　　）。

A. 资本公积转增资本　　　　　　　　　　B. 对外债券投资

C. 盈余公积转增资本　　　　　　　　　　D. 处置长期股权投资

7. 下列各项中，应计入工业企业其他业务收入的有（　　）。

A. 出售投资性房地产取得的收入

B. 随同商品出售且单独计价的包装物取得的收入
C. 股权投资取得的现金股利收入
D. 经营性租赁固定资产的现金收入

8. 下列各项中，应列入利润表中"税金及附加"项目的有（   ）。
   A. 销售应税矿产品计提的应交资源税
   B. 经营活动中计提的应交教育费附加
   C. 经营活动中计提的应交城市维护建设税
   D. 销售应税消费品计提的应交消费税

9. 下列各项中，事业单位应通过"其他收入"科目核算的有（   ）。
   A. 附属独立核算单位按规定上缴的收入   B. 接受捐赠的存货
   C. 无法垫付的应付账款   D. 从上级单位取得的非财政补助收入

10. 下列各项中，会导致企业应收账款账面价值减少的有（   ）。
    A. 转销无法收回备抵法核算的应收账款   B. 收回应收账款
    C. 计提应收账款坏账准备   D. 收回已转销的应收账款

11. 下列各项中，应计入废品损失的有（   ）。
    A. 不需要返修、可降价出售的不合格产品成本
    B. 库存产成品因保管不善而损坏变质的产品成本
    C. 产品入库后发现的不可修复产品的生产成本
    D. 生产过程中发生的不可修复产品的生产成本

12. 下列各项中，应计入相关资产成本的有（   ）。
    A. 企业进口原材料缴纳的进口关税
    B. 企业商务用车缴纳的车船税
    C. 小规模纳税人购买商品支付的增值税
    D. 企业书立加工承揽合同缴纳的印花税

三、判断题（正确的在括号内打"√"，错误的打"×"）
（本题型共 10 题，每小题 1 分，共 10 分。）

1. 年末，事业单位应将按照相关规定进行结余分配后"非财政补助结余分配"科目的余额结转至事业基金，借记或贷记"非财政补助结余分配"科目，贷记或借记"事业基金"科目。 （   ）

2. 企业支付专设销售机构固定资产的日常修理费应计入管理费用。 （   ）

3. 逐步结转分步法下，每一生产步骤的生产成本要在最终完工产品与该步骤在产品和后续步骤在产品之间进行分配。 （   ）

4. 企业在计算确定提取法定盈余公积的基数时，不应包括年初未分配利润的贷方余额。
 （   ）

5. 企业接受投资者以非现金资产投资时，应按投资合同或协议约定的价值确认资产的价值和在注册资本中应享有的份额，并将其差额确认为资本公积，但投资合同或协议约定的价值不公允的除外。 （   ）

6. 企业采购商品或接受劳务采用银行汇票结算时，应通过"应付票据"科目核算。
 （   ）

7. 使用寿命有限的无形资产应自取得的次月起摊销。（　　）

8. 企业出售交易性金融资产时，应将其出售时实际收到的款项与其账面价值之间的差额计入当期投资损益，同时将原计入该金融资产的公允价值变动计入当期投资损益。（　　）

9. 工业企业在产品生产过程中通常会存在一定数量的在产品，在产品应包括对外销售的自制半成品。（　　）

10. 应收账款附有现金折扣条款的，应按照扣除现金折扣前的应收账款总额入账。（　　）

四、不定项选择题

（本题型共 30 分。在每个小题的备选答案中，有一项或多项备选答案是符合题意的正确答案，全部选对得满分，少选得相应分值，多选、错选、不选均不得分。）

1. 甲公司为增值税一般纳税人，2013 年第四季度该公司发生的固定资产相关业务如下：

（1）10 月 8 日，甲公司购入一台需要安装的设备，取得的增值税专用发票上注明的销售价格为 98 万元，增值税税额为 16.66 万元，另支付安装费 2 万元，全部款项以银行存款支付，该设备预计可使用年限为 6 年，预计净残值为 4 万元，当月达到预定可使用状态。

（2）11 月，甲公司对其一条生产线进行更新改造，该生产线的原价为 200 万元，已计提折旧为 120 万元，改造过程中发生支出 70 万元，被替换部件的账面价值为 10 万元。

（3）12 月，甲公司某仓库因火灾发生毁损，该仓库原价为 400 万元，已计提折旧 100 万元，其残料估计价值为 5 万元，残料已办理入库，发生的清理费用为 2 万元，以现金支付，经保险公司核定应赔偿损失 150 万元，尚未收到赔款。

（4）12 月末，甲公司对固定资产进行盘点，发现短缺一台笔记本电脑，原价为 1 万元，已计提折旧 0.6 万元，损失应由相关责任人赔偿 0.1 万元。

要求：

根据上述资料，假定不考虑其他因素，分析回答下列问题。（答案中的金额单位用万元表示）

根据资料（1），甲公司购入设备的入账成本是（　　）万元。
A. 116.66　　　B. 98　　　C. 100　　　D. 114.66

根据资料（1），下列关于该设备计提折旧的表述中正确的是（　　）。
A. 2013 年 10 月该设备不应计提折旧
B. 如采用直线法，该设备 2013 年第四季度应计提折旧额为 3.2 万元
C. 如采用双倍余额递减法，其年折旧率应为 40%
D. 如采用年数总和法，其第一年的年折旧率应为 5/16

根据资料（2），更新改造后该生产线的入账成本是（　　）万元。
A. 140　　　B. 260　　　C. 270　　　D. 150

根据资料（3），下列各项中，甲公司毁损固定资产的会计处理正确的是（　　）。
A. 支付清理费用时：
借：固定资产清理　　　　　　　　　　　　　　　　2
　　贷：银行存款　　　　　　　　　　　　　　　　　　2
B. 确定应由保险公司理赔的损失时：

借：其他应收款 150
　　贷：营业外收入 150
C. 将毁损的仓库转入清理时：
借：固定资产清理 300
　　累计折旧 100
　　贷：固定资产 400
D. 残料入库时：
借：原材料 5
　　贷：固定资产清理 5
根据资料（4），应记入"营业外支出"科目借方的金额是（　　）万元。
A. 0.8　　　　　　B. 0.1　　　　　　C. 0.3　　　　　　D. 1

2. 甲公司为增值税一般纳税人，适用的增值税税率为17%。商品销售价格不含增值税，在确认销售收入时逐笔结转销售成本，2013年该公司发生如下交易或事项：

（1）4月21日，向乙公司销售一批E产品，开出增值税专用发票上注明的销售价格为600万元，增值税税额为102万元，款项尚未收到；该批产品成本为350万元，甲公司已将商品发出，纳税义务已经发生，但该笔销售不符合收入确认条件。

（2）7月6日，甲公司承担一项销售产品安装任务，安装期9个月，安装劳务完工进度按已发生成本占预计总成本的比例确定，合同总收入为40万元，当年实际发生成本12万元，预计还将发生成本18万元。

（3）9月1日，甲公司将部分F产品作为福利发给本公司职工，其中生产工人400件、车间管理人员100件、专设销售机构人员50件，该产品每件销售价格为0.6万元，实际成本为0.4万元。

（4）12月4日，甲公司向丙公司销售G产品，销售价格为100万元，产品的实际成本总额为65万元，因成批销售，甲公司给予丙公司10%的商业折扣，丙公司12月15日付款，该笔销售符合收入确认条件。

要求：
根据上述资料，假定不考虑其他因素，分析回答下列小题。（答案中的金额单位用万元表示）

根据资料（1），下列各项中，甲公司向乙公司销售产品的会计处理结果正确的是（　　）。
A. 应收账款增加702万元　　　　　　B. 库存商品减少350万元
C. 应收账款增加102万元　　　　　　D. 应交税费增加102万元

根据资料（2），2013年度甲公司应确认的劳务收入是（　　）万元。
A. 12　　　　　　B. 30　　　　　　C. 40　　　　　　D. 16

根据资料（3），下列各项中，甲公司向职工发放福利的会计处理正确的是（　　）。
A. 借：主营业务成本 220
　　　贷：库存商品 220
B. 借：生产成本 280.8
　　　制造费用 70.2
　　　销售费用 35.1

           贷：应付职工薪酬   386.1
    C. 借：应付职工薪酬   386.1
           贷：主营业务收入   330
               应交税费——应交增值税（销项税额）   56.1
    D. 借：发出商品   220
           贷：库存商品   220

根据资料（4），下列各项中，甲公司向丙公司销售产品的会计处理结果正确的是（   ）。
    A. 主营业务收入增加 90 万元   B. 主营业务成本增加 65 万元
    C. 应交税费增加 15.3 万元   D. 销售费用增加 10 万元

根据资料（1）～（4），对甲公司 2013 年营业利润的影响金额是（   ）万元。
    A. 369   B. 353.9   C. 103.9   D. 139

3. 甲企业为增值税一般纳税人，适用的增值税税率为 17%，该企业生产主要耗用一种原材料，该材料按计划成本进行日常核算，计划单位成本为每千克 20 元，2013 年 6 月初，该企业"银行存款"科目余额为 300 000 元，"原材料"和"材料成本差异"科目的借方余额分别为 30 000 元和 6 152 元，6 月发生如下经济业务：

（1）5 日，从乙公司购入材料 5 000 千克，增值税专用发票上注明的销售价格为 90 000元，增值税税额为 15 300 元，全部款项已用银行存款支付，材料尚未到达。

（2）8 日，从乙公司购入的材料到达，验收入库时发现短缺 50 千克，经查明，短缺为运输途中合理损耗，按实际数量入库。

（3）10 日，从丙公司购入材料 3 000 千克，增值税专用发票上注明的销售价格为 57 000元，增值税税额为 9 690 元，材料已验收入库并且全部款项以银行存款支付。

（4）15 日，从丁公司购入材料 4 000 千克，增值税专用发票上注明的销售价格为 88 000元，增值税税额为 14 960 元，材料已验收入库，款项尚未支付。

（5）6 月，甲企业领用材料的计划成本总计为 84 000 元。

要求：根据上述资料，假定不考虑其他因素，分析回答下列小题。（答案中的金额单位用元表示）

根据资料（1），下列各项中，甲企业向乙公司购入材料的会计处理结果正确的是（   ）
    A. 原材料增加 90 000 元   B. 材料采购增加 90 000 元
    C. 原材料增加 100 000 元   D. 应交税费增加 15 300 元

根据资料（2），2013 年度甲企业的会计处理结果正确的（   ）。
    A. 发生节约差异 9 000 元   B. 发生超支差异 9 000 元
    C. 原材料增加 100 000 元   D. 原材料增加 99 000 元

根据材料（3），下列各项中，甲企业会计处理正确的是（   ）。
    A. 借：原材料   60 000
           贷：材料采购   60 000
    B. 借：原材料   60 000
           应交税费——应交增值税（进项税额）   10 200
           贷：应付账款   70 200
    C. 借：材料采购   57 000

| | 应交税费——应交增值税（进项税额） | 9 690 |
| | 贷：银行存款 | 66 690 |

D. 借：材料采购　　　　　　　　　　　　　　　　　　　　3 000
　　　贷：材料成本差异　　　　　　　　　　　　　　　　　　3 000

根据期初资料和资料（1）～（4），甲企业"原材料"科目借方余额为269 000元，下列关于材料成本差异的表述正确的是（　　）。

A. 当月材料成本差异率为3.77%

B. "材料成本差异"科目的借方发生额为8 000元

C. 当月材料成本差异率为0.8%

D. "材料成本差异"科目的贷方发生额为19 000元

根据期初资料和资料（1）～（5），2013年6月30日甲企业相关会计科目期末余额计算结果正确的是（　　）。

A. "银行存款"科目为26 050元　　　　B. "原材料"科目为153 000元

C. "原材料"科目为186 480元　　　　　D. "银行存款"科目为128 010元

项目训练参考答案

上篇 基础训练

模块一 财务会计基础

项目1 认知财务会计

基础训练

一、单项选择题

1. D 2. B 3. A 4. D 5. D 6. A 7. D 8. B 9. A 10. D 11. A 12. D

二、多项选择题

1. AD 2. ABC 3. ABC 4. AC 5. BC 6. CDE 7. ABDE 8. ABCD 9. BD 10. ABCD 11. ACD 12. AD 13. AD 14. BC 15. ACD

三、判断题

1. × 2. × 3. √ 4. √ 5. × 6. × 7. × 8. √ 9. × 10. ×

综合技能训练

案例分析（略）

项目2 货币资金的核算

基础训练

一、单项选择题

1. D 2. C 3. B 4. D 5. A 6. A 7. A 8. C 9. C 10. A

二、多项选择题

1. ABD 2. ACD 3. AC 4. ABCD 5. BCD 6. ABCD 7. AC 8. ABCD 9. ABD 10. ABC

三、判断题

1. × 2. × 3. × 4. √ 5. × 6. × 7. × 8. √ 9. √ 10. ×

综合技能训练

一、业务处理

1. 2016 年 5 月 1 日销售商品：

借：应收账款——丁公司	58 500
贷：主营业务收入	50 000
应交税费——应交增值税（销项税额）	8 500

5 月 9 日收到货款：

借：银行存款	57 500
财务费用	1 000
贷：应收账款——丁公司	58 500

5 月 17 日收到货款：

借：银行存款	58 000
财务费用	500
贷：应收账款——丁公司	58 500

5 月 30 日收到货款：

借：银行存款	58 500
贷：应收账款——丁公司	58 500

2.

（1）借：应收账款——甲企业	585 000
贷：主营业务收入	500 000
应交税费——应交增值税（销项税额）	85 000
借：主营业务成本——A 产品	2 500 000
贷：库存商品——A 产品	2 500 000
（2）借：应收票据	58 500
贷：其他业务收入	50 000
应交税费——应交增值税（销项税额）	8 500
借：其他业务成本	30 000
贷：原材料	30 000
（3）借：主营业务收入	6 000
应交税费——应交增值税（销项税额）	1 020
贷：应收账款——丙企业	7 020
借：库存商品——A 产品	3 000
贷：主营业务成本——A 产品	3 000
（4）借：银行存款	300 000
贷：其他业务收入——租金	300 000
（5）借：主营业务收入	50 000

    应交税费——应交增值税（销项税额）   8 500
   贷：应收账款——甲企业   58 500

二、案例分析（略）

项目 3 应收及预付款项的核算

基 础 训 练

一、单项选择题

1. C 2. A 3. C 4. C 5. D 6. B 7. B 8. C 9. D 10. B

二、多项选择题

1. ABC 2. ABC 3. B 4. ABC 5. ABCD 6. AC 7. CD 8. BC 9. BCD 10. ABC

三、判断题

1. × 2. × 3. × 4. × 5. × 6. × 7. × 8. × 9. √ 10. √

综合技能训练

一、业务处理

1.

（1）借：坏账准备   20 000
    贷：应收账款   20 000

（2）收到上年度已转销为坏账损失的应收账款：

借：应收账款   5 000
  贷：坏账准备   5 000

借：银行存款   5 000
  贷：应收账款   5 000

（3）2016 年年末"应收账款"科目余额

    200 000+468 000−20 000+5 000−468 000=185 000（元）

      坏账准备余额=185 000×3%=5 550（元）

（4）2016 年年末计提坏账准备：

借：资产减值损失   4 450
  贷：坏账准备   4 450

2. 销售实现时：

借：应收账款   11 700
  贷：主营业务收入   10 000
    应交税费——应交增值税（销项税额）   1 700

（1）借：银行存款   11 500
    财务费用   200
    贷：应收账款   11 700

（2）借：银行存款   11 600
    财务费用   100
    贷：应收账款   11 700

(3) 借：银行存款 11 700
　　　贷：应收账款 11 700

二、案例分析（略）

项目4　交易性金融资产的核算

基础训练

一、单项选择题
1. B　2. D　3. A　4. B

二、多项选择题
1. BCD　2. AB　3. AB　4. BCD　5. BCD　6. ABD　7. BCD

三、判断题
1. ×　2. √　3. ×　4. ×　5. √

综合技能训练

一、业务处理

1.
(1) 借：交易性金融资产——成本 350 000
　　　应收股利 50 000
　　　投资收益 4 000
　　　贷：银行存款 404 000

(2) 借：银行存款 50 000
　　　贷：应收股利 50 000

(3) 11月20日，A公司宣告发放现金股利：
　　借：应收股利 20 000
　　　贷：投资收益 20 000

11月25日，收到并存入银行：
　　借：银行存款 20 000
　　　贷：应收股利 20 000

(4) 借：交易性金融资产——公允价值变动 20 000
　　　贷：公允价值变动损益 20 000

(5) 借：银行存款 450 000
　　　贷：交易性金融资产——成本 350 000
　　　　　　　　　　　　——公允价值变动 20 000
　　　　　投资收益 80 000

借：公允价值变动损益 20 000
　　贷：投资收益 20 000

借：投资收益 2 500
　　贷：其他货币资金——存出投资款 2 500

2.
(1) 借：交易性金融资产——成本 78 000

                应收股利   2 000
                投资收益   360
            贷：其他货币资金——存出投资款   80 360
（2）借：银行存款   2 000
        贷：应收股利   2 000
（3）借：交易性金融资产——公允价值变动   2 000
        贷：公允价值变动损益   2 000
（4）借：交易性金融资产——公允价值变动   4 000
        贷：公允价值变动损益   4 000
（5）借：银行存款   65 000
        贷：交易性金融资产——成本   58 500
                        ——公允价值变动   3 000
                投资收益   3 500
    借：公允价值变动损益   3 500
        贷：投资收益   3 500
（6）借：应收股利   100
        贷：投资收益   100
（7）借：银行存款   100
        贷：应收股利   100

二、案例分析（略）

项目5 存货的核算

基 础 训 练

一、单项选择题

1. A 2. C 3. B 4. C 5. C 6. D 7. D 8. C 9. B 10. A 11. B 12. B 13. A 14. B

二、多项选择题

1. AC 2. AC 3. AD 4. ABCD 5. ABC 6. ABC 7. ACD 8. BC 9. BCD 10. ACD

三、判断题

1. × 2. √ 3. √ 4. × 5. × 6. × 7. × 8. √ 9. × 10. ×

综合技能训练

一、业务处理

1.
（1）6日发出的成本=160×100=16 000（元）
（2）13日发出的成本=40×100+100×105+120×98=26 260（元）
（3）26日发出的成本=20×98+40×110=6 360（元）
（4）期末结存的成本=(200+100−160+140−260+160−60)×110=13 200（元）

2.

（1）销售毛利=销售收入−销售成本=1 600−1 420=180（元）

毛利率=销售毛利/销售收入=(180/1 600)×100%=11.25%

（2）4月商品销售成本=600−600×11.25%=532.5（元）

5月商品销售成=1 000−1 000×11.25%=887.5（元）

6月商品销售成本=80 000+1 760−840−532.5−887.5=300（元）

3.

（1）材料成本差异率=(1 000+2 000)/(50 000+100 000)×100%=2%

（2）发出材料应付担的成本差异=80 000×2%=1 600（元）

（3）发出材料的实际成本=80 000+1 600=81 600（元）

（4）结存材料的实际成本=50 000+100 000−80 000+1 000+2 000−1 600

=71 400（元）

（5）领用材料时的会计处理为：

借：生产成本	50 000
管理费用	30 000
贷：原材料	80 000

月末分摊材料成本差异的会计处理为：

借：生产成本	1 000
管理费用	600
贷：材料成本差异	1 600

4.

4月5日收到材料时：

借：原材料	20 000
材料成本差异	1 000
贷：材料采购	21 000

4月10日从外地购入材料时：

借：材料采购	58 900
应交税费——应交增值税（进项税额）	10 013
贷：银行存款	68 913

4月20日收到4月10日购入的材料时：

借：原材料	59 000
贷：材料采购	58 900
材料成本差异	100

材料成本差异率=(1 000+1 000−100)÷(80 000+20 000+59 000)=1.195%

发出材料应负担的材料成本差异=60 000×(+1.195%)=717（元）

借：生产成本	60 000
贷：原材料	60 000
借：生产成本	717

    贷：材料成本差异   717

5.（金额单位：万元）

（1）借：委托加工物资   98
    材料成本差异   2
   贷：原材料   100

（2）借：委托加工物资   10
    应交税费——应交增值税（进项税额）   1.7
   贷：银行存款   11.7

（3）甲企业B商品成本=98+16=114（万元）
   借：库存商品   114
    贷：委托加工物资   114

6.

（1）借：原材料   6 000（红字）
   贷：应付账款   6 000（红字）

（2）借：原材料   4 000
   贷：在途物资   4 000

（3）借：原材料   50 500
    应交税费——应交增值税（进项税额）   8 500
   贷：银行存款   59 000

（4）借：周转材料——包装物   2 000
   贷：委托加工物资   2 000

（5）借：原材料   150 500
    应交税费——应交增值税（进项税额）   25 500
   贷：其他货币资金   176 000
  借：银行存款   24 000
   贷：其他货币资金   24 000

（6）借：原材料   5 000
    应交税费——应交增值税（进项税额）   850
   贷：应付票据   5 850

（7）借：原材料   8 640
    应交税费——应交增值税（进项税额）   1 360
   贷：预付账款   10 000
  借：预付账款   2 000
   贷：银行存款   2 000

（8）借：生产成本——基本生产成本   360 000
      ——辅助生产成本   200 000
    制造费用   30 000
    管理费用   10 000
   贷：原材料   600 000

(9) 借：销售费用　　　　　　　　　　　　　　　　　　　　　　　　　6 000
　　　贷：周转材料——包装物　　　　　　　　　　　　　　　　　　　　　　　6 000

二、案例分析（略）

项目6　持有至到期投资的核算

基 础 训 练

一、单项选择题

1. C　2. A　3. A　4. C　5. B　6. A

二、多项选择题

1. AC　2. AC　3. ABCD

三、判断题

1. ×　2. √　3. ×　4. ×

综合技能训练

（略）

项目7　长期股权投资的核算

基 础 训 练

一、单项选择题

1. C　2. B　3. B　4. A　5. C　6. D　7. A　8. D

二、多项选择题

1. ACD　2. ABD　3. BC　4. BCD　5. ABCD　6. ABCD　7. ABD

三、判断题

1. ×　2. ×　3. √　4. ×　5. ×　6. ×　7. ×

四、计算题

1.（金额单元：万元）

（1）对乙公司投资时：

借：长期股权投资　　　　　　　　　　　　　　　　　　　　　　　　800
　　贷：银行存款　　　　　　　　　　　　　　　　　　　　　　　　　　800

（2）分配现金股利时：

借：应收股利　　　　　　　　　　　　　　　　　　　　　　　　　　20
　　贷：投资收益　　　　　　　　　　　　　　　　　　　　　　　　　　20

（3）收到现金股利时：

借：银行存款　　　　　　　　　　　　　　　　　　　　　　　　　　20
　　贷：应收股利　　　　　　　　　　　　　　　　　　　　　　　　　　20

（4）不做账务处理：

借：资产减值损失　　　　　　　　　　　　　　　　　　　　　　　　50
　　贷：长期股权投资减值准备　　　　　　　　　　　　　　　　　　　　50

（5）收到转让款时：

借：银行存款 820
　　长期股权投资减值准备 50
　　贷：长期股权投资 800
　　　　投资收益 70

2.（金额单元：万元）

（1）A 公司投资 D 公司时：

借：长期股权投资——成本 1 200
　　贷：库存现金 1 200

（2）投资期间收益：

借：长期股权投资——损益调整 120
　　贷：投资收益 120

借：长期股权投资——其他综合收益 30
　　贷：其他综合收益 30

（3）分配现金股利时：

借：应收股利 40
　　贷：长期股权投资——损益调整 40

收到现金股利时：

借：银行存款 40
　　贷：应收股利 40

（4）D 公司亏损：

借：投资收益 400
　　贷：长期股权投资——损益调整 400

计提资产减值损失时：

借：资产减值损失 210
　　贷：长期股权投资减值准备 210

（5）投资处置时：

借：银行存款 800
　　长期股权投资减值准备 210
　　长期股权投资——损益调整 320
　　贷：长期股权投资——成本 1 200
　　　　　　　　　　——其他权益变动 30
　　　　投资收益 100

借：其他综合收益 30
　　贷：投资收益 30

综合技能训练

（金额单元：万元）

（1）A 公司对甲公司的投资后续计量采用权益法核算，因为对甲公司具有重大影响。

2014 年 1 月 2 日对甲公司投资的会计分录：

借：长期股权投资——成本　　　　　　　　　　　　　　　　20 000
　　贷：银行存款　　　　　　　　　　　　　　　　　　　　　　　　20 000

由于长期股权投资的初始投资成本（20 000 万元）小于投资时应享有被投资单位可辨认净资产公允价值份额的（70 000×30%=21 000 万元），调整已确认的初始投资成本。

借：长期股权投资——成本（21 000–20 000）　　　　　　　　 1 000
　　贷：营业外收入　　　　　　　　　　　　　　　　　　　　　　　 1 000

（2）A 公司对乙公司的投资后续计量采用成本法核算，因为对乙公司不具有控制、共同控制或重大影响，且在活跃市场中没有报价、公允价值不能可靠计量。

2014 年 7 月 1 日，A 公司对乙公司投资的会计分录：

借：长期股权投资——成本　　　　　　　　　　　　　　　　 5 000
　　贷：银行存款　　　　　　　　　　　　　　　　　　　　　　　　 5 000

（3）2014 年 9 月 16 日：

借：应收股利（500×10%）　　　　　　　　　　　　　　　　　　50
　　贷：投资收益　　　　　　　　　　　　　　　　　　　　　　　　　50

2014 年 9 月 26 日：

借：银行存款　　　　　　　　　　　　　　　　　　　　　　　　50
　　贷：应收股利　　　　　　　　　　　　　　　　　　　　　　　　　50

（4）借：长期股权投资——损益调整　　　　　　　　　　　　 3 000
　　　　贷：投资收益（10 000×30%）　　　　　　　　　　　　　　　 3 000

（5）借：应收股利（6 000×30%）　　　　　　　　　　　　　 1 800
　　　　贷：长期股权投资——甲公司（损益调整）　　　　　　　　　 1 800

（6）借：长期股权投资——其他综合收益　　　　　　　　　　　 240
　　　　贷：其他综合收益（800×30%）　　　　　　　　　　　　　　　 240

　　　借：投资收益（3 000×30%）　　　　　　　　　　　　　　　 900
　　　　贷：长期股权投资——损益调整　　　　　　　　　　　　　　　 900

长期股权投资的账面价值=21 000+(3 000–1 800–900)+ 240= 21 540（万元）

长期股权投资的可收回金额为 20 880 万元。

$$\text{计提减值}=21\,540-20\,880=660\text{（万元）}$$

借：资产减值损失　　　　　　　　　　　　　　　　　　　　　 660
　　贷：长期股权投资减值准备　　　　　　　　　　　　　　　　　　 660

（7）借：银行存款　　　　　　　　　　　　　　　　　　　 22 000
　　　　长期股权投资减值准备　　　　　　　　　　　　　　　　　 660
　　　　贷：长期股权投资——成本　　　　　　　　　　　　　　　21 000
　　　　　　　　　　　　　——损益调整（3 000–1 800–900）　　　 300
　　　　　　　　　　　　　——其他权益变动　　　　　　　　　　　 240
　　　　　　　投资收益　　　　　　　　　　　　　　　　　　　　 1 120

借：其他综合收益　　　　　　　　　　　　　　　　　　　　　 240
　　贷：投资收益　　　　　　　　　　　　　　　　　　　　　　　　 240

项目8 可供出售金融资产的核算

基 础 训 练

一、单项选择题
1. D 2. C 3. D

二、多项选择题
1. ABC 2. ABD 3. ACD 4. BD

三、判断题
1. × 2. √

综合技能训练

（略）

项目9 固定资产的核算

基 础 训 练

一、单项选择题
1. A 2. A 3. C 4. A 5. B 6. C 7. B 8. D 9. B 10. C

二、多项选择题
1. AC 2. ABC 3. ABCD 4. ABCD 5. ABD 6. BC 7. ABCD 8. BCD 9. BD 10. ABCD

三、判断题
1. √ 2. √ 3. √ 4. × 5. √ 6. × 7. √ 8. √ 9. × 10. √

综合技能训练

一、业务处理

1.（金额单位：万元）

（1）编制甲企业 2016 年 1 月 20 日购入 A 设备的会计分录：

借：固定资产（550+93.5+4.5）　　　　　　　　　　　　648
　　贷：银行存款　　　　　　　　　　　　　　　　　　　　　648

（2）计算甲企业 2016 年 2 月 A 设备的折旧额并编制会计分录：

$$648×2/10/12=10.8（万元）$$

借：管理费用　　　　　　　　　　　　　　　　　　　　10.8
　　贷：累计折旧　　　　　　　　　　　　　　　　　　　　　10.8

（3）编制甲企业 2016 年 7 月 15 日购入 B 设备的会计分录：

借：在建工程（600+102+8）　　　　　　　　　　　　　710
　　贷：银行存款　　　　　　　　　　　　　　　　　　　　　710

（4）编制甲企业 2016 年 8 月安装 B 设备及其投入使用的会计分录：

借：在建工程　　　　　　　　　　　　　　　　　　　　　3
　　贷：银行存款　　　　　　　　　　　　　　　　　　　　　　3
借：固定资产　　　　　　　　　　　　　　　　　　　　713

贷：在建工程　　　　　　　　　　　　　　　　　　　　　　　　　　713
（5）计算甲企业 2016 年 9 月 B 设备的折旧额并编制会计分录：
$$(713-35.65)/5 \times 720/1\,000 = 9.75（万元）$$
借：制造费用　　　　　　　　　　　　　　　　　　　　　　　　　　9.75
　　贷：累计折旧　　　　　　　　　　　　　　　　　　　　　　　　　9.75

2.（金额单位：万元）
（1）编制 2016 年建造固定资产有关会计分录：
借：在建工程　　　　　　　　　　　　　　　　　　　　　　　　　　52
　　贷：银行存款　　　　　　　　　　　　　　　　　　　　　　　　　52
借：在建工程　　　　　　　　　　　　　　　　　　　　　　　　　　12
　　贷：工程物资　　　　　　　　　　　　　　　　　　　　　　　　　12
借：在建工程　　　　　　　　　　　　　　　　　　　　　　　　　　17.55
　　贷：原材料　　　　　　　　　　　　　　　　　　　　　　　　　　15
　　　　应交税费——应交增值税（进项税额转出）　　　　　　　　　　2.55
借：在建工程　　　　　　　　　　　　　　　　　　　　　　　　　　26.75
　　贷：库存商品　　　　　　　　　　　　　　　　　　　　　　　　　20
　　　　应交税费——应交增值税（销项税额）　　　　　　　　　　　　4.25
　　　　　　　　——应交消费税　　　　　　　　　　　　　　　　　　2.5
借：在建工程　　　　　　　　　　　　　　　　　　　　　　　　　　11.7
　　贷：应付职工薪酬　　　　　　　　　　　　　　　　　　　　　　　8
　　　　银行存款　　　　　　　　　　　　　　　　　　　　　　　　　3.7
借：固定资产　　　　　　　　　　　　　　　　　　　　　　　　　　120
　　贷：在建工程　　　　　　　　　　　　　　　　　　　　　　　　　120
（2）计算 2016 年、2017 年应计提的折旧金额并编制相关的会计分录。
$$2016 年应计提折旧的金额 = 120 \times 2/10 \times 3/12 = 6（万元）$$
借：制造费用　　　　　　　　　　　　　　　　　　　　　　　　　　6
　　贷：累计折旧　　　　　　　　　　　　　　　　　　　　　　　　　6
2017 年应计提折旧的金额 $= 120 \times 2/10 \times 9/12 + (120-120 \times 2/10) \times 2/10 \times 3/12 = 22.8$（万元）
借：制造费用　　　　　　　　　　　　　　　　　　　　　　　　　　22.8
　　贷：累计折旧　　　　　　　　　　　　　　　　　　　　　　　　　22.8
（3）计算 2017 年是否计提减值，如果已经发生减值，计算该项减值的金额，并编制相关的会计分录。
　　2017 年年末该项固定资产的可收回金额为 90 万元，而 2017 年固定资产的账面价值为 120–6–22.8=91.2（万元），则该项资产出现了减值，减值金额为 91.2–90=1.2（万元），账务处理为：
借：资产减值损失　　　　　　　　　　　　　　　　　　　　　　　　1.2
　　贷：固定资产减值准备　　　　　　　　　　　　　　　　　　　　　1.2
（4）计算 2018 年该项固定资产的账面价值，编制处置固定资产的账务处理。
$$2018 年年末该项固定资产的账面价值 = 90-90/3 = 60（万元）$$

借：固定资产清理　　　　　　　　　　　　　　　　　　　　　　　　60
　　　　累计折旧　　　　　　　　　　　　　　　　　　　　　　　　　58.8
　　　　固定资产减值准备　　　　　　　　　　　　　　　　　　　　　　1.2
　　　　　贷：固定资产　　　　　　　　　　　　　　　　　　　　　　120
　　借：固定资产清理　　　　　　　　　　　　　　　　　　　　　　　　 3
　　　　　贷：银行存款　　　　　　　　　　　　　　　　　　　　　　　 3
　　借：银行存款　　　　　　　　　　　　　　　　　　　　　　　　　　50
　　　　营业外支出　　　　　　　　　　　　　　　　　　　　　　　　　13
　　　　　贷：固定资产清理　　　　　　　　　　　　　　　　　　　　　63
二、案例分析
（略）

项目 10　投资性房地产的核算

基 础 训 练

一、单项选择题

1. D　2. C　3. B　4. B　5. A　6. B　7. D　8. C　9. D　10. D

二、多项选择题

1. ACD　2. AB　3. ABD　4. ABCD　5. ACD　6. ABC　7. ABC

三、判断题

1. ×　2. ×　3. ×　4. √　5. ×　6. √　7. √　8. ×

综合技能训练

一、业务处理

1.

（1）2016 年 3 月 1 日：

　　借：投资性房地产——成本　　　　　　　　　　　　　　　　　4 500 000
　　　　公允价值变动损益　　　　　　　　　　　　　　　　　　　　500 000
　　　　　贷：开发产品　　　　　　　　　　　　　　　　　　　　5 000 000

（2）2016 年 4 月 30 日：

　　借：投资性房地产——公允价值变动　　　　　　　　　　　　　　300 000
　　　　　贷：公允价值变动损益　　　　　　　　　　　　　　　　　300 000

（3）2018 年 3 月 1 日出售时：

　　借：银行存款　　　　　　　　　　　　　　　　　　　　　　　4 900 000
　　　　　贷：其他业务收入　　　　　　　　　　　　　　　　　　4 900 000
　　借：其他业务成本　　　　　　　　　　　　　　　　　　　　　4 800 000
　　　　　贷：投资性房地产——成本　　　　　　　　　　　　　　4 500 000
　　　　　　　投资性房地产——公允价值变动　　　　　　　　　　　300 000

同时结转投资性房地产累计公允价值变动：

　　借：其他业务成本　　　　　　　　　　　　　　　　　　　　　　200 000

贷：公允价值变动损益	200 000

2.
借：投资性房地产——成本	3 600 000
累计折旧	1 420 000
贷：固定资产	5 000 000
其他综合收益	20 000

3.
借：投资性房地产——成本	9 500 000
投资性房地产累计折旧	270 000
贷：投资性房地产——××写字楼	90 000 000
其他综合收益（新制度要求）	6 930 000
盈余公积	770 000

4.
借：投资性房地产——操场	400 000
累计摊销	100 000
贷：无形资产——土地使用权	500 000

5.
借：投资性房地产——成本	48 000 000
累计折旧	10 000 000
贷：固定资产——写字楼	50 000 000
其他综合收益（新制度要求）	8 000 000

6.
借：固定资产	48 000 000
贷：投资性房地产——成本	40 000 000
投资性房地产——公允价值变动	5 000 000
公允价值变动损益	3 000 000

二、案例分析

（略）

项目 11　无形资产及其他资产的核算

基 础 训 练

一、单项选择题

1. C　2. B　3. B　4. A　5. B

二、多项选择题

1. ABCD　2. ABD　3. ABC　4. AB　5. BD

三、判断题

1. √　2. ×　3. ×　4. ×　5. √

综合技能训练

一、业务处理

1.（金额单位：万元）

（1）

借：研发支出——资本化支出	150
——费用化支出	130
贷：银行存款	280

（2）

借：管理费用	130
贷：研发支出——费用化支出	130

（3）

借：无形资产	150
贷：研发支出——资本化支出	150

（4）

2016年7月专利权摊销金额=150÷5÷12=2.5（万元）

借：管理费用	2.5
贷：累计摊销	2.5

（5）

借：银行存款	160
累计摊销	12.5
贷：无形资产	150
应交税费——应交营业税	8
营业外收入	14.5

二、案例分析

（略）

项目12　负债的核算

基 础 训 练

一、单项选择题

1. A　短期借款的利息属于筹资费用，应该计入财务费用，贷方记录的科目是"应付利息"，选项A正确。

2. D　2014年4月1日，从银行借入期限为3年的长期借款，该项借款到2016年12月31日还有3个月的时间就要到期，则该项借款应填入资产负债表中的"一年内到期的长期负债"项目中。

3. D　企业转销确实无法支付的应付账款，应按其账面余额计入营业外收入，借记"应付账款"科目，贷记"营业外收入"科目。

4. A　应付账款的入账价值=100+17+5=122（万元）。

5. C 应付账款入账价值=500×(1+17%)=585(万元)。现金折扣不影响应付账款的入账价值。

6. D 应付票据的账面价值=200×(1+6%÷12×2)=202(万元)。

7. A 应付商业承兑汇票到期,如企业无力支付票款,应将应付票据按账面余额转作应付账款,借记"应付票据"科目,贷记"应付账款"科目。

8. A 预收货款业务不多的企业,可以不单独设置"预收账款"科目,其所发生的预收货款,可通过"应收账款"科目来核算。

9. B 甲公司向乙公司发货时,应该全部在预收账款中核算,等实际收到乙公司补付的货款的时候,再作一笔会计分录(金额单位:万元):

借:银行存款　　　　　　　　　　　　　　　　　　　　　　　184
　　贷：预收账款　　　　　　　　　　　　　　　　　　　　　　　184

10. C 辞退福利是指企业在职工劳动合同到期之前解除与职工的劳动关系,或者为鼓励职工自愿接受裁减而给予职工的补偿,不属于短期薪酬。

11. D 甲公司本月应确认的管理费用金额=(3+2)×(1+2%)=5.1(万元),财务人员属于管理部门,工资计入管理费用核算。

12. C 应确认的应付职工薪酬=1 500×200×17%+1 500×200=351 000(元)。

13. B 2016年年末甲公司应确认的累计带薪缺勤的金额=2×30×150+1×50×150=16 500(元)。

14. B 购买的货物发生暴雨导致的非常损失,不做增值税进项税额转出处理;自产产品发生非常损失、自产产品发生管理不善导致的损失,直接计入管理费用。

15. B 甲公司销售该厂房应交的增值税=2 000×5%=100(万元)。

16. B 应该计入税金及附加科目的有消费税、城市维护建设税、教育费附加和资源税等,所以计入税金及附加的金额=90+(300+90+60)×(7%+3%)=135(万元)。

17. B 当月计入管理费用的税金=2 000(自用房地产房产税)+3 000(车船税)+1 500(城镇土地使用税)+800(印花税)=7 300(元)。

18. C 期末应计入税金及附加的金额=3 000×3=9 000(元),生产领用应税矿产品计入生产成本核算。

19. D 缴纳印花税的会计分录为:借记"税金及附加",贷记"银行存款",选项A正确。

20. B 选项A,通过"应付账款"科目核算;选项C,不作分录;选项D,通过"应付股利"科目核算。

21. C 购入包装物价款20万元计入包装物成本、出售单独计价的包装物应收取的价款计入应收账款;所以甲公司本月应确认的"其他应收款"科目的金额=1.5+3=4.5(万元)。

22. C

23. D 长期借款属于筹建期间的,不符合资本化条件的相关利息费用计入管理费用。在构建固定资产期间发生的利息费用应该计入成本中,而达到预定使用状态后发生的利息支出才应该计入财务费用,所以计入财务费用的金额=1 000×8%/2=40(万元)。

24. C 2015年6月30日"应付债券"科目的账面余额=3 000×(1+8%÷12×7)=3 140(万元)。

25. D 应付债券的账面余额=1 000+1 000×5%×6/12=1 025（万元）。
26. A 承租人租赁开始日融资租入的机器设备的入账价值=4 800+50=4 850（万元）。
27. A 因为该生产线是融资租赁给乙公司，所以应由乙公司计提折旧，2015 年折旧金额=(600−10)/10=59（万元）。
28. B
29. B 未确认融资费用是长期应付款的备抵科目，影响长期应付款的账面价值。
30. B 经营租入的固定资产不属于承租人的资产，所以不计提折旧。

二、多项选择题

1. ACD 选项 B 错误，短期借款属于企业的流动负债。
2. ABD 选项 C 错误，企业在实际支付利息时，借记"应付利息"科目，贷记"银行存款"科目。
3. BD 选项 A，应付票据包括商业承兑汇票和银行承兑汇票；选项 C，应付票据余额在贷方，表示企业尚未到期的商业汇票的票面金额和应计未付的利息。
4. BCD 对于购货方而言，现金折扣在实际发生的时候冲减财务费用，不影响应付账款的入账价值。
5. AC 预收账款属于企业的负债，选项 A 错误；"预收账款"科目借方登记企业向购货方发货后冲销的预收账款数额和退回购货方多付账款数额，借方核算企业预收账款减少的数额，选项 C 错误。
6. AC 选项 BD 应该通过"其他应收款"科目核算。
7. ABCD 选项 ABCD 均正确。
8. ABCD 选项 ABCD 均通过"应付职工薪酬"科目核算。
9. AC 因解除与职工的劳动关系给予的补偿应借记"管理费用"科目，贷记"应付职工薪酬"科目。
10. AB 无形资产在开发阶段的支出，符合资本化条件的，计入无形资产成本，不符合资本化条件的应该费用化，计入管理费用。
11. ABD 在核算生产部门人员的职工薪酬时，可能涉及的科目有生产成本、制造费用、劳务成本、应付职工薪酬。销售费用属于销售人员的职工薪酬。
12. ACD 企业为职工代垫医药费通过"其他应收款"科目核算。
13. CD 短期薪酬是指企业在职工提供相关服务的年度报告期间结束后十二个月内需要全部予以支付的职工薪酬；离职后福利是指企业未获得职工提供的服务而在职工退休或与企业解除劳动关系后，提供的各种形式的报酬和福利。短期薪酬和辞退福利除外，选项 A 错误；离职后福利不包括长期利润分享计划，选项 B 错误。
14. BC 购买的货物用于设备安装不需要进项税额转出，选项 D 不正确。
15. ABD 选项 C，委托加工物资收回后连续加工，按规定准予抵扣的，应按已由受托方代收代交的消费税，借记"应交税费——应交消费税"科目，贷记"应付账款""银行存款"等科目。
16. AD 购买的货物发生自然灾害导致的毁损，增值税税额不需转出。计入营业外支出的净损失=200−155=45（万元）。
17. ABCD

18. BCD 企业缴纳的印花税、耕地占用税等不需要预计应交数的税金，不通过"应交税费"科目核算。

19. CD 签订购买合同缴纳的印花税应记入"税金及附加"科目；购入工程物资已交的增值税应计入所购货物成本；进口商品支付的关税应计入进口商品的成本；一般纳税人购进生产设备支付的增值税可以抵扣。

20. ABC 教育费附加通过"税金及附加"科目核算。

21. CD "应付股利"科目贷方登记应支付的现金股利或利润，借方登记实际支付的现金股利或利润，期末贷方余额反映企业应付未付的现金股利或利润。

22. ABD 采用权益法核算的长期股权投资，被投资单位宣告发放现金股利，投资单位应冲减长期股权投资账面价值。

23. CD 选项 A，长期借款属于筹建期间的，不符合资本化条件的利息费用应该计入管理费用；选项 B，长期借款如用于构建固定资产，在资产达到预定状态后的利息支出，应该计入财务费用。

24. ABD 对于一次还本付息的债券，在计提利息时应该通过"应付债券——应计利息"科目核算，而对于分期付息、一次还本的债券，应该通过"应付利息"科目核算，同时在计提利息时，借方登记的会计科目有"在建工程""制造费用""财务费用""研发支出"等，所以选项 ABD 正确。

25. ABD 在生产经营期间，达到预定可使用状态后，不符合资本化条件的利息支出应计入财务费用，选项 A 正确；一次还本付息的，计提的利息应记入"长期借款——应计利息"科目，选项 B 正确；筹建期间，不符合资本化条件的利息计入管理费用，选项 C 错误；分期付息的，计提的利息计入应付利息，选项 D 正确。

26. AB 选项 C 折价发行是指债券以低于其面值的价格发行；选项 D 溢价发行则是指债券按高于其面值的价格发行。

27. ABD 该应付债券的入账价值=150−10=140（万元），选项 A 错误；债券发行价格大于债券面值，属于溢价发行债券，选项 B 错误；甲公司 2016 年年末应计提债券利息，通过"应付利息"科目核算，即 130×5%=6.5（万元），所以选项 C 正确，选项 D 错误。

28. BD 选项 A，应该计入"长期借款"科目，选项 C，应该计入"长期待摊费用"科目。

29. AB 选项 C，应计入长期借款——应计利息；选项 D，应计入应付职工薪酬。

三、判断题

1. × 短期借款是指企业向银行或者其他金融机构等借入的期限在 1 年以下（含 1 年）的各种借款。

2. × 如果企业所购的物资已经验收入库，但是没有收到发票账单，在会计期末，为了反映企业的负债情况，需要将所购入的物资和相关的应付账款暂估入账，待下月初再用红字予以冲回。

3. × 企业支付的银行承兑汇票手续费应当计入当期财务费用。

4. × 企业商业承兑汇票到期无力支付应转入应付账款。

5. × 应付账款附有现金折扣的，应按照扣除现金折扣前的应付款总额入账。

6. √

7. √

8. ×　从薪酬的支付对象来看，职工薪酬包括提供给职工本人和其配偶、子女或其被赡养人的福利。

9. √

10. ×　企业将生产的应税消费品用于在建工程等非生产机构时，按规定应交纳的消费税计入在建工程成本核算。

11. √

12. ×　一般纳税人企业购进货物和接受应税劳务时支付的增值税，记入"应交税费——应交增值税（进项税额）"科目核算；小规模纳税人企业购进货物和接受应税劳务时支付的增值税，直接计入有关货物和劳务的成本。

13. ×　企业转让的土地使用权连同地上建筑物及其附着物一并在"固定资产"科目核算的，转让时应交的土地增值税，借记"固定资产清理"科目，贷记"应交税费——应交土地增值税"科目。

14. √

15. ×　如果是经营租入固定资产，应该通过"其他应付款"科目核算，如果是融资租入固定资产，应该通过"长期应付款"科目核算。

16. ×　分期付息到期还本的长期借款，企业计提利息时不增加长期借款的账面价值，企业计提一次还本付息的长期借款利息增加借款的账面价值。

17. √

18. ×　企业的长期股权投资，被投资单位宣告发放股票股利，投资单位不做账务处理但应在备查簿中登记。

19. √

20. √

21. √

22. ×　租赁内含利率，是指在租赁期开始日，使最低租赁收款额的现值与未担保余值的现值之和等于租赁资产公允价值与出租人的初始直接费用之和的折现率。

23. ×　应借记"长期待摊费用"科目，贷记"应付职工薪酬"科目。

24. √

综合技能训练

1.（1）BD　赊购方应该按照扣除现金折扣前的金额计入应付账款，选项A错误；赊购方在实际发生现金折扣时应冲减财务费用，选项C错误。

（2）B　现金折扣不影响应付账款的入账价值，同时增值税的进项税额可以抵扣，所以其入账价值是300万元。

（3）A　委托加工物资收回后用于继续生产应税消费品，所以消费税可以抵扣，计入委托加工物资成本的金额=200+30=230（万元）。

（4）AB　承租人租赁开始日融资租入的机器设备的入账价值=1 800+20=1 820（万元），选项C错误；应付融资租赁款是指承租人在租赁开始日向出租人支付的最低租赁付款额，选项D错误。

（5）AC　发行债券时，无论是折价发行还是溢价发行，实际收到的金额与票面金额有差额时，都应该记入"应付债券——利息调整"科目，所以选项 B 不正确；由于甲公司发行的债券属于一次还本付息，所以应付未付利息应该通过"应付债券——应计利息"核算，所以选项 D 不正确。

2.（1）BCD　医疗保险属于应付职工薪酬核算范围，而以商业保险形式提供给职工的各种保险待遇也属于应付职工薪酬核算范围。

（2）C　两者都应该计入管理费用。

（3）ACD　更新改造的生产线属于动产，所以不视同销售，不用计算增值税的销项税额，同时也不确认收入，选项 A、C 错误；更新改造期间内部改良人员的工资应该直接计入在建工程，而不是计入长期待摊费用。

（4）B　自产的产品发放给职工作为职工福利，应该视同销售，确认收入，所以计入应付职工薪酬的数额=500×1 000+500×1 000×17%=585 000（元）。

（5）D　应该计入管理费用的金额=2+20+3=25（万元）。

3.（1）ABD　长期借款是因建造厂房借入的，在工程建造期间借款利息计入厂房成本核算，厂房建造完毕计入财务费用核算。

（2）D　长期借款如果持有一年，甲公司应确认的借款利息：

借：在建工程　　　　　　　　　　　　　　　　　　　　　　　　　44.55
　　贷：长期借款——应计利息（990×4.5%）　　　　　　　　　　　40
　　　　　　　　——利息调整（1 000×4%）　　　　　　　　　　　4.55

年末长期借款的账面价值=990+40+4.55=1 034.55（万元）。

（3）B　在建造过程中，共领用自产产品两次，分别为 500 件、300 件，产品的单位成本为 800 元/件，市场售价为 1000 元/件，则：

借：在建工程　　　　　　　　　　　　　　　　　　　　　　　　　776 000
　　贷：库存商品[(500+300)×800]　　　　　　　　　　　　　　　640 000
　　　　应交税费——应交增值税（销项税额）[(500+300)×1000×17%]　136 000

所以计入在建工程成本的金额=776 000÷10 000=77.6（万元）。

（4）B　借款利息应资本化的期间为 2015 年 10 月至 2016 年 3 月，共 6 个月。所以资本化应计入在建工程的利息金额=990×4.5%×6/12=22.28（万元）。

（5）D　该厂房的入账价值=700（工程款 200+300+200）+100（相关人员工资 50+50）+（80+20）×（1+17%）（领用原材料）+77.6（领用自产产品）+22.28（长期借款资本化利息）=1 016.88（万元）。

项目 13　所有者权益的核算

基 础 训 练

一、单项选择题

1. C　全体股东的货币出资额不得低于有限责任公司注册资本的 30%。

2. D　非专利技术和商标权都属于无形资产，所以都可以用来出资，计入实收资本的数额=800+500=1 300（万元）。

3. C

4. B　甲公司应确认的"股本"科目的金额=200×1=200（万元）。

5. B A公司应当编制如下会计分录：

借：固定资产	100
应交税费——应交增值税（进项税额）	17
贷：实收资本——嘉陵公司	100
资本公积——资本溢价	17

6. C 企业回购股票，应按实际支付的金额2 000万元作为库存股的入账金额，选项A不正确；注销库存股时，应按股票面值和注销股数计算的股票面值总额500万元计入股本，选项B错误；库存股是所有者权益的组成部分，企业回购股票增加库存股，使得企业所有者权益减少，选项D不正确。

7. A 记入"资本公积"科目的金额=5×2 000−1×2 000−5×2 000×3%=7 700（万元）。

8. B 甲上市公司应该按照股票面值计入股本，所以计入股本的是2 000万元。

9. A 回购本公司股票：

借：库存股	3 000 000
贷：银行存款（1 000 000×3）	3 000 000

注销本公司股票时：

借：股本	1 000 000
资本公积——股本溢价	1 500 000
盈余公积	500 000
贷：库存股	3 000 000

10. A 注销库存股时，先冲减资本公积，资本公积不够的再冲减盈余公积。本题中，回购的库存股一共400万元，股本200万元，所以应该冲减的资本公积是200万元，不需要冲减盈余公积。本题相关分录如下（金额单位：万元）：

借：股本	200
资本公积	200
贷：库存股	400

11. A 如果回购股票支付的价款低于面值总额的，所注销库存股的账面余额与所冲减股本的差额作为增加资本公积——股本溢价处理。

12. B 企业根据国家有关规定实行股权激励的，如在等待期内取消了授予的权益工具，企业应在进行权益工具加速行权处理时，将剩余等待期内应确认的金额立即计入当期损益，同时确认资本公积。

13. C 企业集团（由母公司和其全部子公司构成）内发生的股份支付交易，如结算企业是接受服务企业的长期股权投资，同时确认资本公积——其他资本公积或负债。

14. A 资本公积转增资本分录如下：

借：资本公积	20
贷：实收资本	20

借贷双方均属于所有者权益科目，是所有者权益内部的增减变动，不影响所有者权益总额。

15. C 上市公司发行股票，当实际收到的款项大于发行股票的面值的时候，其差额应该记入到"资本公积——股本溢价"科目中，选项C正确。

16. C　2014年年末该企业的可供分配利润的金额=年初未分配利润+本年实现的净利润+其他转入=−20+160=140（万元）。

17. D　企业用当年利润弥补亏损，在会计上无须专门做账务处理。

18. B　盈余公积年末余额=50+(600−150)×10%−10=85（万元）。

19. A　2015年年末，乙公司的所有者权益总额=800+1 200−300−100=1 600（万元）。

20. B　年末未分配利润=500+(1 000−100−50)−60=1 290（万元），所以正确的答案是B。

21. B　企业当年实现的净利润加上年初未分配利润（或减年初未弥补亏损）和其他转入后的余额，为可供分配的利润。乙公司2014年年末可供分配利润=500+2 000=2 500（万元）。

22. B　可供投资者分配的利润=可供分配的利润−提取的法定盈余公积−提取的任意盈余公积=500+1 000−1 000×10%−1 000×5%=1 350（万元）。

23. D　利润分配的顺序依次是：

（1）提取法定盈余公积；

（2）提取任意盈余公积；

（3）向投资者分派利润。

二、多项选择题

1. ABD　企业清算时，只有在偿还所有的负债后，所有者权益才返还给所有者，选项C错误。

2. ABCD　四个选项均正确，选项CD合起来又称为留存收益。

3. ABD　公司法规定，股东可以用实物、知识产权、土地使用权等可以用货币估价并可以依法转让的非货币财产作价出资。

4. ABCD　以上针对实收资本构成比例的说法均正确。

5. ABC　一般企业增加资本主要有三个途径：接受投资者追加投资、资本公积转增资本和盈余公积转增资本。接受超过注册资本额的投入计入资本公积，不增加实收资本，选项D错误。

6. BD　由于甲公司属于增值税小规模纳税人，所以增值税的进项税额不能抵扣，应该计入原材料的成本中，所以计入原材料的金额是1 755万元，选项B正确；无论是增值税一般纳税人还是增值税小规模纳税人，计入实收资本的金额应该是合同约定价值和增值税进项税额的和，选项D正确。

7. BC　股本溢价不足冲减的，应该依次冲减"盈余公积""利润分配——未分配利润"等科目，所以选项BC不正确。

8. ABD　吸收投资者出资时可能的分录是：借记"银行存款"等科目，贷记"股本"科目，也可能涉及"资本公积"科目，所以正确的选项是ABD。

9. BCD　回购库存股时，按照股票面值和注销股数计算的股票面值总额冲减股本，按照注销库存股的账面余额与所冲减股本的差额冲减股本溢价，股本溢价不足冲减的，应依次冲减"盈余公积""利润分配——未分配利润"等科目。

10. AD　选项BC属于留存收益中的盈余公积和未分配利润的来源。

11. BCD　选项A不做会计处理，选项B引起资本公积的减少，选项C可能会增加资本公积，选项D引起资本公积的增加。

12. AB 选项 A，实现净利润最终转入未分配利润科目；选项 B，确认为其他综合收益。

13. AB 法定盈余公积是指企业按照规定的比例从净利润中提取的盈余公积，选项 C 错误；任意盈余公积是指企业按照股东会或股东大会决议提取的盈余公积，选项 D 错误。

14. ABD 企业提取的盈余公积经批准可用于弥补亏损、转增资本或发放现金股利或利润等，但是不能作为职工福利进行发放，选项 C 错误。

15. ABCD

16. BCD 发行股票的溢价收入应计入资本公积，资本公积不属于留存收益。

17. ABD 选项 C 会使留存收益减少的。

18. AC 用盈余公积发放现金股利，会使得留存收益减少，进而会影响到所有者权益减少，选项 B 不正确。留存收益包括盈余公积和未分配利润，提取盈余公积是留存收益内部的增减变动，但用盈余公积转增资本和发放现金股利都会使留存收益减少，留存收益减少额 =150+60=210（万元），选项 D 错误。

19. AB 甲公司年末可供分配利润=300+500=800（万元），甲公司年末未分配利润 =300+500×(1–10%–5%)–100=625（万元）。

20. ACD 可供出售金融资产公允价值变动形成的差额计入其他综合收益，选项 B 错误。

21. ABCD 四个选项均不影响所有者权益总额发生增减变动，属于留存收益内部的此增彼减。

22. BC 选项 AD 不影响留存收益总额的增减变动，属于所有者权益内部的此增彼减。

23. ABD 被投资企业宣告发放股票股利，投资方和被投资方均不作会计分录，选项 AB 正确；被投资企业实际发放股票股利，被投资方分录如下：
　　借：利润分配——转作股本的股利
　　　　贷：股本
投资方不作会计分录，在备查簿中登记即可，选项 C 错误，选项 D 正确。

三、判断题

1. √
2. √
3. × 所有者权益是指企业资产扣除负债后由所有者享有的剩余权益。
4. × 实收资本和资本公积通常都是所有者投入资本形成的，而留存收益是经营过程中形成的。
5. × 一般纳税人企业接受原材料投资，借方记录"原材料""应交税费——应交增值税（进项税额）"，贷方记录"实收资本"，所以说进项税额是计入实收资本的。
6. × 企业接受投资者作价投入的房屋、建筑物、机器设备等固定资产，应按投资合同或协议约定的价值确定固定资产价值（但投资合同或协议约定的价值不公允的除外）和在注册资本中应享有的份额。
7. √
8. √
9. × 上市公司发行股票，应该按照股票面值计入股本，而不是按照发行价格计入股本。
10. × 股份有限公司发行股票等发生的手续费、佣金等交易费用，应从溢价中扣除，即冲减资本公积，溢价不足冲减的，应该冲减盈余公积和未分配利润。

11. √

12. × 库存股是股本的备抵科目，类似于坏账准备是应收账款（资产）的备抵科目，所以属于所有者权益类科目。

13. × 留存收益是指企业从历年实现的利润中提取或形成的留存于企业的内部积累，包括盈余公积和未分配利润两类。

14. √

15. √

16. × 平时资产负债表中的未分配利润的金额是由"本年利润"及"利润分配"科目的余额合计填入。年末，由于"本年利润"科目余额已转入"利润分配"科目，所以资产负债表的未分配利润的金额只有"利润分配"科目的余额。

17. √

18. × 企业用当年实现的净利润弥补以前年度亏损是未分配利润内部自动弥补，所以不影响所有者权益总额。

综合技能训练

一、不定项选择题

1.（1）A A公司注销库存股的会计分录

回购股票时：

借：库存股　　　　　　　　　　　　　　　　　　　　　　　　1 500

　　贷：银行存款　　　　　　　　　　　　　　　　　　　　　　　1 500

注销股票时：

借：股本　　　　　　　　　　　　　　　　　　　　　　　　　300

　　资本公积——股本溢价　　　　　　　　　　　　　　　　　1 200

　　贷：库存股　　　　　　　　　　　　　　　　　　　　　　　1 500

（2）C 上述交易或事项对A公司2015年度营业利润的影响金额只有交易性金融资产公允价值上升的金额即60万元，所以选项C正确。

2. B 12月1日，甲公司因注销库存股应该冲减的盈余公积为0万元。

溢价回购后，注销库存股时，先冲减资本公积，资本公积不足冲减的再冲减盈余公积，本题中，回购的库存股一共1 800万元，股本600万元，甲公司拥有的资本公积足够冲减，所以不需要冲减盈余公积。相关分录如下：

借：股本　　　　　　　　　　　　　　　　　　　　　　　　　600

　　资本公积　　　　　　　　　　　　　　　　　　　　　　　1 200

　　贷：库存股　　　　　　　　　　　　　　　　　　　　　　　1 800

（1）C 甲公司对被投资单位的长期股权投资采用权益法核算的，在持有长期股权投资期间，应当按照应享有的或应分担的被投资单位实现其他综合收益的份额，计入其他综合收益，所以选项C正确。

（2）D 年末未分配利润科目余额=年初未分配利润（或-年初未弥补亏损）+当年实现的净利润（或-净亏损）+其他转入-当年计提盈余公积-用未分配利润分配现金股利、分配股票股利等=600+1 000×(1–10%–5%)–100=1 350（万元）。

3.（1）ACD　资料（2），盈余公积补亏，不会引起所有者权益总额的增减变动。

（2）A　因自然灾害造成的材料毁损，进项税额可以抵扣，不需要转出，同时，在批准处理前，应该通过"待处理财产损溢"科目核算，所以选项A正确。

4.（1）B　向投资者宣告发放现金股利100万元，会使得所有者权益减少，选项B正确。计提法定盈余公积、任意盈余公积，注销本公司股票属于所有者权益内部的此增彼减，不影响所有者权益总额，选项ACD错误。

（2）A　甲公司因发行股票计入资本公积——股本溢价的金额=500×4–500–500×4×3%=1 440（万元）。

5.B　交易性金融资产公允价值上升，应该计入公允价值变动损益，在处置的时候才会转入投资收益，所以选项B正确。

二、案例分析

（略）

项目14　收入的核算

基 础 训 练

一、单项选择题

1.A　选项BCD均属于其他业务收入。

2.A　选项A应计入其他业务收入；选项BCD均应计入营业外收入。

3.A　通常情况下，销售商品采用托收承付方式的，在办妥托收手续时确认收入。

4.B　选项B正确，甲公司应作如下会计分录（金额单位：万元）：

借：应收账款　　　　　　　　　　　　　　　　　　　　　　　　　234
　　贷：主营业务收入　　　　　　　　　　　　　　　　　　　　　　200
　　　　应交税费——应交增值税（销项税额）　　　　　　　　　　　 34
借：主营业务成本　　　　　　　　　　　　　　　　　　　　　　　 120
　　贷：库存商品　　　　　　　　　　　　　　　　　　　　　　　　120

5.B　代购货单位垫付的运杂费应计入应收账款，不影响销售商品收入确认金额，所以甲公司应确认的销售商品收入为100万元，选项B正确。

6.C　2016年12月31日应填列利润表"营业收入"项目金额=1 500+30+70+120=1 720（万元），选项C正确。

7.C　企业对于已经发出但不符合销售商品收入确认条件的商品应借记"发出商品"科目，贷记"库存商品"科目，选项C正确。

8.A　甲公司应确认的收入金额为200×(1–10%)×1 000=180 000（元），选项A正确。

9.A

10.A　实际发生的现金折扣冲减财务费用，不影响营业收入，所以甲公司应确认的收入为100×1 000=100 000（元），选项A正确。

11.B　销售商品确认的收入=20 000×20×(1–10%)=360 000（元），计算现金折扣不考虑增值税，那么客户在2015年4月15日付款时应享有的现金折扣=360 000×1%=3 600（元），选项B正确。

12. B 甲公司应确认收入的金额为 20×(1-5%)=19（万元），选项 B 正确。
13. A 甲公司应冲减收入的金额=250×80=20 000（元），选项 A 正确。
14. B 采用支付手续费方式委托代销商品支付的代销手续费应计入销售费用，选项 B 正确。
15. D 选项 D 正确，预收货款时相关分录如下：
　　借：银行存款　　　　　　　　　　　　　　　　　　　　　　　　　720
　　　　贷：预收账款　　　　　　　　　　　　　　　　　　　　　　　　720
16. D 选项 A 不正确，商业折扣是企业的促销手段，并不能使确认的收入金额发生变动；选项 B 不正确，现金折扣影响的是财务费用；选项 C 不正确，增值税不影响收入金额。
17. D "其他业务成本"科目贷方登记期末结转入"本年利润"科目的其他业务成本，结转后该科目应无余额。
18. B 确认的劳务收入金额应为接受劳务方已收或应收的合同或协议价款，选项 B 正确。
19. B 选项 A 计入财务费用；选项 C 计入营业外收入；选项 D 计入投资收益。
20. D 企业收到用于补偿企业以后期间的相关费用或损失的政府补助，在取得时先确认为递延收益，然后在确认相关费用的期间计入当期营业外收入，选项 D 正确。
21. C 2017 年甲公司应确认的劳务收入=1 000×70%-400=300（万元），选项 C 正确。
22. B 2016 年年末的完工进度=15 000÷(15 000+25 000)×100%=37.5%，2015 年应确认的收入=60 000×37.5%=22 500（元），选项 B 正确。
23. B 甲公司采用分期收款方式收取使用费，所以甲公司 2016 年 12 月 31 日应确认的使用费收入为 20 万元，选项 B 正确。
24. D 选项 ABC 正确，选项 D 应该为已发生的成本占估计总成本的比例。
25. B 工业企业让渡资产使用权的使用费收入，一般通过"其他业务收入"科目核算，让渡资产使用权计提的摊销额，一般通过"其他业务成本"科目核算，选项 B 正确。

二、多项选择题
1. AC 收入是指企业在日常活动中形成的、会导致所有者权益增加的、与所有者投入资本无关的经济利益的总流入，选项 AC 正确。
2. BD 选项 A 应计入主营业务收入；选项 B 应计入营业外收入；选项 C 应计入其他业务收入；选项 D 应计入营业外收入，正确答案是选项 B 和 D。
3. ABD 选项 AB，企业在商品销售后保留了与商品所有权相联系的继续管理权，或能够继续对其实施有效控制，说明商品所有权上的主要风险和报酬没有转移，销售交易还未成立，不应确认收入；选项 C，寄存本单位已售商品，企业应确认收入；选项 D，不满足相关的经济利益很可能流入企业，不符合收入的确认条件。
4. AC 采用托收承付方式销售商品，应在办妥托收手续时确认收入，选项 B 错误；采用预收款方式销售商品，应在发出商品时确认收入，选项 D 错误。
5. ABC 企业采用交款提货销售商品的，在开出发票账单收到货款时确认收入，选项 D 错误。
6. ABCD 以上四个选项均正确。
7. ABD 选项 A，企业出售原材料应确认其他业务收入；选项 B，销售单独计价的包装物实现的收入应通过"其他业务收入"科目核算；选项 D，企业发出商品但没有确认收入，通过"发出商品"科目进行核算,其属于企业的存货项目。

8. ABCD
9. ACD 选项 B,现金折扣发生时影响财务费用,不会影响收入的确认。
10. AC 选项 B 属于商业折扣;选项 D,销售折让发生在确认销售收入之后,且不属于资产负债表日后事项的,应在发生时冲减当期销售收入,如按规定允许扣减增值税税额的,还应冲减已确认的应交增值税销项税额。
11. CD B 公司未确认销售收入,无须进行主营业务收入及主营业务成本的冲减活动,选项 CD 均不正确。
12. ABCD
13. CD 将自产空气净化器作为福利发放给专设销售机构职工,应当视同销售。
14. ACD
15. BC
16. ABC
17. ABC 选项 D 不正确,应计入主营业务收入。
18. AC 企业可以根据提供劳务的特点,选用下列方法确定提供劳务交易的完工进度:①已完工作的测量,要由专业的测量师对已经提供的劳务进行测量;②已经提供的劳务占应提供劳务总量的比例;③已经发生的成本占估计总成本的比例,选项 AC 均正确。
19. ABC 选项 D 不正确,如果属于企业的主营业务,应确认主营业务收入,相应结转主营业务成本。如果是其他经营活动,所实现的收入应作为其他业务收入处理,相应结转其他业务成本。
20. AC 如劳务的开始和完成分属不同的会计期间,且企业在资产负债表日提供劳务交易结果能够可靠估计的,应采用完工百分比法确认提供劳务收入,选项 AC 均正确。
21. ABC 选项 D 不正确,在提供劳务交易结果不能可靠估计时,不能采用完工百分比法确认提供劳务收入。
22. BCD 选项 A 不正确,如劳务的开始和完成分属不同的会计期间,且企业在资产负债表日提供劳务交易结果不能可靠估计的,不能采用完工百分比法确认提供劳务收入。
23. ABC 让渡资产使用权取得的收入计入其他业务收入,不涉及"主营业务收入"科目,选项 D 不正确。
24. AB 政府补助收入和非货币性资产交换利得计入营业外收入,不属于让渡资产使用权收入。

三、判断题

1. √
2. √
3. × 营业外收入是非日常活动中形成的,属于利得,并不属于营业收入。
4. × 如果销售商品的纳税义务已经发生了,比如已经开出增值税专用发票,就需要确认应交增值税的销项税额。
5. × 企业已完成销售手续但购买方在月末尚未提取的商品,该项商品的风险和报酬已经随之转移了,可以确认收入。
6. × 企业销售货物后发生的现金折扣应计入财务费用。

7. √

8. ×　企业采用预收款方式销售商品时,销售方通常应在发出商品时确认收入,在此之前预收的货款应确认为预收账款。

9. ×　企业在日常经营活动中随同商品出售单独计价的包装物取得的收入计入其他业务收入。

10. √

11. ×　出售无形资产通过"营业外收入""营业外支出"科目核算,不通过"其他业务收入"科目核算。

12. √

13. ×　已经发生的成本占估计总成本的比例,这种方法主要以成本为标准确定提供劳务交易的完工程度。

14. √

15. ×　如果劳务的开始和完成分属于不同会计期间,且在资产负债表日能对劳务的结果做出可靠的估计时,可以采用完工百分比法确认收入。

16. √

17. √

18. ×　"其他业务收入"科目核算企业除主营业务活动以外的其他经营活动实现的收入,营业外收入不属于经营活动实现的收入。

19. ×　企业销售原材料、包装物等存货也视同商品销售,其收入确认和计量原则比照商品销售,其实现的收入应该作为其他业务收入处理。

20. √

21. ×　投资性房地产的租金收入应该通过"其他业务收入"科目核算。

22. ×　如果合同或协议规定一次性收取使用费,且提供后续服务的,应在合同或协议规定的有效期内分期确认收入。

23. √

综合技能训练

1.（金额单位：万元）

（1）ABCD　针对资料（1）,甲公司的账务处理如下：

1月10日实现销售时：

借：应收账款　　　　　　　　　　　　　　　　　　　　　497.25
　　贷：主营业务收入　　　　　　　　　　　　　　　　　　425
　　　　应交税费——应交增值税（销项税额）　　　　　　72.25
借：主营业务成本　　　　　　　　　　　　　　　　　　　300
　　贷：库存商品　　　　　　　　　　　　　　　　　　　　300

1月25日收到货款时：

借：银行存款　　　　　　　　　　　　　　　　　　　　　493
　　财务费用　　　　　　　　　　　　　　　　　　　　　　4.25
　　贷：应收账款　　　　　　　　　　　　　　　　　　　497.25

（2）BC　根据资料（2），甲公司的会计处理如下：

销售实现时：

借：应收账款　　　　　　　　　　　　　　　　　　　　　　117

　　贷：主营业务收入　　　　　　　　　　　　　　　　　　　100

　　　　应交税费——应交增值税（销项税额）　　　　　　　　17

借：主营业务成本　　　　　　　　　　　　　　　　　　　　50

　　贷：库存商品　　　　　　　　　　　　　　　　　　　　　50

发生销售折让时：

借：主营业务收入　　　　　　　　　　　　　　　　　　　　10

　　应交税费——应交增值税（销项税额）　　　　　　　　　1.7

　　贷：应收账款　　　　　　　　　　　　　　　　　　　　　11.7

实际收到款项时：

借：银行存款　　　　　　　　　　　　　　　　　　　　　　105.3

　　贷：应收账款　　　　　　　　　　　　　　　　　　　　　105.3

（3）BD　针对资料（3），销售原材料属于企业的其他业务，应通过"其他业务收入"和"其他业务成本"科目反映。

（4）BD　根据资料（4），应计入其他业务收入的金额=2+6=8（万元），选项B正确；罚款收入应计入营业外收入，选项D正确。

（5）D　根据上述资料，甲公司应确认的营业收入=425+100×（1-10%）+10+2+6=533（万元），选项D正确。

2.（1）AC　根据资料（1），现金折扣发生时，确认的主营业务收入金额为500万元，选项A正确，选项B错误；丙公司在20天内付款，享受的现金折扣为1%，所以确认财务费用500×1%=5（万元），选项C正确，选项D错误。

（2）ABC　根据资料（2），对于一次就能完成的劳务，应在交易完成时确认收入。乙公司应确认主营业务收入60万元。

（3）BCD　根据资料（3），乙公司应确认的城市维护建设税=(34+25)×5%=2.95（万元），选项B正确；乙公司应确认的教育费附加=(34+25)×3%=1.77（万元），选项C正确；乙公司应确认的税金及附加=25+2.95+1.77=29.72（万元），选项A错误，选项D正确。

（4）BCD　根据资料（4），乙公司应确认的销售费用=10+15=25（万元），选项A错误；乙公司应确认的管理费用=2+4=6（万元），选项B正确；发生的汇兑损失3万元计入财务费用，选项C正确；乙公司应确认的期间费用=25+6+3=34（万元），选项D正确。

（5）BD　根据上述资料，乙公司应确认的营业利润金额=500+60-280-20-85×(5%+3%)-29.72-5-34=184.48（万元），选项A错误，选项B正确；应确认的所得税费用金额=184.48×25%=46.12（万元），选项C错误，D正确。

项目15　费用的核算

基 础 训 练

一、单项选择题

1. C　选项C，工业企业以制造生产产品为主营业务，出租的固定资产发生的折旧，计入其他业务成本。

2. B 甲公司 12 月 1 日销售给乙公司的商品确认主营业务成本为 150 万元，12 月 15 日退回 11 月 5 日销售的商品，因为该笔业务没有确认收入，发生销售退回不冲减 12 月份的主营业务成本，冲减的是"发出商品"科目，所以甲公司 12 月应确认的主营业务成本为 150 万元。

3. B 销售 A 材料、出售单独计价的包装物的成本均计入其他业务成本；生产车间固定资产的修理费用计入管理费用；计提的投资性房地产的摊销额计入其他业务成本；出借包装物的摊销额计入销售费用。所以该企业 2016 年 12 月应计入其他业务成本的金额 =20+5+1=26（万元），选项 B 正确。

4. B 甲企业 2016 年 6 月应记入"其他业务成本"科目的金额=30+10=40（万元）。

5. B 出售不单独计价的包装物的成本计入销售费用；计提的管理用无形资产的摊销额计入管理费用；出租包装物的摊销额计入其他业务成本。所以该企业 2016 年 12 月应计入其他业务成本的金额为 0.5 万元。

6. D 甲公司是一家劳务公司，即提供劳务交易这一事项属于甲公司的主营业务，所以应相应地将提供劳务收入确认为主营业务收入，同时将劳务成本结转为主营业务成本，选项 D 错误。

7. D 在做销售退回的会计处理时，甲公司要冲减主营业务收入、应交税费、应收账款，减少主营业务成本，与此同时增加库存商品。

8. B 税金及附加是指企业经营活动应负担的相关税费，包括营业税、消费税、城市维护建设税、教育费附加和资源税等，不包括增值税。

9. D 选项 A，通过"固定资产清理"科目核算；选项 B，增值税属于价外税，不计入税金及附加；选项 C，通过"管理费用"科目核算。

10. A 矿产资源补偿费、城镇土地使用税通过"管理费用"科目核算；进口应税物资在进口环节缴纳消费税，计入该项物资的成本。

11. C 东亚集团 9 月应确认的税金及附加的金额=130+(260+130)×(7%+3%)= 169（万元），选项 C 正确。

12. D 进口应税物资在进口环节缴纳消费税，计入该项物资的成本；委托加工物资收回后直接对外销售的消费税直接计入委托加工物资成本；自产自用应税产品缴纳的资源税记入"生产成本"或"制造费用"科目；销售应税消费品缴纳的消费税通过"税金及附加"科目核算。所以该公司 2016 年 9 月应记入"税金及附加"科目的金额为 0.5 万元。

13. D 期间费用包括销售费用、管理费用和财务费用，选项 D 不属于期间费用。

14. B 车间管理用固定资产的折旧费计入制造费用；预计产品质量保证损失计入销售费用；车间管理人员的工资计入制造费用；销售商品发生的商业折扣在确认收入之前就扣除了，不形成费用。销售费用、管理费用和财务费用属于期间费用，选项 B 正确。

15. B 计提固定资产减值准备计入资产减值损失；计提车间固定资产折旧计入制造费用；甲公司应确认的期间费用=10+1+5+4.5=20.5（万元）。

16. D 制造费用在期末转入生产成本，管理费用、销售费用和财务费用属于期间费用，影响当期损益，不转入生产成本。

17. D 随同商品出售不单独计价的包装物，应计入销售费用科目，单独计价的包装物，应计入其他业务成本。

18. B 企业为销售产品而专设的销售机构的职工工资应计入销售费用，选项 B 正确。

19. B 企业生产车间和行政管理部门发生的固定资产修理费用均计入管理费用，选项 B 正确。

20. A 选项 B 属于财务费用；选项 CD 属于销售费用。

21. B 车间管理部门的差旅费计入制造费用，所以该单位 2016 年 3 月应计入管理费用的金额=7+0.5=7.5（万元）。

22. D 发生的商品维修费以及计提的销售部门人员的职工薪酬均计入销售费用，支付的生产部门人员的辞退福利以及车间管理部门的业务招待费均计入管理费用，所以嘉陵集团 2016 年 10 月应计入管理费用的金额=5+2=7（万元）。

23. A 企业的房产税、城镇土地使用税在计提的时候应通过"管理费用"科目核算。

24. C 缴纳印花税的会计分录为：借记"管理费用"，贷记"银行存款"，选项 C 正确。

25. C 固定资产筹建期间的借款利息支出计入管理费用；发行债券支付的手续费直接从取得的价款中扣除；购买交易性金融资产支付的手续费计入投资收益。

二、多项选择题

1. AD 费用是企业在日常活动中发生的（选项 A 正确，选项 B 错误）、会导致所有者权益减少的（选项 C 错误）、与向所有者分配利润无关的经济利益的总流出（选项 D 正确）。

2. ABD 费用具体包括成本费用和期间费用。成本费用有主营业务成本（选项 A 正确）、其他业务成本（选项 B 正确）、税金及附加（选项 D 正确）等；期间费用有销售费用、管理费用和财务费用。自然灾害等非常原因造成的财产毁损（选项 C 错误）形成的经济利益的流出属于企业的损失而不是费用。

3. AD 选项 A，营业成本是日常活动中形成的；选项 D，企业在确认销售商品收入时，应将已销售的商品的成本计入主营业务成本。

4. BC 选项 A，计入制造费用，最终转入生产成本计入产品成本；选项 B，计入销售费用；选项 C，计入管理费用；选项 D，计入生产成本。

5. CD 选项 AB 应计入营业外支出，不属于主营业务成本核算范围。

6. ABCD

7. AD 选项 B 计入管理费用；选项 C 计入销售费用。

8. CD 税金及附加核算的是消费税、城市维护建设税、教育费附加和资源税等，但是对于 B 选项，出售固定资产的增值税计入固定资产清理，并不通过"税金及附加"科目核算。

9. AD 甲工业企业出售原材料结转的成本通过"其他业务成本"核算，应结转的原材料实际成本=计划成本×(1+材料成本差异率)=18 000×(1-2%)=17 640（元）。

10. AB 提供劳务交易结果不能可靠估计的，如果已发生的劳务成本预计部分能够得到补偿的，应按能够得到部分补偿的劳务成本金额确认提供劳务收入，并结转已经发生的劳务成本。

11. ABD 企业发生的支出不产生经济利益，或者即使产生经济利益但不符合或者不再符合资产确认条件的,应当在发生时确认为费用,计入当期损益。

12. ABD　印花税通过"管理费用"科目核算,发生了印花税就会增加期间费用,选项 C 错误。

13. ABCD

14. ABC　专设销售机构发生的业务招待费计入管理费用,如果是业务费则计入销售费用。

15. ABCD

16. ABCD

17. AB　选项 C,应在"销售费用"项目下列示;选项 D,如果经营期间的利息费用,应计入财务费用,选项 AB 正确。

18. ABCD

19. ABD　预提的职工辞退福利计入管理费用,借记"管理费用"科目,贷记"应付职工薪酬"科目,通过"管理费用"科目借方核算。

三、判断题

1. ×　费用是企业在日常活动中发生的、会导致所有者权益减少的、与向所有者分配利润无关的经济利益的总流出。

2. √

3. √

4. ×　其他业务成本年末时应转入"本年利润"科目,结转后本科目无余额。

5. ×　一般纳税企业购买商品时缴纳的增值税通过"应交税费——应交增值税(进项税额)"科目核算。

6. √

7. ×　随同商品出售,不单独计价的包装物成本通过"销售费用"科目核算。

8. √

9. √

10. √

11. ×　销售折让不影响企业的营业成本,销售退回减少企业的营业成本。

12. ×　企业购买商品时缴纳的增值税通过"应交税费——应交增值税(进项税额)"科目核算。

13. ×　销售费用是与企业销售商品活动有关的费用,但不包括销售商品本身的成本和劳务成本,销售商品本身的成本和劳务成本通过"主营业务成本"或"其他业务成本"科目核算。

14. √　企业发生的与专设销售机构相关的固定资产修理费用计入销售费用,销售费用属于期间费用。

15. ×　商品流通企业管理费用不多的,可以不设置"管理费用"科目,相关核算并入"销售费用"科目核算。

16. √

17. √

18. ×　企业筹建期间的借款费用计入管理费用;销售商品发生的商业折扣直接从收入

中扣除；支付的银行承兑汇票手续费计入财务费用。

19. × 当发生现金折扣时，购货方应将折扣金额计入财务费用的贷方，冲减财务费用。

20. × 期间费用包括销售费用、管理费用和财务费用，制造费用不属于期间费用。

21. √

综合技能训练

一、不定项选择题

1.（1）AD 根据资料（1），甲企业应确认的主营业务收入为200万元，选项A正确；由于销售前该批存货计提了存货跌价准备，所以结转销售成本的同时还要结转已计提的存货跌价准备，应确认的主营业务成本=120−20=100（万元），选项D正确。

（2）B 根据资料（2），工业企业销售原材料结转的成本应计入其他业务成本，选项B正确。

（3）ACD 根据资料（3），收到预收货款确认收入时通过"预收账款"科目核算，分录如下（金额单位：万元）：

借：预收账款　　　　　　　　　　　　　　　　　　　140.4
　　贷：主营业收入　　　　　　　　　　　　　　　　　120
　　　　应交税费——应交增值税（销项税额）　　　　　20.4

（4）AC 根据资料（4），结转提供的劳务成本为实际发生的劳务成本30万元，确认提供劳务收入=30/(30+20)×70=42（万元），选项AC正确。

（5）C 根据资料（1）～（5），甲公司本期应结转的"营业成本"的金额=120−20+30+90+30=250（万元）。

2.（1）BC 根据资料（1），经营租入固定资产发生改良支出，分录如下（金额单位：万元，下同）：

借：长期待摊费用　　　　　　　　　　　　　　　　　6
　　贷：银行存款　　　　　　　　　　　　　　　　　　6

（2）AD 根据资料（2），甲公司正确的会计处理为：

出售包装物时：

借：银行存款　　　　　　　　　　　　　　　　　　　4.68
　　贷：其他业务收入　　　　　　　　　　　　　　　　4
　　　　应交税费——应交增值税（销项税额）　　　　　0.68

结转出售包装物成本：

借：其他业务成本　　　　　　　　　　　　　　　　　2
　　贷：周转材料——包装物　　　　　　　　　　　　　2

（3）AD 根据资料（3），车间管理部门使用固定资产发生的日常修理费计入管理费用，选项A正确；车间管理部门固定资产折旧计入制造费用，选项D正确。

（4）C 根据资料（4），销售过程中发生的汇兑损失计入财务费用，所以应确认的销售费用金额=10+8+15=33（万元），选项D正确。

（5）B 根据上述资料，甲公司12月应计入期间费用的金额=2+10+8+15+6=41（万元）。

二、案例分析
（略）

项目 16　利润的核算

基 础 训 练

一、单项选择题

1. C　营业利润=营业收入–营业成本–税金及附加–销售费用–管理费用–财务费用–资产减值损失+公允价值变动收益（–公允价值变动损失）+投资收益（–投资损失），选项 C 正确。

2. C　所得税费用是根据利润总额计算的，影响的是净利润，选项 C 正确。

3. C　甲公司 2016 年 5 月的营业利润=50–40–5+5+6=16（万元），所得税费用影响净利润，不影响营业利润，选项 C 正确。

4. D　该投资性房地产计提折旧=(2 100–100)/25=80（万元），年租金收入 100 万元，所以影响营业利润的金额=100–80=20（万元）。

5. D　固定资产盘盈记入以前年度损益调整科目。

6. C　企业收到与资产相关的政府补助时，应借记"银行存款"科目，贷记"递延收益"科目。

7. B　6 月底收到的贴息款应该直接计入营业外收入，借记"银行存款"30 万元，贷记"营业外收入"30 万元。7 月初收到的贴息款应该首先计入递延收益，借记"银行存款"30 万元，贷记"递延收益"30 万元，在 7 月末的时候应该计入营业外收入的金额=30÷3=10（万元），借记"递延收益"10 万元，贷记"营业外收入"10 万元。所以截止到 2016 年 7 月底，甲公司计入营业外收入的政府补贴=30+10=40（万元），选项 B 正确。

8. D　5 月 1 日，收到财政部门拨付的用于购买环保设备的补助款属于与资产相关的政府补助，所以 2015 年该企业获得的与收益相关的政府补助金额=20+15=35（万元）。

9. B　长江公司 2016 年度的营业利润=营业收入–营业成本–税金及附加–销售费用–管理费用–财务费用–资产减值损失+公允价值变动收益（–公允价值变动损失）+投资收益（–投资损失）=1 000–800–15–20–35+30=160（万元）。营业外收入、营业外支出不影响营业利润，影响利润总额；而所得税费用不影响营业利润，影响净利润。

10. C　甲公司出售该项非专利技术应计入营业外收入的金额=80– 6–(100–100÷5÷12×18)=4（万元）。

11. B　只有费用化部分在当期应该计入管理费用，才会影响利润表，选项 B 正确。因研发活动尚未完成，所以符合资本化条件的金额计入无形资产成本。

12. D　选项 D 应该计入投资收益。

13. D　选项 A 计入其他业务成本，选项 B 计入原材料成本，选项 C 计入管理费用。

14. B　因自然灾害造成的损失计入营业外支出，计入营业外支出的金额=250–80=170（万元）。

15. B　A 公司 2016 年度应纳税所得额=税前会计利润+纳税调整增加额–纳税调整减少额=300–15+5+(25–20)=295（万元）。

16. B　A 公司 2016 年度应交所得税=应纳税所得额×所得税税率=500×25%=125(万元)。

17. B　所得税费用=(100−5+20−15)×25%=25（万元）。

18. C　所得税费用=当期所得税+递延所得税，递延所得税=（递延所得税负债期末余额−递延所得税负债期初余额）−（递延所得税资产期末余额−递延所得税资产期初余额），嘉陵公司2016年应确认的所得税费用金额=50+(30−40)−(40−30)=30（万元）。

19. B　行政罚款计入营业外支出，该企业2016年12月31日结转后"本年利润"科目余额=200−160+120−80−48−15−6−12+24−8=15（万元）。

20. B　账结法下，每月月末均需编制转账凭证，将在账上结计出的各损益类科目的余额结转入"本年利润"科目。

21. C　成本类科目在期末的时候不直接结转至本年利润，"生产成本"属于成本类科目，生产成本在期末的时候可以转入"库存商品"科目，从而反映在资产负债表的"存货"项目。

22. C　生产成本年末不转入"本年利润"科目，则甲企业2016年12月31日应转入"本年利润"科目金额=2 000−1 600+800−600−120=480（万元）。

23. C

二、多项选择题

1. ABC　罚款支出属于企业的损失，不属于费用。

2. CD　营业外支出属于计入当期利润的损失，营业外收入属于计入当期利润的利得。

3. BC　营业利润=营业收入−营业成本−税金及附加−销售费用−管理费用−财务费用−资产减值损失+公允价值变动收益（−公允价值变动损失）+投资收益（−投资损失），利润总额=营业利润+营业外收入−营业外支出，选项BC均正确。

4. ABCD

5. ABD　销售商品发生的展览费计入销售费用；出售单独计价的包装物取得的净收入计入其他业务收入；出售固定资产的净损失计入营业外支出；确认的资产减值损失计入资产减值损失。

营业利润=营业收入−营业成本−税金及附加−销售费用−管理费用−财务费用−资产减值损失+公允价值变动损益（−公允价值变动损失）+投资收益（−投资损失）。

6. BD　选项A，应该计入营业外收入，影响利润总额但不影响营业利润；选项B，计入其他业务收入，影响营业收入进而影响营业利润；选项C，影响净利润不影响营业利润；选项D，计入其他业务成本，影响营业成本，进而影响营业利润。

7. ABD　选项C，出售无形资产的净损失应计入营业外支出，不影响营业利润。

8. AB　营业收入是指企业经营业务所确认的收入总额，包括主营业务收入和其他业务收入。

9. AB　营业成本是指企业经营业务所发生的实际成本总额，包括主营业务成本和其他业务成本。

10. CD　存货盘盈冲减管理费用；固定资产出租收入通过其他业务收入科目核算。

11. ACD　选项B，计入管理费用。

12. ABD　选项C，应作为前期会计差错进行处理，通过"以前年度损益调整"科目核算，最终调整的是期初留存收益。

13. BD　收到的先征后返的增值税，分录如下：

借：银行存款
　　贷：营业外收入

14. AC　现金盘亏计入管理费用；出售长期股权投资的净损失计入投资收益。

15. ABC　产品保修维修费计入销售费用。

16. BCD　因管理不善造成的原材料损失应计入管理费用。

17. AB　选项C，出售投资性房地产的收入计入其他业务收入。选项D，出售固定资产的净收益计入营业外收入。

18. AD　选项AD不采用公允价值模式计量，所以不影响公允价值变动收益项目。

19. ACD　选项B记入"公允价值变动损益"科目。

20. CD　嘉陵公司2016年应确认的所得税费用金额=150+(30-40)-(40-30)=130（万元）。

计提时：

借：所得税费用　　　　　　　　　　　　　　　　　　　　　130
　　递延所得税资产　　　　　　　　　　　　　　　　　　　 10
　　递延所得税负债　　　　　　　　　　　　　　　　　　　 10
　　贷：应交税费——应交所得税　　　　　　　　　　　　　　　　150

实际缴纳税款时：

借：应交税费——应交所得税　　　　　　　　　　　　　　　150
　　贷：银行存款　　　　　　　　　　　　　　　　　　　　　　　150

21. ABC　期末，损益类科目无余额，都结转至"本年利润"科目。之后，"本年利润"科目要结转至"利润分配——未分配利润"科目，结转后"本年利润"科目无余额。

22. ABD　选项C属于负债类科目，不会引起当期所得税费用发生增减变化。

23. ABC　税法规定，企业发生的合理的工资、薪金支出准予据实扣除。企业发生的职工福利费支出，不超过工资、薪金总额14%的部分准予扣除；企业拨缴的工会经费，不超过工资、薪金总额2%的部分准予扣除；除国务院财政、税务主管部门另有规定外，企业发生的职工教育经费支出，不超过工资、薪金总额2.5%的部分准予扣除，超过部分准予结转以后纳税年度扣除。

24. AB　成本类科目在期末的时候不直接结转至本年利润，"生产成本""制造费用"均属于成本类科目，生产成本和制造费用在期末的时候可以转入"库存商品"科目，从而反映在资产负债表的"存货"项目中，不需要结转到本年利润。

三、判断题

1. √

2. ×　政府补助是企业从政府无偿取得的货币性资产或非货币性资产，不包括政府作为所有者对企业的资本性投入。在收到时，可能计入营业外收入，也可能计入递延收益。

3. ×　与资产相关的补助，在收到时首先计入递延收益，然后在资产受益期间内摊销，计入营业外收入。

4. ×　企业在确认与收益相关的政府补助时，确认为营业外收入，或是通过"递延收益"科目分期计入当期损益。

5. ×　固定资产盘盈通过"以前年度损益调整"核算，调整期初留存收益，不影响当期营业外收入。

6. ×　出售投资性房地产收入计入其他业务收入，其成本通过其他业务成本结转，两者的差额是出售的净收益或者净损失。

7. √

8. ×　营业外支出是指企业发生的与其日常活动无直接关系的各项损失。

9. ×　计提资产减值损失会减少营业利润的金额。

10. ×　企业出售无形资产获取的收益属于企业的利得，计入营业外收入。

11. √

12. √

13. ×　所得税费用科目的期末余额应转入本年利润科目，结转后本科目应无余额。

14. √

15. ×　损益类科目期末的时候需要转入本年利润，制造费用属于成本类科目，不需要转入本年利润。

16. ×　在"表结法"下，月份终了无须将损益类科目转入"本年利润"科目，年度终了时进行结转。

17. ×　固定资产的出售会涉及"营业外收入"或"营业外支出"，影响利润总额，但不会影响营业利润；固定资产的出租涉及"其他营业收入"，会影响营业利润，也会影响利润总额。

18. √

19. ×　期初未分配利润有贷方余额，期末获利的情况下，计提盈余公积时，不应包含期初的贷方余额。

20. √

综合技能训练

1.（1）BD　与收益相关的政府补助，可能计入营业外收入科目，也可能通过"递延收益"科目分期计入当期损益。

（2）D　嘉陵公司收到先征后返的增值税应当计入营业外收入。

（3）A　嘉陵公司收到的财政贴息是10月、11月和12月的，10月1日应先计入递延收益，10月31日再进行摊销，所以选项A正确。

（4）ABC　嘉陵公司2016年应计入递延收益的金额是1 600÷5÷12=26.67（万元）。

（5）ABCD

2.（1）A　甲公司2016年1—11月份的营业利润=1 500+500–1 000–400–80–100–15+100+30=535（万元）。

（2）D　甲公司收到的代销清单表明，乙公司已经出售了商品的80%，所以应该计入主营业务收入的金额=100×80%=80（万元），同时计入销售费用的金额=80×10%=8（万元）。

（3）C　除了资料（2）的代销手续费应该计入销售费用外，甲公司用银行存款支付产品保险费3万元也应该计入销售费用，所以计入销售费用的金额=8+3=11（万元）。

（4）B　资料（1），出售无形资产应计入营业外收入的金额=20–1–(50–50/10×8)=9（万元）；资料（6），债务重组利得应计入营业外收入5万元，所以甲公司12月应该计入营业外收入的金额=9+5=14（万元）。

（5）D　所以甲公司2016年的利润总额=(535+30)+9+80–48–8+2–3–0.2+5=601.8（万元）。

3.（1）B 销售时得知乙公司资金流转暂时发生困难，不符合收入确认条件，分录如下（金额单位：万元，下同）：

借：发出商品　　　　　　　　　　　　　　　　　　　　　　　　120
　　贷：库存商品　　　　　　　　　　　　　　　　　　　　　　　120
借：应收账款　　　　　　　　　　　　　　　　　　　　　　　　　34
　　贷：应交税费——应交增值税（销项税额）　　　　　　　　　　34

（2）BD 财务费用=200×(1−10%)×(1+17%)×1%=2.106（万元），主营业务收入=200×0.9=180（万元）。

（3）B 甲企业应结转的原材料实际成本=计划成本×(1+材料成本差异率)=18×(1−2%)=17.64（万元）。

（4）AB 提供劳务交易结果不能可靠估计的，如果已发生的劳务成本预计部分能够得到补偿，应按能够得到部分补偿的劳务成本金额确认提供劳务收入，并结转已经发生的劳务成本。安装工程业务确认收入，结转成本的相关会计处理为：

借：预收账款　　　　　　　　　　　　　　　　　　　　　　　　　50
　　贷：主营业务收入　　　　　　　　　　　　　　　　　　　　　50
借：主营业务成本　　　　　　　　　　　　　　　　　　　　　　　60
　　贷：劳务成本　　　　　　　　　　　　　　　　　　　　　　　60

（5）C 甲公司12月的营业利润=[(180−160−2.106)+(20−17.64)]+(50−60)−[10+5+(56+10+5)×(7%+3%)]−2=20.254−10−22.1−2=−13.846（万元）。

模块三　其他事项的会计处理

项目17　借款费用的核算

基 础 训 练

一、单项选择题

1. A　2. D　3. B　4. D　5. A　6. C

二、多项选择题

1. ABD　2. BCD　3. BC　4. ABC　5. ABCD　6. ABCD

三、判断题

1. √　2. ×　3. ×　4. √　5. ×　6. √　7. ×　8. ×

综合技能训练

（1）

专门借款应付利息（利息支出）=3 000×7.2%×3/12=54（万元）

暂时闲置专门借款的存款利息收入=1 100×1.2%×3/12=3.3（万元）

专门借款利息支出资本化金额=54−3.3=50.7（万元）

（2）

专门借款应付利息（利息支出）=3 000×7.2%×3/12=54（万元）

暂时闲置专门借款的存款利息收入=1 100×1.2%×1/12=1.1（万元）

专门借款利息支出资本化金额=54−1.1=52.9（万元）

（3）

第四季度一般借款利息支出=300×4.8%×3/12+600×6%×1/12=6.6（万元）

占用一般借款工程支出的累计支出加权平均数=150×2/3+750×1/3=350（万元）

一般借款平均资本化率=(300×4.8%×3/12+600×6%×1/12)/(300×3/3+600×1/3)=1.32%

一般借款利息支出资本化金额=350×1.32%=4.62（万元）

项目 18　会计调整的核算

基 础 训 练

一、单项选择题

1. A　2. D　3. B　4. D　5. C　6. A　7. B　8. D　9. B　10. C

二、多项选择题

1. ABCD　2. CD　3. BCD　4. ABCD　5. AB　6. BD　7. CD　8. ABCD　9. AC　10. BD

三、判断题

1. ×　2. √　3. ×　4. √　5. √　6. ×　7. ×　8. ×　9. √　10. √

四、综合技能题

1.

（1）甲公司 2016 年度应计提的设备折旧额：

甲公司 2016 年度应计提的设备的折旧额=(6 000−1 500)×5/15=1 500（万元）

（2）2016 年度专利权的摊销额（按照变更后的会计政策）：

2014 年专利权摊余价值=2 400−2 400÷16=2 250（万元）

2014 年应提减值准备=2 250−2 100=150（万元）

2015 年应摊销专利权价值=2 100÷15=140（万元）

2015 年应提减值准备=(2 100−140)−1 800=160（万元）

2016 年应摊销专利权价值=1 800÷14=128.57（万元）

（3）

按新的会计政策追溯调整，2016 年 1 月 1 日无形资产的账面价值=2 400−150−150−140−160=1 800（万元），此时无形资产的计税基础=2 400−150×2=2 100（万元），累计产生的可抵扣暂时性差异为 300 万元。则递延所得税资产为：300×25%=75（万元）。

借：利润分配——未分配利润　　　　　　　　　　　　　　　225

　　递延所得税资产　　　　　　　　　　　　　　　　　　75

　　累计摊销　　　　　　　　　　　　　　　　　　　　　10

　　　贷：无形资产减值准备　　　　　　　　　　　　　　310

借：盈余公积——法定盈余公积　　　　　　　　　　　　　22.5

　　盈余公积——任意盈余公积　　　　　　　　　　　　11.25

　　　贷：利润分配——未分配利润　　　　　　　　　　　33.75

2. 甲公司会计处理如下：

借：以前年度损益调整　　　　　　　　　　　　　　　　250 000

	应交税费——应交增值税（销项税额）	42 500
	贷：应收账款	292 500
借：坏账准备（292 500×5‰)		1 462.5
	贷：以前年度损益调整	1 462.5
借：以前年度损益调整（1 462.5×25%）		365.63
	贷：递延所得税资产	365.63
借：库存商品		200 000
	贷：以前年度损益调整	200 000
借：递延所得税资产[(250 000−200 000)×25%]		12 500
	贷：以前年度损益调整	12 500
借：利润分配——未分配利润		36 403.13
	贷：以前年度损益调整	36 403.13
借：盈余公积		3 640.13
	贷：利润分配——未分配利润	3 640.13

资产负债表部分项目的调整

资产	调整前	调整后	负债及所有者权益	调整前	调整后
应收账款	796 000	504 962.5	应交税费	250 000	207 500
存货	290 000	490 000	盈余公积	120 000	116 359.69
递延所得税资产	50 000	62 134.37	未分配利润	680 000	647 237.18

模块四　财务会计报告

项目19　财务会计报告

基础训练

一、单项选择题

1. D　企业购入的专门用于在建工程的材料等物资，期末余额应列示在资产负债表的"工程物资"项目中。

2. A　资产负债表中"固定资产"项目，应根据固定资产科目期末余额减累计折旧减固定资产减值准备科目余额填列。在建工程、工程物资、固定资产清理分别填列在相应报表项目中。

3. C　应付票据可以按照账户余额直接填列；其他应收款、在建工程、固定资产根据有关科目的期末余额减去其备抵科目余额后的净额填列。

4. D　固定资产和在建工程应根据科目余额减去其备抵科目余额后的净额填列，应付账款应根据应付账款和预付款项两个科目所属的相关明细科目的期末贷方余额计算填列。

5. C　长期待摊费用中在一年内摊销的部分，在资产负债表"一年内到期的非流动资产"

项目下列示。

6. C　W公司2016年资产负债表中应收账款项目的金额=600-50=550（万元）。

7. A　"预付款项"项目应根据"预付账款"和"应付账款"科目所属各明细科目的期末借方余额合计数，减去"坏账准备"科目中有关预付账款计提的坏账准备期末余额后的净额填列。所以A公司2015年12月31日资产负债表中"预付款项"项目的期末余额=5+10-6=9（万元）。

8. C　"预收款项"应根据"预收账款"和"应收账款"科目所属各明细科目的期末贷方余额合计数填列，所以A公司2016年12月31日资产负债表中"预收款项"项目的期末余额为35万元。

9. B　选项ACD都是根据有关科目余额减去其备抵科目余额后的净额填列。

10. B　货币资金项目金额=10+15+40=65（万元）。商业承兑汇票是属于应收票据，不属于企业的货币资金。

11. A　资产负债表中，"预付款项"项目是根据"预付账款"和"应付账款"科目所属明细科目期末借方余额合计数，减去"坏账准备"科目中有关预付账款计提的坏账准备余额后的净额填列。

12. C　"工程物资"属于非流动资产，在资产负债表中单独列示，不计入"存货"项目中。

13. D　资产负债表"存货"项目的金额=50 000+30 000-500+40 000+10 000-3 000=126 500（元）。

14. C　选项A计入财务费用，选项B计入管理费用，选项D计入其他业务成本，它们都会影响营业利润。选项C计入营业外收入，不影响营业利润。

15. C　税金及附加包括城市维护建设税、教育费附加和消费税等，A公司当月应列入利润表"税金及附加"项目的金额=(76+40)×(7%+3%)+40=51.6（万元）。

16. D　选项A，购买无形资产支付的现金属于投资活动产生的现金流量；选项B，购买短期赚取差价的股票是权益性投资，不属于现金等价物，会产生现金流量；选项C，用现金支付在建工程人员工资属于投资活动产生的现金流量。购买2个月到期的国债属于现金等价物，不产生现金流量。

17. B　选项AC，属于投资活动产生的现金流量；选项D，属于筹资活动产生的现金流量。

18. C　选项AB属于经营活动产生的现金流量；选项D属于筹资活动产生的现金流量。

19. D　选项A属于筹资活动产生的现金流量；选项BC属于投资活动产生的现金流量；选项D属于经营活动产生的现金流量，会引起"经营活动产的现金流量净额"项目发生变动。

20. D　处置子公司收到的现金流量属于投资活动产生的现金流量，选项D错误。

21. B　经营活动现金流出小计=150+100+234=484（万元），选项B正确。

22. C　选项A应列入"分配股利、利润或偿付利息支付的现金"项目；选项B应列入"购建固定资产、无形资产和其他长期资产支付的现金"项目；选项D应列入"支付其他与经营活动有关的现金"项目。

23. D　用存货抵偿上个月欠B公司债务，该事项不产生现金流量；发行债券收到的现金属于筹资活动产生的现金流量。所以，A公司2015年10月现金流量表中投资活动产生的现金流量净额为100万元。

24. B

25. C

26. D 购买两个月到期的国债 50 万元属于现金等价物，不产生现金流量；为购建厂房取得借款及 12 月末支付的借款利息属于筹资活动产生的现金流量。所以嘉陵公司 2015 年现金流量表中投资活动产生的现金流量净额=100+17+200=317（万元）。

27. D 选项 A 属于经营活动产生的现金流量；选项 B 属于投资活动产生的现金流量；选项 C 属于现金与现金等价物之间的转换，不影响现金流量；选项 D 属于筹资活动产生的现金流出。

28. D 嘉陵公司接受乙公司投入的存货不产生现金流量，所以嘉陵公司 2016 年度现金流量表中"筹资活动产生的现金流量净额"=200-200×6%÷12×5=195（万元）。

29. A 一套完整的财务报表至少应当包括资产负债表、利润表、现金流量表、所有者权益变动表以及财务报表附注。附注是不可缺少的。

30. C 财务报表至少应当包括资产负债表、利润表、现金流量表、所有者权益变动表以及附注，选项 C 不正确。

二、多项选择题

1. ABD 流动资产是指预计在一个正常营业周期中变现、出售或耗用（选项 A 正确），或者主要为交易目的而持有（选项 B 正确），或者预计在资产负债表日起一年内（含一年）变现的资产（选项 C 错误），或者自资产负债表日起一年内交换其他资产或清偿负债的能力不受限制的现金或现金等价物（选项 D 正确）。

2. ABD 无形资产属于非流动资产。

3. ABC 一年内到期的非流动资产属于流动资产，选项 D 错误。

4. AB 流动负债是指预计在一个正常营业周期中清偿（选项 A 正确），或者主要为交易目的而持有（选项 B 正确），或者自资产负债表日起一年内（含一年）到期应予以清偿（选项 C 错误），或者企业无权自主地将清偿推迟至资产负债表日后一年以上的负债（选项 D 错误）。

5. ABCD

6. AB 选项 CD 属于流动负债。

7. BD 资产负债表中列示的"应收账款"项目金额为应收账款的账面价值，即应收账款的期末余额减去坏账准备科目的期末余额后的净额，选项 BD 正确。

8. ABCD

9. ACD 选项 ACD 均属于非流动资产，选项 B 属于流动资产。

10. ABC 货币资金项目需要根据库存现金、银行存款和其他货币资金三个总账科目的期末余额合计数填列。

11. ABCD

12. ABC 由于耕地占用税是在实际占用耕地之前一次性缴纳的，不存在与征税机关清算和结算的问题，因此企业按规定缴纳的耕地占用税，可以不通过"应交税费"科目核算。企业为购建固定资产而缴纳的耕地占用税，作为固定资产价值的组成部分，记入"在建工程"科目。

13. BCD 期间费用指的是销售费用、管理费用和财务费用，制造费用计入资产负债表中"存货"项目。

14. BD 营业收入是指企业在从事销售商品，提供劳务和让渡资产使用权等日常经营务过程中所形成的经济利益的总流入,分为主营业务收入和其他业务收入。

15. BCD 税金及附加是指企业经营活动应负担的相关税费,包括消费税、城市维护建设税、教育费附加和资源税等,增值税属于价外税,不列入税金及附加。

16. ABCD

17. ACD 选项 B 是现金流量内部的此增彼减,所以不需要在现金流量表中反映。

18. BD 现金等价物必须具有期限短、流动性强、易于转换且价值变动风险很小的特点。选项 B 和 D 不能同时满足这四个条件。

19. CD 选项 A 属于筹资活动产生的现金流量,选项 B 属于经营活动产生的现金流量。

20. ABC 购买商品支付的增值税进项税额记入"购买商品、接受劳务支付的现金"项目。

21. ACD 长期借款属于非流动负债,选项 A 正确;"长期借款"项目应根据"长期借款"总账科目余额扣除"长期借款"科目所属的明细科目中将在一年内到期且企业不能自主地将清偿义务展期的长期借款的金额计算填列,选项 B 错误;嘉陵公司 2012 年 9 月 15 日借入的 4 年期长期借款将在 2016 年 9 月 14 日到期,在编制 2015 年 12 月 31 日的资产负债表时,该笔借款属于一年内到期的长期借款,应该列示在"一年内到期的非流动负债"项目中,所以 2015 年 12 月 31 日嘉陵公司资产负债表中"长期借款"项目的列示金额=200+150=350(万元),选项 CD 均正确。

22. ABC 企业产生的现金流量分为三类:经营活动、投资活动和筹资活动产生的现金流量,选项 ABC 均正确。

23. ABD 选项 C 属于投资活动产生的现金流量。

24. AD 选项 BC 支付给在建工程人员的工资和购建固定资产支付的现金是属于投资活动产生的现金流量。

25. ABC 选项 D 应该计入筹资活动产生的现金流量中。

26. ABD 选项 C,支付给在建工程人员的奖金应列入"购建固定资产、无形资产和其他长期资产支付的现金"项目中,属于投资活动产生的现金流量。

27. ABCD

三、判断题

1. √

2. × 一套完整的财务报表至少应当包括资产负债表、利润表、现金流量表、所有者权益(或股东权益)变动表以及附注。

3. √

4. × 利润表反映企业一定期间的经营成果即利润或亏损的情况,表明企业运用所拥有的资产的获利能力。

5. √

6. × 一年内到期的长期借款,需要列示在资产负债表中"一年内到期的非流动负债"项目下。

7. √

8. × 资产负债表中列示的是企业各项资产的期初余额和期末余额。利润表是各项损益类科目的本期发生额。

9. ×　工程物资需要单独列示，不能包括在"存货"项目中。
10. √
11. ×　印花税通过"管理费用"科目核算。
12. √
13. ×　应收账款是在一个正常营业周期中变现，属于流动资产。
14. √
15. √
16. ×　企业出售生产经营用固定资产实现的净收益，应记入利润表的"营业外收入"项目。
17. ×　现金流量是指一定会计期间内企业现金和现金等价物的流入和流出。企业从银行提取现金、用现金购买3个月内到期的国债等现金和现金等价物之间的转换不属于现金流量。
18. √
19. ×　现金等价物是指企业持有的期限短、流动性强、易于转换为已知金额现金、价值变动风险很小的投资。期限短，一般是指从购买日起三个月内到期。
20. ×　以现金形式支付给在建工程人员的工资应该在"购买固定资产、无形资产和其他长期资产支付的现金"项目中反映。
21. ×　购建以及处置固定资产导致的现金的流出或流入，均属于投资活动产生的现金流量。
22. ×　资产负债表反映企业在某一特定日期所拥有的资产、需偿还的债务以及股东拥有的净资产情况。
23. ×　为购建固定资产而发生的借款利息资本化金额，属于筹资活动，应当记入"分配股利、利润或偿付利息支付的现金"项目。
24. √
25. ×　现金流量表中"偿还债务支付的现金"项目反映企业为偿还债务本金而支付的现金。
26. ×　企业用现金支付采购人员的差旅费，应反映在现金流量表"支付的其他与经营活动有关的现金"项目。
27. √
28. √
29. √

综合技能训练

一、不定项选择题

1.（1）C　2016年12月31日，"应付债券"科目余额=2 000+2 000×6%×2.5=2 300（万元）。
（2）AB　2016年1月1日借入长期借款（金额单位：万元）：
借：银行存款　　　　　　　　　　　　　　　　　　　　　　　　　　　　200
　　贷：长期借款　　　　　　　　　　　　　　　　　　　　　　　　　　200
2016年1月1日用于购建生产线：
借：在建工程　　　　　　　　　　　　　　　　　　　　　　　　　　　　200

　　　　贷：银行存款　　　　　　　　　　　　　　　　　　　　　200

2016 年 12 月 31 日计息：

　　借：在建工程　　　　　　　　　　　　　　　　　　　　　　10.8
　　　　贷：应付利息　　　　　　　　　　　　　　　　　　　　　10.8

（3）BC　2016 年 9 月 1 日取得短期借款时（金额单位：万元）：

　　借：银行存款　　　　　　　　　　　　　　　　　　　　　　100
　　　　贷：短期借款　　　　　　　　　　　　　　　　　　　　　100

月末计提利息时：

　　借：财务费用　　　　　　　　　　　　　　　　　　　　　　0.3
　　　　贷：应付利息　　　　　　　　　　　　　　　　　　　　　0.3

（4）ACD　购入生产设备时：

　　借：固定资产　　　　　　　　　　　　　　　　　　　　　　60
　　　　应交税费——应交增值税（进项税额）　　　　　　　　　　10.2
　　　　贷：应付票据　　　　　　　　　　　　　　　　　　　　　70.2

支付承兑手续费时：

　　借：财务费用　　　　　　　　　　　　　　　　　　　　　　0.5
　　　　贷：银行存款　　　　　　　　　　　　　　　　　　　　　0.5

（5）A　银行承兑汇票到期，企业无力支付票款，应当将应付票据的账面余额转作短期借款。所以短期借款项目期末余额=100+70.2=170.2（万元）。

2.（1）C　营业收入=1 650+160+60+20+5=1 895（万元）。

（2）B　A 公司 12 月应确认的应付职工薪酬金额=5×(1+17%)=5.85（万元）。

（3）B　2015 营业利润=1 650+160+60+20+5−1 320−85−45−18−3−26−42−38−19−3=296（万元）。

（4）D　A 公司 2015 年利润总额=营业利润+营业外收入−营业外支出=296+90−78−1=307（万元）。纳税调整增加额为 1 万元，税收滞纳金不允许税前扣除，应纳税所得额=307+1=308（万元），应交所得税=308×25%=77（万元），所得税费用=77+(25−10)=92（万元）。

（5）B　A 公司 2015 年实现净利润=307−92=215（万元），提取的盈余公积合计 215×(10%+5%)=32.25（万元）。年末未分配利润=本年实现的净利润（或净亏损）+期初未分配利润（或−年初未弥补亏损）−提取盈余公积−向投资者分配利润=215+150−32.25=332.75（万元）。

本题的分录如下（金额单位：万元）：

① 12 月 5 日销售商品：

　　借：应收账款　　　　　　　　　　　　　　　　　　　　　　70.2
　　　　贷：主营业务收入　　　　　　　　　　　　　　　　　　　60
　　　　　　应交税费——应交增值税（销项税额）　　　　　　　　10.2
　　借：主营业务成本　　　　　　　　　　　　　　　　　　　　45
　　　　贷：库存商品　　　　　　　　　　　　　　　　　　　　　45

② 12 月 7 日销售原材料：

　　借：银行存款　　　　　　　　　　　　　　　　　　　　　　23.4
　　　　贷：其他业务收入　　　　　　　　　　　　　　　　　　　20

应交税费——应交增值税（销项税额）		3.4
借：其他业务成本	18	
贷：原材料		18

③ 以自产产品发放职工福利：

借：应付职工薪酬	5.85	
贷：主营业务收入		5
应交税费——应交增值税（销项税额）		0.85
借：主营业务成本	3	
贷：库存商品		3

④ 12月份的税金及附加：

借：税金及附加	3	
贷：应交税费——应交城市维护建设税		2
——应交教育费附加		1

⑤发生的税收滞纳金：

借：营业外支出	1	
贷：银行存款		1

3. (1) BCD　现金流量表是反映企业在一定会计期间现金和现金等价物流入和流出的报表，选项A不正确。

(2) B　本年"销售商品、提供劳务收到的现金"项目金额=1 200+(200–150)+(90–40)–80=1 220（万元）。

(3) D　本年"购买商品、接受劳务支付的现金"项目金额=1 000+100+(160–90)–160=1 010（万元）。

(4) A　本年"支付给职工以及为职工支付的现金"项目金额=800–120=680（万元）。

(5) B　本年"投资支付的现金"项目金额为1 500万元，不扣除支付的相关税费。

模拟检测参考答案及解析

模拟检测试题一

一、单项选择题

1. C【解析】本题考核投资性房地产的范围。企业以经营租赁方式租入建筑物再转租给其他单位或个人的,由于企业对经营租入的建筑物不拥有产权,不属于企业的资产,所以不能确认为投资性房地产。

2. D【解析】该批毁损原材料造成的非常损失净额=20 000+20 000×17%-11 600=11 800(元)

3. C【解析】该厂房完工后的入账价值=50+20+1.18+6+1.02=78.2(万元)。企业为购建固定资产而缴纳的耕地占用税,作为固定资产价值的组成部分,计入资产的成本中。

4. D【解析】固定资产盘亏应通过"待处理财产损溢"科目核算。

5. A【解析】对无形资产计提减值准备、摊销无形资产、转让无形资产所有权,均会减少无形资产的账面价值。

6. A【解析】对于B公司宣告发放现金股利,A公司应按照持股比例确认为投资收益,B公司实现净利润,A公司不做账务处理,则A公司2011年年末持有的该项长期股权投资的账面价值仍为1 300万元。

7. B【解析】购入交易性金融资产时,相关交易费用10万元计入投资收益借方,年末确认公允价值变动损益贷方金额为2 000-(2 030-100-10)=80(万元),对损益的影响金额为-10+80=70(万元)。

8. D【解析】本题考核可供出售金融资产的初始计量。A公司该项可供出售金融资产的入账价值=100×(6-0.5)+12=562(万元)。

9. B【解析】本题考核月末一次加权平均法的核算。加权平均单价=(60×1 000+200×950+100×1 046)/(60+200+100)=985(元/件)。

10. B【解析】出售时影响利润金额=95+5-5=95(万元)。
借:银行存款　　　　　　　　　　　　　　　　　　　　　　　　　　2 500

贷：交易性金融资产——成本		2 400
——公允价值变动		5
投资收益		95
借：公允价值变动损益	5	
贷：投资收益		5

11. B【解析】资产按照是否具有实物形态，分为有形资产和无形资产。

12. A【解析】甲公司处置该投资性房地产对其2013年度营业利润的影响额=计入其他业务收入的金额(1 500)-计入其他业务成本的金额(2 000-1 100)=600（万元）。

13. A【解析】选项B，抵减无形资产转让损失；选项C，记入"应交税费——应交增值税（销项税额）"科目的贷方；选项D，记入"应交税费——应交消费税"科目的借方。

14. A【解析】(1) 进销差价率=[(1 350-900)+(5 400-4 500)]/(1 350+5 400)=20%；
(2) 已销商品的成本=4 500×(1-20%)=3 600（万元）。

15. C【解析】本题考核资本公积的来源。资本公积的来源包括资本溢价或股本溢价以及直接计入所有者权益的利得和损失等。所以选项AB是属于资本公积来源，对于股份有限公司来说，形成的是股本溢价，对于有限责任公司，形成的是资本溢价；选项C属于计入当期损益的利得，即计入营业外收入；选项D属于直接计入所有者权益的利得或损失。

16. D【解析】企业已经发出商品但不满足收入确认条件的，应将该商品的成本转入"发出商品"科目。

17. D【解析】本题考核收入的范围。选项D出售无形资产收入属于营业外收入，是企业的利得，不是收入。

18. B【解析】本题考核管理费用。选项A，汇兑损益计入财务费用；选项C，无形资产处置净损失计入营业外支出；选项D，预计产品质量保证损失计入销售费用。

19. C【解析】本题考核期末未分配利润的计算。企业期末未分配利润=期初未分配利润+本期实现的净利润-本期提取的盈余公积-本期给投资者分配的利润=100+1 000-1 000×10%-1 000×5%-80=870（万元）。

20. D【解析】选项D，属于经营活动的现金流量。

21. A【解析】本题考核资产负债表项目的填列。资产负债表中的"预收款项"项目应根据"应收账款"和"预收账款"科目所属各明细科目的期末贷方余额合计数填列。

二、多项选择题

22. BC【解析】现金的盘亏记入到库存现金的贷方；经批准后有责任人赔偿的，记入其他应收款科目借方。

23. AC【解析】选项B，记入"应交税费——应交消费税"的借方；选项D，记入"应交税费——应交增值税（进项税额）"。

24. ABCD【解析】其他应收款核算企业除应收票据、应收账款、预付账款等以外的其他各种应收及暂付款项，主要包括：应收的各种赔款和罚款、应收的出租包装物租金、应收职工的各种垫付款项、存出保证金等。

25. ABC【解析】选项D，购建厂房发生的长期借款利息达到预定可使用状态后的部分计入财务费用。

26. ABCD【解析】本题考核"利润分配——未分配利润"的核算。期末的时候本年利润科目的余额应该转入"利润分配——未分配利润"科目；而当期的利润分配事项中利润分配的明细科目如应付现金股利、盈余公积补亏、提取法定盈余公积等都是要转入"利润分配——未分配利润"明细科目。

27. BC【解析】"生产成本"反映的是尚未完工产品的成本；"库存商品"反映的是已验收入库但尚未发出商品的成本；"发出商品"科目反映一般销售方式下，已经发出但尚未确认收入的商品成本；"委托代销商品"反映委托代销方式下，已经发出但尚未确认收入的商品成本。

28. BCD【解析】选项B计入资产减值损失，选项C计入营业外支出，选项D计入其他业务成本。

29. CD【解析】营业利润=营业收入–营业成本–税金及附加–销售费用–管理费用–财务费用–资产减值损失+公允价值变动收益（–公允价值变动损失）+投资收益（–投资损失）。选项A，计入营业外支出，不影响营业利润；选项B，计入营业外支出，不影响营业利润；选项C，出售原材料要确认其他业务收入和其他业务成本，出售损失说明其他业务成本大于其他业务收入的金额，会影响营业利润；选项D，计入公允价值变动损益，影响营业利润。

30. ABD【解析】三个月内到期的国库券属于现金等价物，企业从银行提取现金，用现金购买短期到期的国库券等现金和现金等价物之间的转换不属于现金流量。

31. ABC【解析】"应收账款"项目金额="应收账款"所属明细账借方余额合计+"预收账款"所属明细账借方余额合计–坏账准备。资产负债表中的"应收账款"项目反映的是应收账款的账面价值，"坏账准备"科目的余额应反映到资产负债表的"应收账款"项目内。

三、判断题

32. √

33. ×【解析】企业跨期提供劳务的，如果资产负债表日能对交易的结果作出可靠估计，应该按完工百分比法确认收入，结转成本。

34. ×【解析】企业提取的盈余公积经批准可用于弥补亏损、转增资本、发放现金股利或利润等。

35. ×【解析】本题考核销售折让的处理。企业确认商品销售收入后发生销售折让时，除资产负债表日后事项外，其余应直接冲减发生销售折让当月的销售收入，而不是记入"财务费用"。

36. √

37. √【解析】如果不存在递延所得税，企业的当期所得税一定等于所得税费用。

38. √

四、不定项选择题

1. ① C【解析】甲公司委托乙公司加工的物资收回后的入账价值=200+40=240（万元），因为收回后是用于继续生产应税消费品的，所以消费税是记入"应交税费——应交消费税"的借方的，不计入收回物资的成本。

② AB【解析】甲公司向职工提供的非货币性职工薪酬对其2013年损益的影响金额为6万元。提供给生产工人的住房的租赁费用应计入生产成本。

③ AB【解析】对于该项业务，甲公司的分录为：
发出商品时：

借：委托代销商品	150	
贷：库存商品		150

收到代销清单：

借：应收账款	140.4	
贷：主营业务收入		120
应交税费——应交增值税（销项税额）		20.4
借：主营业务成本	100	
贷：委托代销商品		100
借：销售费用（120×5%）	6	
贷：应收账款		6

④ B【解析】相关分录为：

借：资产减值损失（300−280）	20	
贷：存货跌价准备		20

企业计提的存货跌价准备，在以后期间价值恢复时，一般是可以转回的。

⑤ A【解析】

甲公司2013年的应纳税所得额=1 200+20(资产减值损失)−30(国债利息收入)+40（税收滞纳金）=1 230（万元）。

2. ① CD【解析】选项A分录：

借：生产成本
　　贷：周转材料——包装物

选项B分录：

借：在途物资
　　应交税费
　　贷：银行存款

② A【解析】因为原材料发出计价采用先进先出法，所以领用材料和包装物的成本=1 500×100+1 750×(360 000/3 000)+20 000（领用包装物成本）=380 000（元）。

③ ABCD【解析】本题考核成本费用的归集。

3. ① D【解析】销售商品、提供劳务收到的现金=2 200+200+100−200−60=2 240（万元）。

② C【解析】购买商品、接受劳务支付的现金=1 500+60+200−40=1 720（万元）。

③ C【解析】支付给职工以及为职工支付的现金是根据"应付职工薪酬本期减少额=期初余额+本期增加额−期末余额"计算的，所以支付给职工以及为职工支付的现金=30+400+200−200=430（万元）。

④ B【解析】投资活动产生的现金流量=120+100−250=−30（万元）。经营租赁租金收入属于经营活动产生的现金流量，发行债券筹资属于筹资活动产生的现金流量。

⑤ D【解析】支付的各项税费是根据"应交税费本期减少额=期初余额+本期增加额−期末余额"计算的，由于本期确认的所得税费用就是"应交税费——应交所得税"的本期增加额，所以支付的各项税费=(10+250−60)+70+120=390（万元）。

模拟检测试题二

一、单项选择题

1. C【解析】对于票据贴现,企业应按实际收到的金额,借记"银行存款"科目,按贴现息部分,应借记"财务费用"科目,按应收票据的票面金额,贷记"应收票据"科目,故选 C。

2. B【解析】2015 年 1 月 1 日:

借:交易性金融资产——成本		1 050
投资收益		5
贷:银行存款		1 055

2015 年 12 月 31 日:

借:公允价值变动损益(1 050–980)		70
贷:交易性金融资产——公允价值变动		70
借:应收利息(1 000×5%)		50
贷:投资收益		50

2016 年 1 月 5 日:

借:银行存款		50
贷:应收利息		50

2016 年 6 月 30 日:

借:银行存款		1 280
交易性金融资产——公允价值变动		70
贷:交易性金融资产——成本		1 050
投资收益		300
借:投资收益		70
贷:公允价值变动损益		70

嘉陵公司出售该债券应确认的投资收益=300–70=230(万元),故选 B。

3. D【解析】2 月 12 日材料加权平均单位成本=[(300–100)×3+200×10]÷(300–100+200)=6.5(元/千克),2 月末该企业材料结存成本=(300–100+200–350)×6.5=325(元),故选 D。

4. B【解析】嘉陵公司月末库存商品的实际成本=60+100–150×(1–20%)=40(万元),故选 B。

5. B【解析】可变现净值=存货的估计售价–进一步加工成本–估计销售费用和税费=130–30–5=95(万元),小于甲半成品的实际成本 100 万元,针对甲半成品应计提的存货跌价准备=100–95=5(万元),故选 B。

6. C【解析】采用成本法核算的长期股权投资,被投资单位宣告发放现金股利时分录如下:

借:应收股利
　　贷:投资收益

故选 C。

7. A【解析】2016 年嘉陵公司应计提的累计折旧金额=430×(1–4%)×5÷(1+2+3+4+5)× 100%×10/12=114.67（万元），故选 A。

8. D【解析】短期借款利息属于筹资费用的，应在发生时直接计入当期财务费用，故选 D。

9. B【解析】应付商业汇票到期，企业无力支付票款时，应将应付票据按账面余额转入应付账款，故选 B。

10. B【解析】对于设定提存计划，企业应当根据在资产负债表日为换取职工在会计期间提供的服务而应向单独主体缴存的提存金，确认为应付职工薪酬负债，故选 B。

11. D【解析】销售应税消费品应交的消费税计入税金及附加，选项 A 错误；领用自产应税消费品建造厂房应交的消费税计入在建工程等，选项 B 错误；收回委托加工物资（继续用于生产应税消费品）代收代交的消费税计入应交税费，选项 C 错误。

12. D【解析】2016 年 2 月 1 日嘉陵公司应确认的收入=100×(1–20%)×150=12 000（元），由于甲公司在 2016 年 2 月 9 日付款，所以享有 20%的现金折扣，应计入财务费用的金额=12 000×2%=240（元），则嘉陵公司在 2016 年 2 月 9 日实际收到的价款=12 000×(1+17%)–240=13 800（元），故选 D。本题相关分录如下：

2016 年 2 月 1 日：
借：应收账款　　　　　　　　　　　　　　　　　　　　　　　　14 040
　　贷：主营业务收入　　　　　　　　　　　　　　　　　　　　　12 000
　　　　应交税费——应交增值税（销项税额）　　　　　　　　　　 2 040
2016 年 2 月 9 日：
借：银行存款　　　　　　　　　　　　　　　　　　　　　　　　13 800
　　财务费用　　　　　　　　　　　　　　　　　　　　　　　　　　240
　　贷：应收账款　　　　　　　　　　　　　　　　　　　　　　　14 040

13. A【解析】收到 60%货款，商品并没有发出，不符合收入确认条件，应做预收账款处理，故选 A。

14. B【解析】可供出售金融资产公允价值发生暂时性下跌，通过"其他综合收益"科目核算，不影响利润总额，故选 B。

15. A【解析】嘉陵公司应当确认的应交所得税=(5 000–3 500–612–60+10–30+5)×25%=203.25（万元），故选 A。

16. C【解析】资产负债表中"预付款项"项目应根据"预付账款"和"应付账款"科目所属各明细科目的期末借方余额合计数，减去"坏账准备"科目中有关预付账款计提的坏账准备期末余额后的净额填列，故选 C。

17. D【解析】资产负债中"无形资产"项目应根据"无形资产"科目期末余额，减去"累计摊销"和"无形资产减值准备"科目期末准备余额后的净额填列，故选 D。

18. C【解析】嘉陵公司 2012 年 9 月 15 日借入的 4 年期长期借款将在 2016 年 9 月 14 日到期，在编制 2015 年 12 月 31 日的资产负债表时，该笔借款属于一年内到期的长期借款，应该列示在"一年内到期的非流动负债"项目中，所以 2015 年 12 月 31 日嘉陵公司资产负债中"长期借款"项目的列示金额=200+150=350（万元），故选 C。

19. B【解析】选项 A 应计入主营业务成本；选项 C 应计入营业外支出；选项 D 应计入

营业外收入。

二、多项选择题

1. ACD【解析】如为现金短缺，属于无法查明原因的，应计入管理费用，故 B 错误。

2. ABD【解析】自然灾害导致的存货毁损，扣除保险公司或相关人员赔偿后剩余的部分应计入营业外支出，故 C 错误。

3. AD【解析】盘亏的固定资产应计入营业外支出，故 A 正确，B 错误；盘盈的固定资产应计入以前年度损益调整，故 C 错误，D 正确。

4. AC【解析】购进的货物由于暴雨发生毁损应计入营业外支出，故 B 错误；购进的货物用于建造机器设备不用作会计处理，故 D 错误。

5. BCD【解析】应付融资租赁固定资产租金应通过"长期应付款"科目核算，故 A 错误。

6. AD【解析】A，盈余公积减少，导致留存收益减少；B，不影响留存收益总额；C，不影响留存收益；D，盈余公积减少，导致留存收益减少。

7. AB【解析】C 应计入投资收益，D 应计入销售费用。

8. ACD【解析】出售的原材料应计入其他业务收入，故 B 错误。

9. ACD【解析】以公允价值计量且其变动计入当期损益的金融资产属于流动资产，故 B 错误。

10. ABCD

11. ABCD

三、判断题

1. ×【解析】预付款项不多的企业，可以不设置"预付账款"科目，而将预付的款项通过"应付账款"科目核算。

2. ×【解析】委托加工物质收回后用于继续加工的，代收代交的消费税应计入应交税费——应交消费税。

3. √

4. ×【解析】采用公允价值模式计量的投资性房地产不会发生减值，公允价值变动通过公允价值变动损益核算。

5. √

6. √

7. ×【解析】一套完整的财务报表至少应当包括资产负债表、利润表、现金流量表、所有者权益（或股东权益）变动表以及附注。

8. √

9. √

四、不定项选择题

1.（1）C；（2）ABC；（3）B；（4）C；（5）D

【解析】

（1）材料采购是企业在采用计划成本核算材料成本时才会采用的。

（2）移动加权平均法能够使企业管理层及时了解存货的结存情况，计算的平均单位成本以及发出和结存的存货成本比较客观。但由于每次收货都要计算一次平均单位成本，计算工作量较大，对收发货较频繁的企业不适用，故 D 错误。

(3) 甲公司月末结存 A 材料成本=(200+300–350+400–400)×290=72 500（元），故 B 正确。

(4) A 材料单位成本=(200×300+350×210+400×290)÷(200+350+400)=249 500÷950=262.63（元/千克）；

甲公司月末结存 A 材料成本=262.63×250=65 657.5（元），故 C 正确。

(5) 4 日购入 A 材料后的平均单位成本=(200×300+350×210)÷(200+350)=242.73（元/千克）；

20 日购入 A 材料后的平均单位成本=[242.73×(200+350–300)+400×290]÷(200+350–300+400)=176 682.5÷650=271.82（元/千克）；

甲公司月末结存 A 材料成本=271.82×(200+350–300+400–400)=67 955（元），故 D 正确。

2. （1）AC；（2）BCD；（3）ABD；（4）ABCD；（5）BC

【解析】

（1）已提足折旧仍继续使用的固定资产不需要再计提折旧，故 B 错误；固定资产盘盈收入应通过"以前年度损益调整"科目核算，不计入营业外收入，故 D 错误。

（2）建造办公楼（不动产）领用的工程物资的进项税额应计入在建工程成本，故 A 错误。

（3）该办公楼 2013 年应计提的折旧额=305 500/40=7 637.5（元），则 2013 年 12 月 31 日转入在建工程的金额=305 500–7 637.5=297 862.5（元），故 A 正确；在建工程人员工资需计入在建工程，最后转入固定资产成本中，故 B 正确。办公大楼的日常修理费用通过"管理费用"科目核算，故 C 错误；2014 年 1 月 31 日，转入固定资产的金额=297 862.5+67 900=365 762.5（元），故 D 正确。

（4）资料（5）相关会计分录如下：

借：投资性房地产——成本	350 000
累计折旧	50 000
贷：固定资产	400 000

资料（6）相关会计分录如下：

借：投资性房地产——公允价值变动	50 000
贷：公允价值变动损益	50 000

资料（7）相关会计分录如下：

借：公允价值变动损益	120 000
贷：投资性房地产——公允价值变动	120 000

（5）需将 2014 年年末和 2015 年年末计入公允价值变动损益的金额转入其他业务成本。

资料（8）相关会计分录如下：

收取处置收入：

借：银行存款	250 000
贷：其他业务收入	250 000

结转处置成本：

借：其他业务成本	280 000
投资性房地产——公允价值变动	70 000
贷：投资性房地产——成本	350 000

结转投资性房地产累积公允价值变动：

借：其他业务成本　　　　　　　　　　　　　　　　　　　　　　70 000
　　　　贷：公允价值变动损益　　　　　　　　　　　　　　　　　　　　70 000
3.（1）ABC；（2）C；（3）D；（4）ABC；（5）B
【解析】
（1）缺少结转成本的分录，资料（4）正确分录如下：
　　借：应收账款　　　　　　　　　　　　　　　　　　　　　　　　117
　　　　贷：主营业务收入　　　　　　　　　　　　　　　　　　　　　100
　　　　　　应交税费——应交增值税（销项税额）　　　　　　　　　　 17
　　借：主营业务成本　　　　　　　　　　　　　　　　　　　　　　 70
　　　　贷：库存商品　　　　　　　　　　　　　　　　　　　　　　　 70
　　借：银行存款　　　　　　　　　　　　　　　　　　　　　　　　115
　　　　财务费用　　　　　　　　　　　　　　　　　　　　　　　　　2
　　　　贷：应收账款　　　　　　　　　　　　　　　　　　　　　　　117
（2）2015年12月31日，嘉陵公司实现的营业利润
=(500–400+150–80–30–50–20)+(100–70–2+80–50)=128（万元）；
利润总额=128+35（资料6）=163（万元），故C正确。
（3）2015年12月31日，嘉陵公司实现的净利润=163×(1–25%)=122.25（万元）。
（4）宣告分配现金股利：
　　借：利润分配——应付现金股利(60 000+234+5 000)/10×0.1　　652.34
　　　　贷：应付股利　　　　　　　　　　　　　　　　　　　　　　652.34
（5）2015年12月31日，嘉陵公司的股本=60 000+234+5 000=65 234（万元）；资本公积=5 000+120+5 000–300=9 820（万元）；
盈余公积=8 000+12.23+6.11=8 018.34（万元）；
未分配利润=4 500+122.25–12.23–6.11–652.34=3 951.57（万元）；所以2015年12月31日，嘉陵公司的所有者权益总额=65 234+9 820+8 018.34+3 951.57=87 023.91（万元）。

模拟检测试题三

一、单项选择题

1. B【解析】银行本票存款、信用卡存款、存出投资款应通过"其他货币资金"科目核算。而备用金应通过"其他应收款——备用金"科目或者"备用金"科目核算。
2. A【解析】该企业应确认的应收账款=500×(1+17%)+20=605（万元）。
3. A【解析】甲公司2015年度该项交易性金融资产应确认的投资收益=–15+1 500×4%×6/12=15（万元）。
4. B【解析】商品进销差价率=[(42–20)+(86–60)]/(42+86)×100%=37.5%；销售商品应该结转的实际成本=70×(1–37.5%)=43.75(万元)，该商场1月末结存商品的实际成本=20+60–43.75=36.25（万元）。
5. B【解析】A公司该债券投资的入账价值=1 500–50+24=1 474（万元）。
6. A【解析】相关分录如下：

借：长期股权投资——投资成本		4 750
应收股利		145
贷：银行存款（580×8+7）		4 647
营业外收入		248

7. B【解析】资产负债表日，可供出售金融资产应当按照公允价值计量，可供出售金融资产公允价值变动应当作为其他综合收益核算，因此甲公司2015年度的该项股权投资应计入其他综合收益的金额=2 020–(1 840–40+20)=200（万元）。

8. B【解析】该企业出售该幢办公楼确认的净收益
=(550–20–38)–(680–225)=37（万元），具体的会计处理为（金额单位：万元）：

借：固定资产清理		455
累计折旧		225
贷：固定资产		680
借：固定资产清理		20
贷：银行存款		20
借：银行存款		550
贷：固定资产清理		475
应交税金——应交营业税		38
营业外收入		37

9. A【解析】该公司应就该项非专利技术计提的减值准备额
=(360–80)–260=20（万元）。

10. D【解析】购货方购买材料时不考虑现金折扣，待实际支付货款时将享受的现金折扣冲减财务费用，因此该企业购入材料应确认的应收账款的入账价值=180+30.6+10=220.6（万元）。

11. D【解析】该企业应确认的销售费用=15+15×17%=17.55（万元）。

12. B【解析】应计入税金及附加的金额为40万元；增值税不计入税金及附加；进口应税物资在进口环节的消费税计入存货成本；车船税、印花税计入管理费用；耕地占用税计入无形资产；企业所得税计入所得税费用。

13. B【解析】发行股票过程中发生的手续费、佣金等交易费用，如果是溢价发行股票的，应从溢价中扣除，冲减资本公积——股本溢价，甲股份有限公司该笔业务应记入"资本公积"科目的金额=15 000–1 000×3–15 000×2%=11 700（万元）。

14. B【解析】相关处理如下：

3月1日：

借：委托代销商品		12 600
贷：库存商品		12 600

3月25日：

借：应收账款		14 040
贷：主营业务收入		12 000
应交税费——应交增值税（销项税额）		2 040
借：主营业务成本		7 000

贷：委托代销商品　　　　　　　　　　　　　　　　　　　　　7 000
3月31日：
　　借：银行存款　　　　　　　　　　　　　　　　　　　　　　　12 840
　　　贷：应收账款　　　　　　　　　　　　　　　　　　　　　　12 840
　　借：销售费用　　　　　　　　　　　　　　　　　　　　　　　1 200
　　　贷：应收账款　　　　　　　　　　　　　　　　　　　　　　1 200

15. B【解析】2016年该企业应确认的劳务收入=800×75%–180=420（万元）。
16. C【解析】甲公司应确认的让渡资产使用权收入=100+150+20=270（万元）。
17. C【解析】选项AD，应计入管理费用；选项B，应计入销售费用。
18. D【解析】该企业当月的营业利润=100+20–80–10–5–5–2+10=28（万元）。
19. A【解析】该企业2015年度所得税费用=(220–15+20)×25%=56.25（万元）。
20. B【解析】该企业AD属于非流动资产；选项C属于流动负债。
21. B【解析】该企业年末资产负债表中"存货"项目的金额=300+50+5+150+100+80–80=605（万元）
22. B【解析】支付管理人员薪酬属于"支付给职工以及为职工支付的现金"项目，存货盘亏净损失不产生现金流量，缴纳消费税属于"支付的各项税费"项目。甲公司2015年度现金流量表中"支付其他与经营活动有关的现金"项目的金额=100+5+2=107（万元）。
23. B【解析】在所有者权益变动表中，企业至少应当单独列示反映下列信息的项目：① 综合收益总额；② 会计政策变更和差错更正的累积影响金额；③ 所有者投入资本和向所有者分配利润等；④ 提取的盈余公积；⑤ 实收资本或资本公积、盈余公积、未分配利润的期初和期末余额及其调节情况。

二、多项选择题

1. BD【解析】资产是指企业过去的交易或事项形成的、由企业拥有或者控制的、预期会给企业带来经济利益的资源。选项A不是企业过去的交易或事项；选项C不是企业所拥有或控制的。
2. BCD【解析】选项B，应通过"其他应付款"科目核算；选项C，应通过"应收账款"科目核算；选项D，应通过"长期待摊费用"科目核算。
3. BD【解析】选项AC，减值影响因素消失，应在原计提的减值准备金额内予以转回。
4. ABCD【解析】选项ABCD均属于应付职工薪酬核算范畴。
5. BCD【解析】当期发生净亏损，会减少所有者权益，选项A错误。
6. AC【解析】选项B，采用交款提货方式销售商品，应在开出发票、收到货款时确认收入；选项D，采用分期收款方式销售商品，在满足收入确认条件时，应当根据应收款项的公允价值一次确认收入。
7. BD【解析】选项A作为主营业务收入核算；选项C作为营业外收入核算。
8. ABCD【解析】选项ABCD均应通过"营业外支出"科目核算。
9. ABD【解析】选项C属于企业现金流量表中"经营活动产生的现金流量"。
10. AD【解析】购建固定资产支付的专门借款利息属于筹资活动产生的现金流量，接受劳务安装支付的现金属于经营活动产生的现金流量，选项BC错误。
11. AD【解析】选项B，属于其他收入；选项C，属于财政补助收入。

三、判断题

1. √【解析】股份有限公司在财产清查时发现的存货盘亏、盘盈,应当于年末结账前处理完毕,如果确实尚未报经批准,待有关部门批准后再处理。

2. √

3. √

4. ×【解析】回购本公司股票是股份有限公司的减资行为。

5. √

6. ×【解析】采用成本模式进行后续计量的投资性房地产,其房产的折旧额或地产的摊销额,都计入其他业务成本。

7. ×【解析】与资产相关的政府补助,应确认为递延收益,然后自长期资产可供使用时起,按照长期资产的预计使用期限,将递延收益平均分摊至当期损益,计入营业外收入。

8. √

四、不定项选择题

1. (1) C;(2) CD;(3) AD;(4) C;(5) D

【解析】

(1) 债券投资可以作为可供出售金融资产核算,选项A错误;持有至到期投资核算不包括衍生金融资产,通常情况下,包括企业持有的、在活跃市场上有公开报价的国债、企业债券、金融债券等,选项B错误;长期股权投资处置时需结转原计入资本公积和其他综合收益的金额,选项D错误。

(2) 1月1日:

借:持有至到期投资——成本	10 000
贷:银行存款	9 590.12
持有至到期投资——利息调整(10 000-9 590.12)	409.88

12月31日:

2015年应确认的投资收益=9 590.12×7%=671.31(万元)。

借:应收利息	600
持有至到期投资——利息调整	71.31
贷:投资收益	671.31
借:银行存款	600
贷:应收利息	600

摊余成本=9 590.12+71.31=9 661.43(万元);

预计未来现金流量现值小于2015年12月31日摊余成本,应计提减值准备,计提的减值准备金额=9 661.43-8 983.88=677.55(万元)。

借:资产减值损失	677.55
贷:持有至到期投资——减值准备	677.55

(3) 1月15日:

借:交易性金融资产——成本	1 196
投资收益	8
应收股利	24

　　　　贷：银行存款　　　　　　　　　　　　　　　　　　　　　　　　　　1 228
　1月18日：
　　　　借：银行存款　　　　　　　　　　　　　　　　　　　　　　　　　　 24
　　　　贷：应收股利　　　　　　　　　　　　　　　　　　　　　　　　　　 24
　12月31日：
　　　　借：应收股利　　　　　　　　　　　　　　　　　　　　　　　　　　 40
　　　　贷：投资收益　　　　　　　　　　　　　　　　　　　　　　　　　　 40
　　　　借：交易性金融资产——公允价值变动　　　　　　　　　　　　　　　324
　　　　贷：公允价值变动　　　　　　　　　　　　　　　　　　　　　　　　324
　（4）占C公司有表决权股份的25%，对C公司的财务和经营决策产生重大影响，应采用权益法核算长期股权投资。
　1月3日：
　　　　借：长期股权投资——投资成本　　　　　　　　　　　　　　　　4 500
　　　　　　　应收股利　　　　　　　　　　　　　　　　　　　　　　　 145
　　　　贷：银行存款　　　　　　　　　　　　　　　　　　　　　　　　4 607
　　　　　　　营业外收入　　　　　　　　　　　　　　　　　　　　　　　 38
　12月31日：
　　　　借：长期股权投资——损益调整　　　　　　　　　　　　　　　　　150
　　　　贷：投资收益　　　　　　　　　　　　　　　　　　　　　　　　　150
　　　　借：长期股权投资——其他综合收益　　　　　　　　　　　　　　　100
　　　　贷：其他综合收益　　　　　　　　　　　　　　　　　　　　　　　100
　12月31日对C公司长期股权投资的账面价值=4 500+150+100=4 750（万元）
　（5）对D公司不具有控制、共同控制或重大影响，取得D公司股票时没有近期出售该股票的计划，应作为可供出售金融资产核算。
　4月10日：
　　　　借：可供出售金融资产——成本　　　　　　　　　　　　　　　　　804
　　　　贷：银行存款　　　　　　　　　　　　　　　　　　　　　　　　　804
　12月31日：
　　　　借：可供出售金融资产——公允价值变动　　　　　　　　　　　　　216
　　　　贷：其他综合收益　　　　　　　　　　　　　　　　　　　　　　　216
　2.（1）CD；（2）C；（3）BCD；（4）C；（5）C
　【解析】（1）12月1日收到预收账款，确认预收账款200万元，选项D正确；12月25日发出商品的时候确认收入500万元和增值税销项税额85万元，选项AB错误，选项C正确。
　（2）资料（3）相关会计分录如下：
　　　　借：银行存款　　　　　　　　　　　　　　　　　　　　　　　　421.2
　　　　贷：主营业务收入　　　　　　　　　　　　　　　　　　　　　　　360
　　　　　　　应交税费——应交增值税（销项税额）　　　　　　　　　　 61.2
　从上述分录可以看出，会增加商品销售收入360万元，不涉及销售费用和财务费用。
　（3）销售退回相关会计分录如下：

借：主营业务收入	100	
应交税费——应交增值税（销项税额）	17	
贷：银行存款		117
借：库存商品	70	
贷：主营业务成本		70

（4）甲公司 12 月营业成本的金额=500×(1–30%)(业务 1)+300×(1–30%)(业务 2)+252(业务 3：360×(1–30%))–70(业务 4)=742（万元）。

或者：12 月确认的收入=500+300+360–100=1 060（万元），

销售毛利=销售净额×30%=1 060×30%=318（万元），

销售成本=销售净额–销售毛利=742（万元）。

（5）应列入 2016 年度现金流量表中"销售商品、提供劳务收到的现金"项目的本期金额=500+85+360+61.2–100–17=889.2（万元）。

模拟检测试题四

一、单项选择题

1. A【解析】其他货币资金包括银行汇票存款、银行本票存款、信用卡存款等，不包括商业汇票，选项 B 不正确。销货企业收到银行汇票，根据进账单及销货发票等，借记"银行存款"科目，贷记"主营业务收入""应交税费——应交增值税（销项税额）"等科目，选项 C 不正确。企业向证券公司划出资金时按实际划出的金额，借记"其他货币资金——存出投资款"等科目，贷记"银行存款"科目，选项 D 不正确。

2. D【解析】出租包装物收取的押金计入其他应付款。

3. C【解析】应收账款的入账价值
=2 000×1 000×(1–10%)×(1+17%)+500=2 106 500（元）。

4. C【解析】出售该交易性金融资产对 9 月份投资收益的影响金额=出售时取得的价款 95(9.5×10) – "交易性金融资产–成本" 98.5(10×10–10×0.15)= –3.5（万元）。

本题的相关会计分录（金额单位：万元）为：

2015 年 7 月 10 日购入时：

借：交易性金融资产——成本	98.5	
应收股利	1.5	
投资收益	0.8	
贷：其他货币资金——存出投资款		100.8

8 月 15 日收到现金股利：

借：其他货币资金——存出投资款	1.5	
贷：应收股利		1.5

8 月 31 日：

借：公允价值变动损益	8.5	
贷：交易性金融资产——公允价值变动		8.5

9 月 25 日出售时：

借：其他货币资金——存出投资款　　　　　　　　　　　　95
　　交易性金融资产——公允价值变动　　　　　　　　　　8.5
　　贷：交易性金融资产——成本　　　　　　　　　　　　98.5
　　　　投资收益　　　　　　　　　　　　　　　　　　　5
同时：
借：投资收益　　　　　　　　　　　　　　　　　　　　　8.5
　　贷：公允价值变动损益　　　　　　　　　　　　　　　8.5
所以出售该交易性金融资产对9月投资收益的影响金额=5-8.5=-3.5（万元）。

5. A【解析】材料成本差异
=[-20+(110-120)]/(130+120)×100%=-12%
结存材料的实际成本=(130+120-100)×(1-12%)=132（万元）

6. C【解析】加工完成的委托加工物资的实际成本=60 000×(1-3%)+12 000+6 600=76 800（元）。

7. B【解析】2015年12月31日，应计提存货跌价准备2 000（20 000-18 000）元。企业结转销售成本的，对于已计提存货跌价准备的，应当一并结转。所以2016年3月31日，对外销售A商品的30%后，存货跌价准备的余额为1 400[20 000×(1-30%)]元。2016年6月30日，A商品的账面余额（成本）14 000[20 000×(1-30%)]元高于其可变现净值13 000元，应转回的存货跌价准备金额为400[1 400-(14 000-13 000)]元。

8. B【解析】资产的负债表日，可供出售金融资产应当按照公允价值计量。2015年12月31日可供出售金融资产的账面价值=公允价值=2 780（万元），选项B正确。

9. D【解析】根据增值税法相关规定，购入用于集体福利或个人消费等目的的固定资产而支付的增值税应计入固定资产成本。企业购进货物改变用途于集体福利，其增值税进项税额应通过"应交税费——应交增值税（进项税额转出）"科目转入"在建工程"科目。所以安装完毕后，则该固定资产的入账价值=180 000+30 600+6 000+1 020=217 620（元）。

10. D【解析】折旧年度第一年应计提的折旧额=100×40%=40（万元）
2015年度应计提折旧额=(40/12)×8(2015年5月-12月)=26.67（万元）。

11. B【解析】应记入"应交税费"科目借方的余额=850+150+70+0.5+120=1 190.5（万元），企业缴纳的印花税、耕地占用税、契税和车辆购置税等不需要预计应交税金，不通过"应交税费"科目核算。

12. B【解析】可供分配的利润=当年实现的净利润（或净亏损）+年初未分配利润（-年初未弥补亏损）+其他转出=500-100+0=400（万元）。
可供投资者分配的利润=可供分配的利润-提取法定盈余公积-提取任意盈余公积=400-400×10%-400×5%=340（万元）。

13. A【解析】该笔业务对甲公司9月营业利润的影响金额
=销售收入-销售成本-发生的现金折扣=14 100（元）。

14. D【解析】2015年甲公司确认的收入金额
=60×60%=36（万元），应确认的成本=(25+15)×60%=24（万元）
当年的利润增加额=36-24=12（万元）。

15. A【解析】丙公司当月计入销售费用的金额

=8 000+5 000+1 500+1 800=88 300（元）

16. A【解析】当期所得税=(1 500+12-5)×25%=376.5（万元）。

当期所得税费用=当时所得税+递延所得税=376.75+15=391.75（万元）。

17. B【解析】构建固定资产（含增值税）属于投资活动生产的现金流量。2015年度现金流量表中"经营活动产生的现金流量"项目金额

=500+85+80×60%=633（万元）。

18. C【解析】"工程物资"不属于企业的存货，列示于非流动资产项目下。该公司年末资产负债中"存货"项目应填列的金额=发出商品30+原材料20-材料成本差异贷方余额10-存货跌价准备贷方余额5=35（万元），选项C正确。

19. A【解析】收到与资产相关的政府补助应当确认为递延收益，然后从资产可供使用时起，按照资产预计使用期限，将递延收益平均分摊至当期损益，计入营业外收入。

二、多项选择题

1. CD【解析】现金的溢余，按管理权限报经批准后，属于无法查明原因的，计入营业外收入，选项A不正确。盘盈的固定资产，作为前期差错处理，按管理权限报经批准后，调整留存收益，不计入营业外收入，选项B不正确。

2. BC【解析】增值税一般纳税人，发生的随同加工费支付的增值税应作为进项税额抵扣；支付的收回后续加工的委托加工物资的消费税应记入"应交税费——应交消费税"科目借方。

3. ABD【解析】处置投资性房地产实际收到的金额，借记"银行存款"等科目，贷记"其他业务收入"科目。

4. ABC【解析】因遭受自然灾害而队毁损的固定资产进行处理，通过"固定资产清理"科目核算，选项D不正确。

5. ACD【解析】企业购进的货物发生因管理不善造成的损失及购进货物改变用途（如用于非增值税应税项目、集体福利或个人消费等），其增值税进项税额应通过"应交税费——应交增值税（进项税额转出）"科目核算，借记"待处理财产损溢""在建工程""应付职工薪酬"等科目，贷记"应交税费——应交增值税（进项税额）"科目。

6. ABD【解析】城镇土地使用税应计入管理费用；城市维护建设税和教育费附加计入税金及附加，土地增值税中属于房地产开发企业销售房地产的计入税金及附加。

7. ABCD【解析】企业应当在资产负债表日对应收款项的账面价值进行检查，有客观证据表明应收款项发生减值的，应当将应收款项的账面价值减记至预计未来现金流量的现值，减记的金额确认为减值损失，选项A的说法不正确。在资产负债表日，当持有至到期投资的账面价值高于预计未来现金流量的现值，企业应当按照持有至到期投资账面价值高于预计未来现金流量现值的差额，确认为减值损失，选项B不正确。当存货成本高于其可变现净值时，表明存货可能发生损失，应在存货销售之前确认减值损失，计入当期损益，选项C的说法不正确。无形资产在资产负债表日存在可能发生减值的迹象时，其可回收金额低于账面价值的，企业应当将该无形资产负债表账面价值减记至可回收金额，减记的金额确认为减值损失，选项D的说法不正确。

8. AB【解析】企业将作为存货的房地产或自用建筑物转换为以公允价值计量的投资性房地产的，转换日的公允价值大于转换日的账面价值的差额，贷记其他综合收益。转换日的公允价值小于转换日的账面价值的差额，借记公允价值变动损益。选项C、选项D的说法不

正确。

9. AB【解析】选项 C 应为"在被投资单位的董事会或类似权力机构派有代表"。选项 D 应为"向被投资单位提供关键技术资料"。

三、判断题

1. ×【解析】已确认并转销的应收款项以后又收回的,应当按照实际收到的金额增加坏账准备的账面余额。

2. √

3. √

4. ×【解析】持有至到期投资为一次还本付息债券的,企业应当在资产负债表日按照持有至到期投资的面值和票面利率确定的应收未收利息,借记"持有至到期投资——应计利息"科目。

5. ×【解析】企业根据股东大会或类似机构审议批准的利润分配方案,确认应付给投资者的现金或利润时,借记"利润分配——应付现金股利或利润"科目,贷记"应付股利"科目。

6. √

7. ×【解析】在表结法下,平时无须将各损益类科目余额结转至本年利润,只有在年末时才将其全年累计余额转入本年利润中,本年利润年末无余额。

8. ×【解析】对于一次就能完成的劳务,或在同一会计期间内开始并完成的劳务,应在提供劳务交易时确认收入。

四、不定项选择题

1.【答案】(1) BC;(2) ABCD;(3) B;(4) D;(5) B

【解析】

(1) 企业结转销售成本时,对于已计提的存货跌价准备,应当一并结转,所以确认主营业务成本 535(540-5)万元,选项 B、C 不正确。

(2) 本题会计分录为:

12 月 3 日销售收入实现时:

借:应收账款	35.1
贷:主营业务收入	30
应交税费——应交增值税(销项税额)	5.1
借:主营业务成本	20
贷:库存商品	20

12 月 20 日,发生销售折让时:

借:主营业务收入	3
应交税费——应交增值税(销项税额)	0.51
贷:应收账款	3.51

12 月 30 日,收到款项时:

借:银行存款	31.59
贷:应收账款	31.59

(3) 退回时,借记"库存商品"科目 120 万元,选项 B 不正确。

（4）如果劳务的开始和完成分属不同的会计期间，且企业在资产负债表日提供劳务交易结果能够可靠估计的，应当采用完工百分比确认劳务收入，选项 D 不正确。

（5）本题的会计分录为：

计提时：

借：生产成本　　　　　　　　　　　　　　　　　　　　　　　93.6
　　贷：应付职工薪酬　　　　　　　　　　　　　　　　　　　　　93.6

实际发放时：

借：应付职工薪酬　　　　　　　　　　　　　　　　　　　　　93.6
　　贷：主营业务收入　　　　　　　　　　　　　　　　　　　　　80
　　　　应交税费——应交增值（销项税额）　　　　　　　　　　13.6

借：主营业务成本　　　　　　　　　　　　　　　　　　　　　50
　　贷：库存商品　　　　　　　　　　　　　　　　　　　　　　　50

2.【答案】（1）CD；（2）B；（3）D；（4）ABCD；（5）ABCD

【解析】

（1）采用支付手续费方式委托代销，委托方应在收到受委托方开具的代销清单时确认收入。支付给受委托方的代销手续费应计入销售费用。

（2）1 月 15 日相关会计分录：

借：长期股权投资——投资成本　　　　　　　　　　　　　　4 910
　　应收股利　　　　　　　　　　　　　　　　　　　　　　　100
　　贷：银行存款　　　　　　　　　　　　　　　　　　　　　　5 010

借：长期股权投资——投资成本　　　　　　　　　　　　　　1 090
　　贷：营业外收入　　　　　　　　　　　　　　　　　　　　　1 090

1 月 15 日，该项长期股权投资的账面价值=4 910+1 090=6 000（万元）。

（3）会计分录：

借：管理费用
　　贷：应付职工薪酬——带薪缺勤——短期带薪缺勤——累积带薪缺勤

在 2015 年 12 月 31 日应当预计由于职工累积未使用的带薪年休假权利而导致的预期支付的金额，即相当于 100 天（50×2 天）的年休假，工资金额 30 000（100×300）元。

（4）四个选项均正确。

（5）四个选项均正确。

3.【答案】（1）D；（2）AD；（3）BCD；（4）D

【解析】

（1）外购 L 材料验收入库时会计分录为：

借：原材料　　　　　　　　　　　　　　　　　　　　　　　1 200
　　贷：材料采购　　　　　　　　　　　　　　　　　　　　　1 000
　　　　材料成本差异　　　　　　　　　　　　　　　　　　　　200

（2）L 材料成本差异率

=[(1 000–1 200)+20]/(1 200+100)×100%= –13.85%。

基本生产车间领用 L 材料负担的成本差异金额

=500×(−13.85%)=−69.25（万元）

车间管理部门领用 L 材料负担的成本差异金额=20×(−13.85%)= −2.77（万元）。

（3）按照职工工资总额的 12%计提的基本养老费按照受益对象计入当期损益或相关资产成本，选项 A 不正确。

（4）预收款项销售方式下，销售方通常应在发出商品时确认收入，在此之前预收的货款应确认为预收账款。

模拟检测试题五

一、单项选择题

1. B【解析】2015 年 12 月 31 日该应收账款的账面价值
=1 500×200×(1−10%)×(1+17%)+1 500−15 000=302 400（元）。

2. D【解析】低值易耗品等企业的周转材料金额较小的，可在领用时一次计入成本费用，但为加强食物管理，应当在备查簿上进行登记，选项 D 不正确。

3. D【解析】该企业为增值税一般纳税人，因此增值税进项税可以抵扣，不应计入存货的成本；包装物押金是单独在"其他应收款"科目中核算的，不应计入存货的采购成本。因此材料的采购成本=25+2+0.5+0.2=27.7（万元）。

4. B【解析】月末该库存商品的实际成本=(200 000+100 000)−300 000×(1−20%)= 60 000（元）。

5. B【解析】材料毁损的净损失应计入管理费用金额
=20 000+3 400−10 000−1 200=12 200（元）。

6. C【解析】由于是对乙公司具有重大影响，应采用权益法核算，同时长期股权投资的初始投资成本 2 020（2 000+20）万元小于投资时应享有的被投资方可辨认净资产公允价值的份额 3 600（12 000×30%）万元，要对长期股权投资成本进行调整，借记"长期股权投资——投资成本"科目，贷记"营业外收入"科目，并且在"营业外收入"科目反映 1 580（3 600−2 020）万元，即影响利润的金额为 1 580 万元。

7. A【解析】相关会计分录如下：

借：可供出售金融资产——成本　　　　　　　　　　　　　　　　296
　　应收股利　　　　　　　　　　　　　　　　　　　　　　　　　 6
　　贷：银行存款　　　　　　　　　　　　　　　　　　　　　　　302
借：银行存款　　　　　　　　　　　　　　　　　　　　　　　　　 6
　　贷：应收股利　　　　　　　　　　　　　　　　　　　　　　　　6
借：可供出售金融资产——公允价值变动　　　　　　　　　　　　　14
　　贷：其他综合收益　　　　　　　　　　　　　　　　　　　　　 14

8. C【解析】取得固定资产的总成本=10 000+75=10 075（万元）。A 设备应分配的固定资产成本比例=4 500÷(4 500+3 850+1 650)×100%=45%。A 设备的入账成本=10 075×45%=4 533.75（万元）。

9. D【解析】企业购买原材料用于建造非增值税应税项目，增值税进项税额不能抵扣，应计入建造成本；自产产品用于非增值税应税项目，视同销售缴纳增值税，计入非增值税应税项目。所以仓库的入账价值=200+34+50+8.5+100+120×17%+36=448.9（万元）。

10. D【解析】出售固定资产属于企业的非日常活动，其处置利得26[80–(150–100)–80×5%]万元计入营业外收入，营业税不计入税金及附加，不会对营业利润产生影响。

11. A【解析】研究阶段支出160万元应计入管理费用，所以减少2015年的利润总额160万元。

12. C【解析】无形资产的摊销年限按照合同规定的受益年限和法律规定的有效使用年限孰短确定。无形资产每年的摊销额=450/10=45（万元）；转让无形资产时无形资产的账面价值=450–45×4=270（万元）；转让无形资产应确认的净收益=350–270–350×5%=62.5（万元）。

13. C【解析】企业将自用的建筑物等转换为采用公允价值模式进行后续计量的投资性房地产的，按其在转换日的公允价值，借记"投资性房地产——成本"科目。

14. B【解析】本题相关会计分录为：

借：管理费用　　　　　　　　　　　　　　　　　　　　　　35 100
　　贷：应付职工薪酬　　　　　　　　　　　　　　　　　　　　35 100
借：应付职工薪酬　　　　　　　　　　　　　　　　　　　　35 100
　　贷：主营业务收入　　　　　　　　　　　　　　　　　　　　30 000
　　　　应交税费——应交增值税（销项税额）　　　　　　　　　5 100
借：主营业务成本　　　　　　　　　　　　　　　　　　　　20 000
　　贷：库存商品　　　　　　　　　　　　　　　　　　　　　　20 000

所以该笔业务对2015年12月营业利润的影响金额
=30 000–20 000–35 100=–25 100（元）。

15. C【解析】甲股份有限公司发行股票发生的手续费、佣金费等交易费如果是溢价发行股票的，应从溢价中抵扣，冲减资本公积——股本溢价，所以计入资本公积的金额=1 000×4–1 000×1–4 000×2%=2 920（万元）。

16. D【解析】2015年12月6日发生销售退回时的会计分录为：

借：主营业务收入　　　　　　　　　　　　　　　　　　　　50 000
　　应交税费——应交增值税（销项税额）　　　　　　　　　　8 500
　　贷：银行存款　　　　　　　　　　　　　　　　　　　　　　57 500
　　　　财务费用　　　　　　　　　　　　　　　　　　　　　　1 000
借：库存商品　　　　　　　　　　　　　　　　　　　　　　30 000
　　贷：主营业务成本　　　　　　　　　　　　　　　　　　　　30 000

17. D【解析】甲公司计入税金及附加的金额
=150 000+(100 000–50 000)+[350 000+150 000+(100 000–50 000)]×(7%+3%)=200 000+55 000=255 000（元）。

18. A【解析】资产负债表"应收账款"项目金额=(300–10)–(15–10+20)=265（万元）。

19. A【解析】甲公司2015年应计入营业外支出的金额=50+10+25=85（万元）。

20. A【解析】甲公司该项融资租入固定资产的入账价值=160+10=170（万元）。

21. A【解析】2015年年末甲公司的长期股权投资账面余额=300+80×35%–40×35%=314（万元）。

二、多项选择题

1. AB【解析】持有至到期投资，应按票面利率计算确定应收未收利息。按实际年利率计算确定利息收入，选项 AB 不正确。

2. AC【解析】企业管理用的无形资产，其摊销额计入管理费用，选项 B 不正确。使用寿命有限的无形资产，通常其残值视为零，选项 D 不正确。

3. ABC【解析】对于一次还本付息的债券，其按票面利率计算确定的应付未付利息通过"应付债券——应计利息"科目核算，选项 D 不正确。

4. AD【解析】预收款销售方式下，应在发出商品时确认收入，选项 B 不正确。如劳务的开始和完工成分属于不同会计期间，且在期末能对该项劳务交易的结果作出可靠估计的，应按完工百分比法确认收入，选项 C 不正确。

5. BCD【解析】对于已确认减值损失的可供出售金融资产，在随后会计期间内公允价值已上升且客观上与确认原减值损失事项有关的，应当在原已确认的减值损失范围内转回。

6. ABC【解析】现金流量是指一定会计期间内企业现金和现金等价物的流入和流出。现金是指企业库存现金以及可以随时用于支付的存款，包括库存现金、银行存款和其他货币资金等。现金等价物包括三个月内到期的债券投资等。企业发生的经济业务只涉及现金各项目之间的变动或只涉及非现金项目之间的变动，则不会影响现金流量。只有发生的经济业务涉及现金各项目和非现金各项目之间的变动时，才会影响现金流量。

7. CD【解析】让渡资产使用权的使用费收入同时满足下列条件的，才能予以确认：① 相关的经济利益很可能流入企业；② 收入的金额能够可靠的计量。选项 C，D 正确。

8. BC【解析】考核其他应付款的核算。

9. ACD【解析】选项 A，在长期应付款核算。选项 D，在其他应收款核算。

10. ABCD【解析】选项 ABCD 均正确。

11. ABCD【解析】选项 ABCD 均正确。

三、判断题

1. ×【解析】产值成本率=成本/产值×100%。营业收入成本率=成本/销售收入×100%。所以产值成本率和营业收入成本率低的企业经济效益好。

2. ×【解析】如果可供出售金融资产为股票等权益工具投资的，借记"可供出售金融资产——减值准备"，贷记"其他综合收益"。

3. ×【解析】已达到预定可使用状态但尚未办理竣工结算的固定资产，应当按照估计价值确定其成本，并计提折旧。待办竣工结算后，再按实际成本调整原来的暂估价值，但不需要调整原已计提的折旧额。

4. √

5. ×【解析】无形资产是指企业拥有或者控制的没有实物形态的可辨认非货币性资产。

6. √

7. ×【解析】融资租入固定资产时，在租赁期开始日，固定资产成本的金额为租赁开始日租赁资产公允价值与最低租赁付款现值两者中较低者，加上初始直接费用。

四、不定项选择题

1.【答案】（1）ABD；（2）A；（3）AC；（4）D；（5）CD

【解析】

（1）购入工程物资，全部用于不动产工程建设，计入工程物资的成本金额为 3 510（3 000+510）万元，选项 A 正确；领用本公司生产的水泥，确定计入在建工程成本的金额为

242.5(200+250×17%)万元，选项 B 正确；支付的工程人员工资，属于投资活动产生的资金流量，选项 C 不正确；工程完工转入固定资产的成本的金额为 3 822.5(3 510+242.5+50+20)万元，选项 D 正确。

（2）2015 年 2 月 1 日取得借款时（金额单位：万元）：

借：银行存款　　　　　　　　　　　　　　　　　　　　　　　　200
　　贷：长期借款——本金　　　　　　　　　　　　　　　　　　　　200

（3）将出售办公楼转入清理时：

借：固定资产清理　　　　　　　　　　　　　　　　　　　　　3 700.18
　　累积折旧[3 822.5×(1-4%)÷10÷12×4]　　　　　　　　　　　122.32
　　贷：固定资产　　　　　　　　　　　　　　　　　　　　　　3 822.5

结转清理损益时：

借：固定资产清理（4 000-3 700.18-200）　　　　　　　　　　　99.82
　　贷：营业外收入　　　　　　　　　　　　　　　　　　　　　　99.82

（4）将自用房地产转为采用公允价值模式计量的投资性房地产，按其在转换日的公允价值，借记"投资性房地产——成本"科目。公允价值大于转换日的账面价值，差额记入"其他综合收益"科目。

（5）相关会计分录：

报经批准前：

借：固定资产　　　　　　　　　　　　　　　　　　　　　　　　200
　　贷：以前年度损益调整　　　　　　　　　　　　　　　　　　　200

报经批准后：

借：以前年度调整损益　　　　　　　　　　　　　　　　　　　　200
　　贷：盈余公积——法定盈余公积　　　　　　　　　　　　　　　 20
　　　　利润分配——未分配利润　　　　　　　　　　　　　　　　180

2.【答案】（1）D；（2）B；（3）C；（4）A；（5）ABD

【解析】

（1）该专利权 2015 年应摊销的金额=150/4=37.5（万元）。

（2）2015 年 12 月 31 日该专利权的账面价值=(200+20)-(200+20-5)÷5=177（万元）。

（3）月末，应将"研发支出——费用化支出"科目归集的金额转入"管理费用"科目。

（4）该企业应确认的转让无形资产净收益=25-(40-10-2)=-3（万元）。

（5）处置无形资产取得净收益计入营业外收入，不影响当期利润表中的营业利润。

3.【答案】（1）AD；（2）ABCD；（3）B；（4）AC；（5）ABCD

【解析】

（1）企业取得交易性金融资产所发生的相关交易费用应当在发生时作为投资收益进行会计处理。交易性金融资产入账价值=50×4-50×0.12=194（万元），选项 A 不正确。长期股权投资的初始投资成本=500×6+50-500×0.2=2 950（万元），低于其投资时应享有被投资单位可辨认净资产公允价值的份额 3 000（10 000×30%）万元，调整后其入账价值为 3 000 万元，选项 D 不正确。

（2）2015 年 1 月 5 日，购入（金额单位：万元，下同）：

借：交易性金融资产——成本　　　　　　　　　　　　　　194
　　　　应收股利　　　　　　　　　　　　　　　　　　　　　6
　　　　投资收益　　　　　　　　　　　　　　　　　　　　　5
　　　　贷：其他货币资金　　　　　　　　　　　　　　　　　205
　　借：其他货币资金　　　　　　　　　　　　　　　　　　　6
　　　　贷：应收股利　　　　　　　　　　　　　　　　　　　6
2015年6月30日，发生公允价值变动：
　　借：交易性金融资产——公允价值变动　　　　　　　　　16
　　　　贷：公允价值变动损益　　　　　　　　　　　　　　16
2015年12月31日，出售50%：
　　借：其他货币资金　　　　　　　　　　　　　　　　　　105
　　　　贷：交易性金融资产——成本（194/2）　　　　　　　97
　　　　　　　　　　　　　　——公允价值变动（16/2）　　　8
　　投资收益：
　　借：公允价值变动损益　　　　　　　　　　　　　　　　　8
　　　　贷：投资收益　　　　　　　　　　　　　　　　　　　8
　　所以售出50%交易性金融资产时应确认的投资收益金额为23(15+8)万元，选项A正确；2015年12月31日持有至到期投资应确认的投资收益=200×10%=20（万元），选项B正确。

　　2015年12月31日可供出售金融资产应确认的投资收益=(1 008.24+20)×3%=30.85（万元），选项C正确。

　　2015年度北方公司实现净利润，甲公司应做如下会计处理：
　　借：长期股权投资——损益调整（1 000×30%）　　　　　300
　　　　贷：投资收益　　　　　　　　　　　　　　　　　　300
选项D正确。

　　（3）2015年11月25日，出售所持有的东方公司股票的50%后交易性金融资产的账面金额=210×(1−50%)=105（万元）。2015年12月31日，持有的该股票的公允价值变动金额=45(150−105)万元，选项B正确。2015年12月31日，甲公司持有的西方公司债券未调整其账面价值前的金额=1 028.24+1 028.24×3%−1 000×4%=1 019.09（万元），公允价值变动金额为180.91(1 200−1 019.09)万元。

　　（4）持有至到期投资期末计提的减值金额，需要根据期末摊余成本208.2(200+200×10%−250×4.72%)万元与预计未来现金流量现值185万元比较，确认减值损失的金额=208.2−185=23.2（万元），选项A正确。长期股权投资考虑减值前的账面价值3 385(3 000+1 000×30%+200×30%+100×30%−500÷10×0.1)与未来现金流量现值2 900万元比较，确认资产减值损失金额=3 385−2 900=485（万元），选项C正确。

　　（5）选项ABCD均正确。